Leserstimmen zu *TypeScript – Ein praktischer Einstieg*

Wenn Sie schon einmal wütend die roten, geschlängelten Linien unter Ihrem Code angebrüllt haben, dann sollten Sie *TypeScript – Ein praktischer Einstieg* lesen. Goldberg ordnet alles meisterhaft in den Kontext ein, bleibt dabei immer praktisch orientiert und zeigt uns so, dass TypeScript niemals eine Einschränkung, sondern immer eine wertvolle Bereicherung ist.

– *Stefan Baumgartner, Senior Product Architect, Dynatrace; Gründer, oida.dev*

Josh stellt die wichtigsten Konzepte von TypeScript in den Mittelpunkt und erklärt sie anhand von klaren Beispielen – und mit einer Prise Humor. Eine Pflichtlektüre für den JavaScript-Programmierer, der TypeScript-Profi werden will.

– *Andrew Branch, Software Engineer für TypeScript, Microsoft*

TypeScript – Ein praktischer Einstieg ist eine hervorragende Ressource für Programmierer, die zumindest ein wenig Vorkenntnisse besitzen, aber bisher vielleicht vor typisierten Sprachen zurückgeschreckt sind. Es geht eine Ebene tiefer als das *TypeScript Handbook* und gibt Ihnen auf diese Weise die Sicherheit, TypeScript in Ihren eigenen Projekten einsetzen zu können.

– *Boris Cherny, Software Engineer, Meta; Autor von »Programmieren in TypeScript« (O'Reilly)*

Wir wissen nicht, was »Types Code« ist, aber wir sind sehr stolz auf Josh und sicher, dass es ein schönes Buch wird.

– *Frances und Mark Goldberg*

Josh ist eines dieser seltenen Exemplare von Menschen, die leidenschaftlich daran interessiert sind, sich die Grundlagen eines Themas zu eigen zu machen und Anfängern die wesentlichen Konzepte zu erklären. Ich glaube, dass sich dieses Buch schnell zu einer kanonischen Ressource für TypeScript-Neulinge und -Experten gleichermaßen entwickeln wird.

– *Beyang Liu, CTO und Mitgründer, Sourcegraph*

TypeScript – Ein praktischer Einstieg ist eine fantastische Einführung in und Referenz zu TypeScript. Joshs Schreibstil ist klar und informativ, und das hilft bei der Erklärung der oft verwirrenden Konzepte von TypeScript und dessen Syntax. Ein großartiger Einstieg für alle, die mit TypeScript beginnen!

– Mark Erikson, Senior Frontend Engineer, Replay; Maintainer, Redux

TypeScript – Ein praktischer Einstieg ist ein großartiges Buch, um Ihre TypeScript-Reise zu beginnen. Es gibt Ihnen die Werkzeuge an die Hand, um die Sprache, das Typsystem und die IDE-Integration zu verstehen, und zeigt Ihnen, wie Sie all dies nutzen können, um das Beste aus Ihrer TypeScript-Erfahrung herauszuholen.

– Tizian Cernicova Dragomir, Software Engineer, Bloomberg LP

Josh ist seit vielen Jahren ein wichtiger Teil der TypeScript-Community, und ich freue mich sehr, dass jetzt durch *TypeScript – Ein praktischer Einstieg* alle von seinem tiefen Verständnis und zugänglichen Lehrstil profitieren können.

– James Henry, Consultant Architect, Nrwl; 4x Microsoft MVP; Schöpfer, angular-eslint und typescript-eslint

Josh ist nicht nur ein sehr begabter Softwareentwickler, sondern auch ein hervorragender Mentor; seine Leidenschaft für Wissensvermittlung ist in diesem Buch deutlich zu spüren. *TypeScript – Ein praktischer Einstieg* ist meisterhaft strukturiert und enthält praktische, wirklichkeitsnahe Beispiele, die TypeScript-Neulinge und -Enthusiasten auf das nächste Level bringen werden. Ich kann guten Gewissens sagen, dass *TypeScript – Ein praktischer Einstieg* der ultimative Leitfaden für alle ist, die mehr über TypeScript lernen und Ihren Wissensstand vertiefen wollen.

– Remo Jansen, CEO, Wolk Software

In *TypeScript – Ein praktischer Einstieg* bricht Josh Goldberg die komplexesten Konzepte von TypeScript auf einfache Beschreibungen und gut verdauliche Beispiele herunter, sodass sein Buch auf Jahre hinaus als Lernhilfe und Nachschlagewerk dienen wird. Vom ersten Haiku bis zum letzten Witz ist *TypeScript – Ein praktischer Einstieg* eine wunderbare Einführung in die Sprache, die genau »mein Typ« ist.

– Nick Nisi, Staff Engineer, C2FO

Früher sagte man: »Setze immer auf JavaScript.« Jetzt heißt es: »Setze immer auf TypeScript«, und dieses Buch wird sich branchenweit zu einer gefragten Ressource entwickeln. Garantiert.

– Joe Previte, Open Source TypeScript Engineer

TypeScript – Ein praktischer Einstieg zu lesen, fühlt sich an, als verbringe man Zeit mit einem warmherzigen und klugen Freund, der einem voller Begeisterung faszinierende Dinge erzählt. Sie werden sich am Ende gut unterhalten und über TypeScript aufgeklärt vorkommen, unabhängig davon, wie viel Vorwissen Sie mitbringen.

– John Reilly, Group Principal Engineer, Investec;
Maintainer, ts-loader; DefinitelyTyped-Historiker

TypeScript – Ein praktischer Einstieg ist ein umfassender und dennoch leicht verständlicher Leitfaden für TypeScript und dessen Ökosystem. Es deckt den großen Funktionsumfang von TypeScript ab, gibt Ratschläge und erläutert dessen Vor- und Nachteile auf der Grundlage umfassender Erfahrung.

– Daniel Rosenwasser, Program Manager, TypeScript, Microsoft;
Beitragender bei TC39

Dieses Buch ist meine Lieblingsquelle, wenn es um das Erlernen von TypeScript geht. Von einführenden bis hin zu fortgeschrittenen Themen ist alles klar, prägnant und umfassend dargestellt. Josh ist nicht nur ein ausgezeichneter, sondern zugleich unterhaltsamer Autor.

– Loren Sands-Ramshaw, Autor, The GraphQL Guide;
TypeScript SDK Engineer, Temporal

Wenn Sie ein effektiver TypeScript-Entwickler werden wollen, bietet Ihnen *TypeScript – Ein praktischer Einstieg* alles vom Einstieg bis hin zu den fortgeschritteneren Konzepten.

– Basarat Ali Syed, Principal Engineer, SEEK;
Autor, Beginning NodeJS *und* TypeScript Deep Dive;
Youtuber (Basarat Codes); Microsoft MVP

Dieses Buch ist eine großartige Möglichkeit, die Sprache zu erlernen, und eine perfekte Ergänzung zum *TypeScript Handbook*.

– Orta Therox, ehemaliger TypeScript-Compiler-Entwickler, Puzmo

Josh ist einer der klarsten und engagiertesten TypeScript-Vermittler der Welt, und jetzt liegt sein Wissen endlich in Buchform vor! Sowohl Anfänger als auch erfahrene Entwickler werden von der sorgfältigen Zusammenstellung und Abfolge der Themen begeistert sein. Die Tipps, Hinweise und Warnungen im klassischen O'Reilly-Stil sind ihr Gewicht in Gold wert.

– Shawn »swyx« Wang, Head of DX, Airbyte

Dieses Buch wird Ihnen wirklich helfen, TypeScript zu lernen. Das Zusammenspiel von Theoriekapiteln und Praxisprojekten sorgt für eine ausgewogene Lernerfahrung, die so gut wie jeden Aspekt der Sprache abdeckt. Die Lektüre dieses Buchs hat sogar mir »altem Hund« ein paar neue Tricks beigebracht. Endlich verstehe ich die Feinheiten von Deklarationsdateien. Äußerst empfehlenswert.

– Lenz Weber-Tronic, Full-Stack-Entwickler, Mayflower Deutschland;
Maintainer, Redux

TypeScript – Ein praktischer Einstieg ist ein leicht zugängliches, fesselndes Buch, in dem Josh seine jahrelange Erfahrung bei der Entwicklung eines TypeScript-Curriculums nutzt, um Ihnen alles, was Sie wissen müssen, in genau der richtigen Reihenfolge beizubringen. Was auch immer Ihr Programmierhintergrund ist, bei Josh und *TypeScript – Ein praktischer Einstieg* sind Sie in guten Händen.

– Dan Vanderkam, Senior Staff Software Engineer, Google;
Autor von Effective TypeScript

TypeScript – Ein praktischer Einstieg ist das Buch, das ich gerne gehabt hätte, als ich mit TypeScript angefangen habe. Joshs Begeisterung für das Unterrichten neuer Anwender ist auf jeder einzelnen Seite zu spüren. Es ist durchdacht organisiert und in leicht verdauliche Häppchen unterteilt und deckt alles ab, was Sie brauchen, um ein TypeScript-Experte zu werden.

– Brad Zacher, Software Engineer, Meta;
Core-Maintainer, typescript-eslint

TypeScript – Ein praktischer Einstieg

TypeScript – Ein praktischer Einstieg

Typsicheres JavaScript für skalierbare Webanwendungen

Josh Goldberg

Deutsche Übersetzung von Jens Olaf Koch

O'REILLY®

Josh Goldberg

Lektorat: Ariane Hesse
Übersetzung: Jens Olaf Koch
Fachliche Unterstützung: Stefan Baumgartner
Korrektorat: Claudia Lötschert, *www.richtiger-text.de*
Satz: III-satz, *www.drei-satz.de*
Herstellung: Stefanie Weidner
Umschlaggestaltung: Michael Oréal, *www.oreal.de*
Druck und Bindung: mediaprint solutions GmbH, 33100 Paderborn

Bibliografische Information der Deutschen Nationalbibliothek
Die Deutsche Nationalbibliothek verzeichnet diese Publikation in der Deutschen Nationalbibliografie; detaillierte bibliografische Daten sind im Internet über *http://dnb.d-nb.de* abrufbar.

ISBN:
Print 978-3-96009-218-6
PDF 978-3-96010-792-7
ePub 978-3-96010-793-4
mobi 978-3-96010-794-1

1. Auflage 2023

Wieblinger Weg 17
69123 Heidelberg

Hinweis:
Dieses Buch wurde mit mineralölfreien Farben auf PEFC-zertifiziertem Papier aus nachhaltiger Waldwirtschaft gedruckt. Der Umwelt zuliebe verzichten wir zusätzlich auf die Einschweißfolie. Hergestellt in Deutschland.

PEFC-zertifiziert
Dieses Buch stammt aus nachhaltig bewirtschafteten Wäldern und kontrollierten Quellen
PEFC/04-31-0810 www.pefc.de

Schreiben Sie uns:
Falls Sie Anregungen, Wünsche und Kommentare haben, lassen Sie es uns wissen: *kommentar@oreilly.de*.

5 4 3 2 1 0

Dieses Buch widme ich meiner wunderbaren Partnerin Mariah,
die mir beigebracht hat, wie bereichernd es ist,
Hinterhofkatzen zu adoptieren, und es seither bedauert.

Inhalt

Teil II Features

Teil IV Zugaben

Vorwort Josh Goldberg

Mein Weg zu TypeScript verlief weder direkt noch schnell. Als ich in meiner Schulzeit mit dem Programmieren begann, schrieb ich hauptsächlich in Java, dann in C++, und wie viele neue Entwickler, die mit statisch typisierten Sprachen aufgewachsen sind, sah ich auf JavaScript als die schlampige kleine Skriptsprache herab, mit denen die Leute ihre Websites pimpen.

Mein erstes größeres Projekt in dieser Sprache war ein albernes Remake des originalen Videospiels *Super Mario Bros.* in reinem HTML5/CSS/JavaScript und – ganz typisch für viele erste Projekte – ein absolutes Chaos. Zu Beginn des Projekts missfiel mir instinktiv die seltsame Flexibilität von JavaScript und das Fehlen jeglicher Leitplanken. Erst gegen Ende begann ich, die Eigenschaften und Macken von JavaScript wirklich zu respektieren: die Flexibilität der Sprache, die Möglichkeit, kleine Funktionen zu kombinieren und anzupassen, und vor allem die Fähigkeit, innerhalb von Sekunden nach dem Laden einer Seite im Browser *einfach zu funktionieren*.

Als ich mit diesem ersten Projekt fertig war, hatte ich mich in JavaScript verliebt.

Statische Analyse mit Tools wie TypeScript, die Code analysieren, ohne ihn auszuführen, verursachten bei mir anfangs ein ungutes Gefühl. *JavaScript ist so luftig und geschmeidig*, dachte ich, warum sollen wir uns mit starren Strukturen und Typen quälen? Wollte ich denn in die Welt von Java und C++ zurückkehren, die ich gerade hinter mir gelassen hatte?

Als ich mich erneut mit meinen bestehenden Projekten beschäftigte, war mir nach zehn qualvollen Minuten mit meinem alten, verworrenen JavaScript-Code klar, wie unübersichtlich die Dinge ohne statische Analyse werden können. Bei der Bereinigung des Codes stieß ich auf all die Stellen, an denen ich von einer gewissen Strukturierung profitiert hätte. Von diesem Zeitpunkt an wollte ich ständig so viel statische Analyse in meine Projekte einzubauen, wie ich konnte.

Es ist schon fast ein Jahrzehnt her, dass ich zum ersten Mal mit TypeScript gearbeitet habe, und es macht mir nach wie vor viel Spaß. Die Sprache wird kontinuierlich weiterentwickelt und mit neuen Funktionen ausgestattet und ist nützlicher denn je, wenn es darum geht, JavaScript *Sicherheit* und *Struktur* zu verleihen.

Ich hoffe, dass Sie durch die Lektüre von *TypeScript – Ein praktischer Einstieg* lernen, TypeScript auf die gleiche Weise zu schätzen, wie ich es tue, also nicht nur als Mittel, um Bugs und Tippfehler zu finden – und ganz sicher nicht als wesentliche Änderung der JavaScript-Entwurfsmuster. Sondern als JavaScript *mit Typen* und damit als ein schönes System, um festzulegen, wie unser JavaScript funktionieren soll, und dabei zu helfen, uns selbst daran zu halten.

Für wen dieses Buch gedacht ist

Wenn Sie wissen, wie man JavaScript-Code schreibt, grundlegende Befehle in einem Terminal ausführen können und daran interessiert sind, TypeScript kennenzulernen, dann ist dieses Buch genau das richtige für Sie.

Vielleicht haben Sie gehört, dass TypeScript Ihnen helfen kann, eine Menge JavaScript mit weniger Fehlern zu schreiben *(stimmt!)* oder Ihren Code gut zu dokumentieren, damit andere ihn lesen können *(stimmt auch!)*. Vielleicht haben Sie bemerkt, dass Kenntnisse in TypeScript in vielen Stellenbeschreibungen erwähnt oder in einem neu begonnenen Job erwartet werden.

Was auch immer Ihre Motivation sein mag, solange Sie die Grundlagen – Variablen, Funktionen, Closures, Geltungsbereiche und Klassen – von JavaScript kennen, wird Sie dieses Buch bis zur Beherrschung der Grundlagen und wichtigsten Merkmale der Sprache führen, auch wenn Sie keinerlei TypeScript-Vorkenntnisse mitbringen. Wenn Sie dieses Buch gelesen haben, werden Sie diese Themen verstanden haben:

- Die Geschichte der Sprache und die Gründe, warum TypeScript eine hilfreiche Ergänzung von »Vanilla-JavaScript« – purem JavaScript – ist.
- Wie ein Typsystem Code modelliert.
- Wie ein Typechecker Code analysiert.
- Wie Typanmerkungen bzw. Typannotationen, die nur während der Entwicklung genutzt werden, dabei helfen, das Typsystem zu informieren.
- Wie TypeScript mit IDEs (Integrierten Entwicklungsumgebungen) zusammenarbeitet, um Werkzeuge zur Code-Exploration und für Refaktorierungen bereitzustellen.

Und Sie werden in der Lage sein:

- die Vorteile von TypeScript und die allgemeinen Merkmale seines Typsystems zu beschreiben.
- Ihrem Code an sinnvollen Stellen Typanmerkungen hinzuzufügen.
- mäßig komplexe Typen mit den in TypeScript integrierten Ableitungen und dessen Syntax darzustellen.
- TypeScript zu verwenden, um in der lokalen Entwicklung das Refactoring von Code zu unterstützen.

Warum ich dieses Buch geschrieben habe

TypeScript ist sowohl in Unternehmen als auch im Open-Source-Bereich eine äußerst beliebte Sprache:

- In den GitHub-Auswertungen State of the Octoverse 2021 und 2020 ist sie die viertwichtigste Sprache auf der Plattform, nachdem sie 2019 und 2018 auf Platz sieben und 2017 auf Platz zehn lag.
- Im Developer Survey 2021 auf StackOverflow steht sie an dritter Stelle der beliebtesten Sprachen der Welt (72,73 % der Nutzer).
- Die Ausgabe 2020 des State of JS Survey zeigt, dass TypeScript sowohl als Build-Tool als auch als JavaScript-Variante konstant hohe Zufriedenheits- und Nutzungswerte aufweist.

Für Frontend-Entwickler wird TypeScript von allen wichtigen UI-Bibliotheken und -Frameworks gut unterstützt, darunter Angular, das TypeScript ausdrücklich empfiehlt, sowie Gatsby, Next.js, React, Svelte und Vue. Für Backend-Entwickler generiert TypeScript JavaScript, das nativ in Node.js ausgeführt wird. Deno, eine ähnliche Laufzeitumgebung, die ebenfalls vom ursprünglichen Schöpfer von Node stammt, betont die eigene, direkte Unterstützung von TypeScript-Dateien.

Trotz dieser Fülle an populärer Projektunterstützung war ich in meiner anfänglichen Lernphase doch ziemlich enttäuscht über den Mangel an guten einführenden Inhalten im Internet. Viele der online verfügbaren Dokumentationsquellen konnten nicht besonders gut erklären, was genau ein »Typsystem« ist oder wie man es benutzt. Sie setzten oft ein hohes Maß an Vorkenntnissen in JavaScript und stark typisierten Sprachen voraus oder enthielten nur recht oberflächliche Codebeispiele.

Damals kein O'Reilly-Buch mit einem niedlichen Tier-Cover zur Einführung in TypeScript finden zu können, war eine ziemliche Enttäuschung. Zwar gibt es bereits andere Bücher über TypeScript, auch von O'Reilly, aber ich konnte kein Buch finden, das sich in einer Weise auf die Grundlagen der Sprache konzentriert, wie ich es wollte, und beschreibt, warum TypeScript so funktioniert, wie es funktioniert, und wie die Kernfunktionen ineinandergreifen. Also ein Buch, das mit einer grundlegenden Erklärung der Sprache beginnt und dann nach und nach weitere Features beschreibt. Ich freue mich sehr, jetzt selbst Lesern, die noch nicht mit den Prinzipien von TypeScript vertraut sind, eine klare, umfassende Einführung in die Grundlagen der Sprache geben zu können.

Der Aufbau dieses Buchs

TypeScript – Ein praktischer Einstieg verfolgt zwei Ziele:

- Sie können es »am Stück« lesen, um TypeScript als Ganzes zu verstehen.
- Später können Sie auf dieses Buch als eine praktische, einführende Sprachreferenz zurückgreifen.

Dieses Buch bewegt sich in drei allgemeinen Abschnitten von den Konzepten zur praktischen Anwendung:

- Teil I, »Konzepte«: Beschreibt, wie JavaScript entstanden ist, was durch TypeScript hinzugefügt wird, und die Grundlagen eines *Typsystems*, wie TypeScript es erzeugt.
- Teil II, »Features«: Präzisiert die Art und Weise, in der das Typsystem mit den wichtigsten Komponenten von JavaScript, mit denen man beim Schreiben von TypeScript-Code zu tun hat, interagiert.
- Teil III, »Verwendung«: Nachdem Sie die Funktionen von TypeScript verstanden haben, erfahren Sie in diesem Abschnitt, wie Sie diese in realen Situationen einsetzen können, um das Lesen und Bearbeiten von Code zu verbessern.

Ich habe am Ende des Buchs einen Abschnitt Teil IV, »Zugaben«, eingefügt, um seltener genutzte, aber dennoch gelegentlich nützliche TypeScript-Funktionen zu behandeln. Sie müssen sie nicht in der Tiefe verstehen, um sich als TypeScript-Entwickler betrachten zu dürfen. Es handelt sich jedoch um nützliche Konzepte, die beim Einsatz von TypeScript in realen Projekten wahrscheinlich immer wieder einmal eine Rolle spielen werden. Wenn Sie die ersten drei Abschnitte verstanden haben, empfehle ich Ihnen, sich auch mit diesem zusätzlichen Abschnitt zu beschäftigen.

Jedes Kapitel beginnt mit einem Haiku zur Einstimmung auf den Inhalt und endet mit einem kleinen Wortspiel. Die Webentwicklungs-Community als Ganzes und die TypeScript-Community als Teil davon sind dafür bekannt, dass sie sich Neulingen gegenüber freundlich und aufgeschlossen verhalten. Ich habe versucht, dieses Buch so zu schreiben, dass es für Lernende wie mich, die lange, trockene Texte nicht besonders schätzen, angenehm zu lesen ist.

Beispiele und Projekte

Im Gegensatz zu vielen anderen Ressourcen, die in TypeScript einführen, konzentriert sich dieses Buch bei der Einführung einzelner Spracheigenschaften absichtlich auf eigenständige Beispiele, die nur die neuen Informationen vermitteln, anstatt sich dazu auf mittelgroße oder große Projekte zu stützen. Ich bevorzuge diese Lehrmethode, weil sie vor allem TypeScript als Sprache selbst in den Mittelpunkt stellt. TypeScript ist für so viele Frameworks und Plattformen nützlich – von denen viele regelmäßig API-Updates erfahren –, dass ich in diesem Buch nichts Framework- oder Plattformspezifisches unterbringen wollte.

Dennoch ist es beim Erlernen einer Programmiersprache äußerst hilfreich, Konzepte unmittelbar nach ihrer Einführung einzuüben. Ich empfehle dringend, nach jedem Kapitel eine Lesepause einzulegen, um den Inhalt des jeweiligen Kapitels praktisch anzuwenden. Jedes Kapitel endet deshalb mit einem Vorschlag, den passenden Abschnitt auf *https://learningtypescript.com* zu besuchen und die dort aufgeführten Beispiele und Projekte durchzuarbeiten.

Konventionen, die in diesem Buch verwendet werden

In diesem Buch werden die folgenden typografischen Konventionen verwendet:

Kursiv
: Zeigt neue Begriffe, URLs, E-Mail-Adressen, Dateinamen und Dateierweiterungen an.

`Nichtproportional`
: Wird für Programmlistings verwendet, aber auch innerhalb von Absätzen, um dort auf Programmelemente wie Variablen- oder Funktionsnamen, Datentypen, Anweisungen und Schlüsselwörter zu verweisen.

Dieses Element weist auf einen Tipp oder Vorschlag hin.

Dieses Element kennzeichnet einen allgemeinen Hinweis.

Dieses Element weist auf eine Warnung hin.

Verwendung von Codebeispielen

Zusätzliches Material (Codebeispiele, Übungen usw.) steht unter folgendem Link zum Download bereit: *https://learningtypescript.com*.

Wenn Sie technische Fragen oder ein Problem mit den Codebeispielen haben, senden Sie bitte eine E-Mail an *bookquestions@oreilly.com*.

Dieses Buch soll Sie bei der Erledigung Ihrer Aufgaben unterstützen. Wenn in diesem Buch Beispielcode angeboten wird, können Sie diesen in Ihren Programmen und Ihrer Dokumentation verwenden. Sie müssen uns nicht um Erlaubnis bitten, es sei denn, Sie reproduzieren einen wesentlichen Teil des Codes. Wenn Sie zum Beispiel ein Programm schreiben, das mehrere Teile des Codes aus diesem Buch verwendet, benötigen Sie keine Genehmigung. Der Verkauf oder Vertrieb von Beispielen aus O'Reilly-Büchern erfordert dagegen eine Genehmigung. Die Beantwortung einer Frage durch das Zitieren dieses Buchs und von Beispielcode ist nicht genehmigungspflichtig. Das Einbinden einer beträchtlichen Menge an Beispielcode aus diesem Buch in die Dokumentation Ihres Produkts erfordert dagegen eine Genehmigung.

Wir freuen uns über eine Quellenangabe, verlangen sie aber im Allgemeinen nicht. Eine Quellenangabe umfasst in der Regel den Titel, den Autor, den Verlag und die ISBN. Zum Beispiel: »*Learning TypeScript* by Josh Goldberg (O'Reilly). Copyright 2022 Josh Goldberg, 978-1-098-11033-8.«

Wenn Sie der Meinung sind, dass Ihre Verwendung von Codebeispielen nicht unter die Fair-Use-Regelung oder die oben genannte Erlaubnis fällt, können Sie uns gerne unter *permissions@oreilly.com* kontaktieren.

Danksagungen

Dieses Buch ist eine Teamleistung, und ich möchte allen, die daran mitgewirkt haben, aufrichtig danken. In erster Linie meiner übermenschlichen Chefredakteurin Rita Fernando für ihre unglaubliche Geduld und ihre hervorragende Anleitung während der gesamten Entstehungszeit. Ein zusätzliches Lob an den Rest der O'Reilly-Crew: Kristen Brown, Suzanne Huston, Clare Jensen, Carol Keller, Elizabeth Kelly, Cheryl Lenser, Elizabeth Oliver und Amanda Quinn. Ihr rockt!

Ein herzliches Dankeschön an die technischen Prüfer für ihre durchweg erstklassigen pädagogischen Hinweise und ihr TypeScript-Wissen: Mike Boyle, Ryan Cavanaugh, Sara Gallagher, Michael Hoffman, Adam Reineke und Dan Vanderkam. Dieses Buch wäre ohne euch nicht dasselbe, und ich hoffe, dass es mir gelungen ist, die mit all euren großartigen Vorschlägen verbundenen Absichten einzufangen!

Ein weiteres Dankeschön geht an die verschiedenen Kollegen und Lobredner, die das Buch punktuell bewertet und mir dabei geholfen haben, die technische Genauigkeit und die Textqualität zu verbessern: Robert Blake, Andrew Branch, James Henry, Adam Kaczmarek, Loren Sands-Ramshaw, Nik Stern und Lenz Weber-Tronic. Jede Anregung hilft!

Und schließlich möchte ich meiner Familie für ihre Liebe und Unterstützung in all den Jahren danken. Meinen Eltern Frances und Mark sowie meinem Bruder Danny – danke, dass ich meine Zeit mit Lego, Büchern und Videospielen verbringen durfte. Meiner Frau Mariah Goldberg für ihre Geduld während meiner langen Redaktions- und Schreibphasen und unseren Katzen Luci, Tiny und Jerry, dass sie mir in ihrer vornehmen Kuscheligkeit Gesellschaft geleistet haben.

Vorwort zur deutschen Ausgabe

Im Herbst 2012 ging eine neue Technologie um die Welt. Auf der Goto-Konferenz in Aarhus vorgestellt, versprach die von Legende Anders Hejlsberg mit entwickelte Programmiersprache TypeScript endlich mit allen Problemen aufzuräumen, die große JavaScript-Projekte mit sich bringen. Er stieß auf offene Ohren im hauptsächlich mit C# und Java beschäftigten Enterprise-Publikum, in den einschlägigen Internetforen (*https://news.ycombinator.com/item?id=4597716*) waren die Reaktionen eher verhalten.

Trotz aller Meinungsunterschiede wurde TypeScript von Enthusiasten und Programmiererinnen durch Konferenzen und Meetups getragen - beinahe schon evangelisierend! So schlug knapp einen Monat nach der Premiere in Aarhus TypeScript im beschaulichen Linz in Österreich auf. Der Ort: das berühmt-berüchtigte *Technologieplauscherl*. Damals steckte das Programmier-Meetup noch in den Kinderschuhen. Eine Handvoll Menschen lauschten einem lokalen Entwickler bei der Vorstellung der Features und der neuen Syntax, die TypeScript JavaScript hinzufügte. Auch hier gingen die Meinungen auseinander: Während die Java-Liga begeistert war und endlich (endlich!) in ihren gewohnten Mustern weiterarbeiten konnte, war die Riege der Webentwickler:innen, die damals hauptsächlich mit jQuery ihre Arbeit bewerkstelligen musste, eher skeptisch, wenn nicht sogar angewidert. Unter dieser Gruppe: ich. Langjähriger Webentwickler, JavaScript-Anhänger, Programmiersprachen-Nerd und heute, nach langer Zeit der Weigerung, brennender TypeScript-Enthusiast.

Nun stellt sich natürlich die Frage, wie man vom Saulus zum strikt typisierten Paulus wird. Die ersten Anzeichen haben sich schon beim Meetup damals offenbart: Denn wo zunächst fremd anmutende Syntax präsentiert wurde, war der generierte JavaScript-Code vertraut und lesbar. Das Ziel des TypeScript-Teams, mit Nähe zu JavaScript zu arbeiten und nur da zu innovieren, wo es für die Produktivität nötig war, wurde strikt eingehalten. Und nach all den Jahren hat sich gezeigt, dass die Nähe zu JavaScript größer war und ist als anfangs angenommen – verdeckt durch die Marktschreierei der frühen Tage.

Genau bei dieser großen Nähe zu JavaScript setzt Josh Goldbergs Buch an. Josh versteht es wie kein Zweiter, zu erklären, wie TypeScript als Superset von Java-

Script ein striktes Typsystem zu einer dynamischen Programmiersprache hinzufügt. Joshs Erklärungen ordnen ein, helfen dabei, TypeScript zu verstehen und stellen einen Kontext für die Fragen her, die seit einer Dekade heiß diskutiert werden.

Doch Kontext ist nicht alles. Neben der Einordnung gibt es in vielen praktischen Beispielen und Übungen genug Inhalte für die geneigten Leser, um eigene Fähigkeiten zu erwerben, sie weiter zu vertiefen und vor allem dieses Wissen praktisch anzuwenden.

So ist »TypeScript – Ein praktischer Einstieg« meines Erachtens nach ein unverzichtbares Standardwerk für alle, die sich mit dieser Sprache auseinandersetzen wollen. Das Buch bleibt – wie die Sprache – treu bei deren Wurzeln und ermöglicht es uns, deutlich produktiver zu werden. Josh ist dabei jemand, der die wunderbare Dualität und Ambivalenz der Programmiersprache TypeScript voll verstanden hat und auch vermitteln kann. Dieses Wissen spricht aus jeder Seite. Noch dazu hat Josh eine ganz eigene Art von Humor, den Sie auch in dieser Übersetzung wiederfinden werden.

Ich wünsche Ihnen viel Spaß und angenehme Lektürestunden!

Stefan Baumgartner

TEIL I

Konzepte

KAPITEL 1

Von JavaScript zu TypeScript

JavaScript heute
Unterstützt Browser jahrzehntealt
Schönheit des Webs

Bevor wir über TypeScript sprechen, müssen wir zunächst verstehen, woher es stammt: JavaScript!

Die Geschichte von JavaScript

JavaScript wurde 1995 innerhalb von 10 Tagen bei Netscape von Brendan Eich mit dem Ziel entwickelt, leicht verständlich und auf Websites einfach einsetzbar zu sein. Über die Eigenheiten von JavaScript und dessen vermeintliche Unzulänglichkeiten machen sich Entwickler seitdem gerne lustig. Auf einige dieser Eigenarten werde ich im nächsten Abschnitt eingehen.

JavaScript hat sich seit 1995 jedoch enorm weiterentwickelt! Sein Lenkungsausschuss, TC39, veröffentlicht seit 2015 jährlich neue Versionen von ECMAScript – der Sprachspezifikation, auf der JavaScript basiert – mit neuen Features, die es auf Augenhöhe mit anderen modernen Sprachen bringen. Beeindruckend ist, dass JavaScript trotz dieser regelmäßigen neuen Sprachversionen über Jahrzehnte hinweg in unterschiedlichsten Umgebungen abwärtskompatibel geblieben ist, einschließlich Browsern, eingebetteten Anwendungen und Server-Runtimes.

Heute ist JavaScript eine wunderbar flexible Sprache mit vielen Stärken. Insbesondere sollte man anerkennen, dass JavaScript trotz all seiner Macken dazu beigetragen hat, das unglaubliche Wachstum von Webanwendungen und des Internets zu ermöglichen.

> Zeigen Sie mir die perfekte Programmiersprache, und ich zeige Ihnen eine Sprache ohne Benutzer.
>
> *– Anders Hejlsberg, TSConf 2019*

Die Tücken von purem JavaScript

Entwickler sprechen oft davon, dass man mit »Vanilla-JavaScript« arbeitet, wenn die Sprache ohne signifikante Erweiterungen oder Frameworks benutzt wird: Sie meinen damit im übertragenen Sinn die vertraute, ursprüngliche, pure »Geschmacksrichtung«. Ich werde gleich darauf eingehen, warum TypeScript genau das richtige Aroma hinzufügt und durch seine Möglichkeiten hilft, die ungewöhnlich großen Schwächen von JavaScript auszubügeln. Aber zuvor müssen wir verstehen, warum Letztere so schmerzhaft sein können, zumal sie umso deutlicher zu Buche schlagen, je größer und langlebiger ein Projekt ist.

Kostspielige Freiheit

Das größte Ärgernis vieler Entwickler ist leider gleichzeitig eines der Hauptmerkmale von JavaScript: Es gibt praktisch keine Einschränkungen bei der Strukturierung des eigenen Codes. Diese Freiheit macht es zu einem Riesenspaß, ein Projekt in JavaScript zu beginnen!

Doch je mehr Dateien sich anhäufen, desto deutlicher wird, wie nachteilig sich diese Freiheit auswirken kann. Schauen Sie sich den folgenden, aus dem Zusammenhang gerissenen Codeausschnitt eines fiktiven Malprogramms an:

```
function paintPainting(painter, painting) {
  return painter
    .prepare()
    .paint(painting, painter.ownMaterials)
    .finish();
}
```

Wenn man diesen Code ohne Kontext liest, kann man nur vage Vorstellungen davon entwickeln, wie man die Funktion `paintPainting` aufruft. Hätten Sie bereits in der umgebenden Codebasis gearbeitet, könnten Sie sich vielleicht daran erinnern, dass `painter` der Rückgabewert einer `getPainter`-Funktion sein soll. Vielleicht erraten Sie sogar, dass `painting` ein String (eine Zeichenkette) ist.

Aber selbst wenn diese Annahmen zutreffen, können sie durch spätere Änderungen des Codes hinfällig werden. Vielleicht wird `painting` von einem String in einen anderen Datentyp umgewandelt, oder bestimmte Methoden von `painter` werden umbenannt.

Andere Sprachen verweigern möglicherweise die Ausführung von Code, wenn der Compiler feststellt, dass dies wahrscheinlich zu einem Absturz führen würde. Nicht so bei dynamisch typisierten Sprachen wie JavaScript – also Sprachen, die Code ausführen, ohne vorher zu prüfen, ob er möglicherweise abstürzen wird.

Die unterhaltsame Freiheit beim Schreiben von JavaScript-Code wird zu einer echten Qual, wenn man eine sichere Ausführung seines Codes anstrebt.

Schwache Dokumentation

In der Sprachspezifikation von JavaScript existiert keine formale Beschreibung, wie Funktionsparameter, Rückgabewerte von Funktionen, Variablen oder andere Konstrukte im Code beschaffen sein sollen. Viele Entwickler nutzen deshalb einen zusätzlichen Standard namens JSDoc, um Funktionen und Variablen in Blockkommentaren zu beschreiben. JSDoc sieht vor, dass Dokumentationskommentare, die in einer standardisierten Weise formatiert werden, direkt oberhalb von Konstrukten wie Funktionen und Variablen platziert werden können. Hier ein Beispiel, wieder aus dem Zusammenhang gerissen:

```
/**
 * Führt einen "painter" aus, der ein einzelnes "painting" erzeugt.
 *
 * @param {Painting} painter
 * @param {string} painting
 * @returns {boolean} Gibt an, ob der "painter" das "painting" erzeugt hat.
 */
function paintPainting(painter, painting) { /* ... */ }
```

JSDoc hat entscheidende Probleme, die seine Verwendung in einer großen Codebasis oft unangenehm machen:

- Es lässt sich nicht verhindern, dass JSDoc-Beschreibungen des Codes schlicht und einfach falsch sein können.
- Selbst wenn Ihre JSDoc-Beschreibungen zuvor korrekt waren, kann es bei einer Refaktorierung des Codes schwierig sein, alle durch die Änderungen betroffenen JSDoc-Kommentare zu finden und anzupassen.
- Die Beschreibung komplexer Objekte ist unhandlich und langatmig und erfordert mehrere eigenständige Kommentare, um Typen und ihre Beziehungen untereinander zu definieren.

Bei einem Dutzend Dateien nimmt die Pflege von JSDoc-Kommentaren nicht allzu viel Zeit in Anspruch, aber bei Hunderten oder gar Tausenden von Quelldateien, die ständig aktualisiert werden, kann das zu einer echten Herausforderung werden.

Schwächere Entwicklertools

Da JavaScript keine eingebauten Möglichkeiten zur Identifizierung von Typen bietet und Code schnell von JSDoc-Kommentaren abzuweichen beginnt, kann es schwierig werden, umfangreichere Änderungen an einer Codebasis automatisiert durchzuführen oder Erkenntnisse über den Code zu gewinnen. JavaScript-Entwickler sind oft überrascht, dass es in typisierten Sprachen wie C# und Java möglich ist, Klassenmember umzubenennen oder in einer IDE direkt an die Stelle zu springen, an der der Typ eines Arguments deklariert wurde.

> Sie mögen einwenden, dass moderne IDEs wie VS Code einige Entwicklungswerkzeuge anbieten, etwa automatische Refaktorierungen für JavaScript. Das stimmt. Aber unter der Haube wird für viele solcher JavaScript-Funktionen TypeScript oder ein Äquivalent eingesetzt, und diese Entwicklungswerkzeuge arbeiten im JavaScript-Code meist nicht so zuverlässig oder so leistungsstark, wie es in gut definiertem TypeScript-Code der Fall wäre.

TypeScript!

TypeScript wurde in den frühen 2010er-Jahren intern bei Microsoft entwickelt und 2012 veröffentlicht und als Open Source bereitgestellt. Anders Hejlsberg, der auch für die Entwicklung der populären Sprachen C# und Turbo Pascal verantwortlich ist bzw. war, fungiert als Chefentwickler. TypeScript wird oft als »Obermenge von JavaScript« oder »JavaScript mit Typen« bezeichnet. Aber was genau *ist* TypeScript?

TypeScript ist zugleich:

Programmiersprache
: Eine Sprache, die die gesamte bestehende JavaScript-Syntax sowie eine neue TypeScript-spezifische Syntax zur Definition und Verwendung von Typen enthält

Typechecker
: Ein Programm, das einen Satz von in JavaScript und/oder TypeScript geschriebenen Dateien einliest, ein Verständnis für alle darin verwendeten Konstrukte (Variablen, Funktionen ...) entwickelt und Sie darüber informiert, wenn etwas nicht korrekt eingerichtet ist

Compiler
: Ein Programm, das den Typechecker ausführt, etwaige Probleme meldet und den äquivalenten JavaScript-Code ausgibt

Sprachdienst
: Ein Programm, das die Typprüfung durch den Typechecker nutzt, um Editoren wie VS Code mitzuteilen, wie sie Entwicklern hilfreiche Funktionen zur Verfügung stellen können

Erste Schritte auf dem TypeScript-Spielplatz

Sie haben inzwischen bereits eine ganze Menge über TypeScript erfahren. Jetzt geht es ans Schreiben!

Die TypeScript-Website enthält einen »Playground«-Editor unter *https://www.typescriptlang.org/play*. Sie können Code in den Haupteditor eingeben und bekommen dort viele der Vorschläge, die Sie auch bei der lokalen Arbeit mit TypeScript in einer vollständigen IDE sehen würden.

Die meisten Codebeispiele in diesem Buch sind absichtlich so kurz und in sich abgeschlossen, dass man sie im Playground abtippen und damit herumspielen kann.

TypeScript in Aktion

Schauen Sie sich diesen Codeausschnitt an:

```
const firstName = "Georgia";
const nameLength = firstName.length();
//                           ~~~~~~
// This expression is not callable.
```

Der Code ist in normaler JavaScript-Syntax geschrieben – ich habe noch keine TypeScript-spezifische Syntax eingeführt. Wenn Sie TypeScripts Typechecker auf diesen Code anwenden, wird er erkennen, dass die Eigenschaft `length` einer Zeichenkette eine Zahl und keine Funktion ist, und die im Kommentar gezeigte Beschwerde anzeigen.

Wenn Sie diesen Code in den Playground oder einen Editor einfügen, würde der Sprachdienst den Text `length` rot unterschlängeln und dadurch darauf hinweisen, dass TypeScript mit Ihrem Code nicht einverstanden ist. Wenn Sie den Mauszeiger über den derart markierten Code bewegen, wird der Text der Beschwerde angezeigt (Abbildung 1-1).

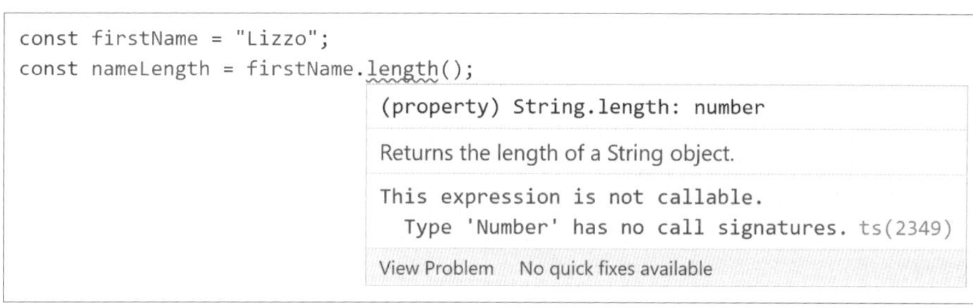

Abbildung 1-1: TypeScript meldet einen Fehler, weil die Eigenschaft length einer Zeichenkette nicht aufrufbar ist.

Es ist viel angenehmer, auf diese einfachen Fehler bereits während der Eingabe im Editor hingewiesen zu werden, als zu warten, bis eine bestimmte Codezeile ausgeführt wird und einen Fehler zur Laufzeit auslöst. Wenn Sie versuchen würden, diesen Code in JavaScript auszuführen, würde er abstürzen!

Freiheit durch Restriktion

Mit TypeScript können wir festlegen, welche Arten von Werten für Parameter und Variablen bereitgestellt werden können. Manche Entwickler empfinden es anfangs als einschränkend, wenn sie in ihrem Code explizit angeben müssen, wie bestimmte Bereiche funktionieren sollen.

Aber! Ich würde behaupten, dass diese Art der »Einschränkung« tatsächlich ein Vorteil ist. Durch die Beschränkung des Codes auf die von Ihnen angegebenen Verwendungsmöglichkeiten kann TypeScript sicherstellen, dass Änderungen in einem Codebereich andere Codebereiche, die diesen verwenden, nicht beeinträchtigen.

Wenn Sie z.B. die Anzahl der erforderlichen Parameter einer Funktion ändern, aber vergessen, eine Stelle zu aktualisieren, die diese Funktion aufruft, wird TypeScript Sie darauf hinweisen.

Im folgenden Beispiel wurde sayMyName so verändert, dass nicht mehr zwei Parameter entgegengenommen werden, sondern nur noch einer. Der Funktionsaufruf mit zwei Strings wurde aber nicht aktualisiert und löst daher eine Beanstandung seitens TypeScript aus:

```
// Zuvor: sayMyName(firstName, lastNameName) { ...
function sayMyName(fullName) {
  console.log(`You acting kind of shady, ain't callin' me ${fullName}`);
}

sayMyName("Beyoncé", "Knowles");
//                   ~~~~~~~~~
// Expected 1 argument, but got 2.
```

Dieser Code würde in JavaScript ohne Absturz ausgeführt werden, aber die Ausgabe sähe anders aus als erwartet (sie würde die Zeichenkette "Knowles" nicht enthalten):

```
You acting kind of shady, ain't callin' me Beyoncé
```

Der Aufruf von Funktionen mit einer falschen Anzahl von Argumenten ist genau die Art von kurzsichtiger JavaScript-Freiheit, die TypeScript einschränkt.

Präzise Dokumentation

Schauen wir uns eine »TypeScript-infizierte« Version der Funktion paintPainting von vorhin an. Obwohl ich noch nicht auf die Besonderheiten der TypeScript-Syntax zur Dokumentation von Typen eingegangen bin, deutet der folgende Codeausschnitt bereits auf die große Präzision hin, mit der man in TypeScript Code dokumentieren kann:

```
interface Painter {
  finish(): boolean;
  ownMaterials: Material[];
  paint(painting: string, materials: Material[]): boolean;
}

function paintPainting(painter: Painter, painting: string): boolean { /* ... */ }
```

Ein TypeScript-Entwickler, der diesen Code zum ersten Mal liest, könnte erkennen, dass painter mindestens drei Eigenschaften besitzt, von denen zwei Methoden sind. TypeScript verwendet eine Syntax zur Beschreibung der »Form« von Objekten und sorgt dafür, dass die mit diesem hervorragenden System gemachten Vorgaben auch beachtet werden.

Bessere Entwicklertools

Durch TypeScripts Typisierungen können Editoren wie VS Code einen viel tieferen Einblick in Ihren Code gewinnen. Und diese Erkenntnisse können dann genutzt werden, um Ihnen während der Codeingabe intelligente und für die Entwicklung ausgesprochen nützliche Vorschläge zu machen.

Wenn Sie in VS Code schon einmal JavaScript codiert haben, ist Ihnen vielleicht aufgefallen, dass es bei eingebauten Objekttypen wie Strings »automatische Vervollständigungen« (Autocompletions) vorschlägt. Wenn Sie z.B. den Namens eines Attributs oder einer Methode eines Objekts eingeben, das als String bekannt ist, kann TypeScript alle passenden Klassenmember vorschlagen (Abbildung 1-2).

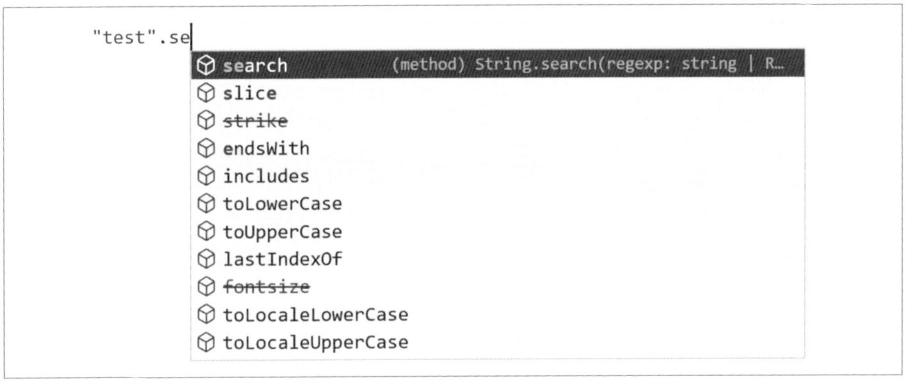

Abbildung 1-2: TypeScript bietet Vorschläge zur automatischen Vervollständigung eines Strings in JavaScript.

Im Zusammenspiel mit dem Typechecker kann TypeScript auch Ihren selbst geschriebenen Code verstehen und diese nützlichen Vorschläge liefern. Bei der Eingabe von `painter.` innerhalb des Funktionskörpers von `paintPainting` würde TypeScript sein Wissen nutzen, dass der Parameter `painter` den Typ `Painter` hat, der wiederum die in (Abbildung 1-3) gezeigten Klassenmember besitzt.

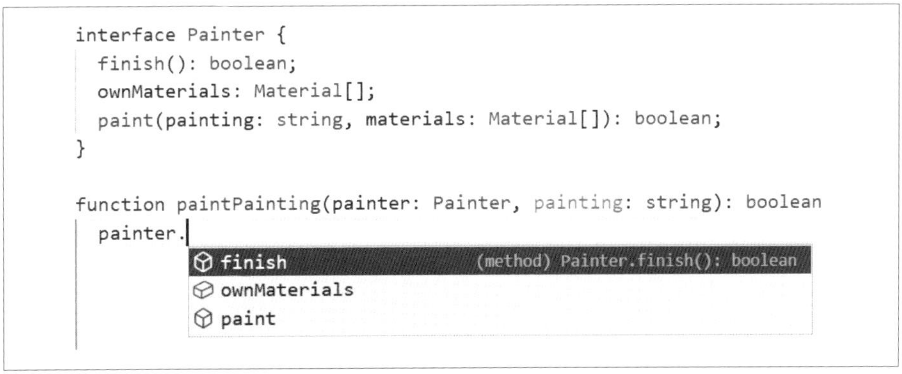

Abbildung 1-3: TypeScript bietet Vorschläge zur automatischen Vervollständigung eines Painter-Objekts in JavaScript.

Schick! Auf eine Fülle weiterer nützlicher Editor-Funktionen gehe ich in Kapitel 12, »IDE-Funktionen verwenden«, ein.

Kompilieren

Der TypeScript-Compiler ermöglicht es uns, TypeScript-Syntax einzugeben, sie einer Typprüfung zu unterziehen und das äquivalente JavaScript auszugeben. Er kann außerdem moderne JavaScript-Syntax in die älteren ECMAScript-Entsprechungen kompilieren.

Wenn Sie den folgenden TypeScript-Code im Playground einfügen ...

```
const artist = "Augusta Savage";
console.log({ artist });
```

wird auf der rechten Seite des Bildschirms der folgende JavaScript-Code angezeigt (Abbildung 1-4):

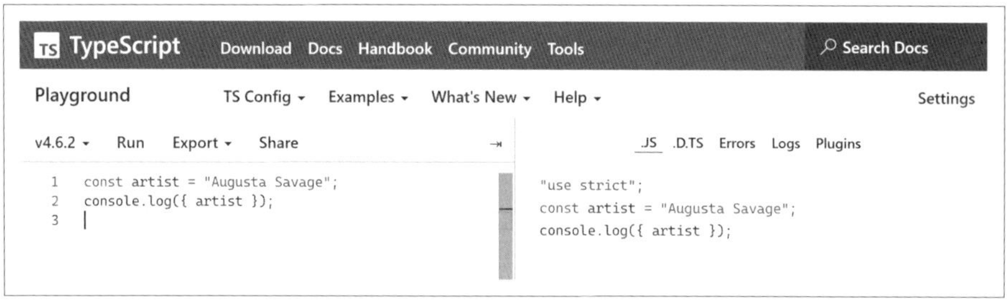

Abbildung 1-4: Der TypeScript-Playground kompiliert TypeScript-Code in äquivalentes JavaScript.

Der TypeScript-Playground ist ein großartiges Werkzeug, um zu zeigen, wie TypeScript-Quelltext in JavaScript-Output verwandelt wird.

> Viele JavaScript-Projekte verwenden anstelle des TypeScript-eigenen Transpilers spezielle Transpiler wie Babel (*https://babeljs.io*), um Quellcode in lauffähiges JavaScript zu überführen. Einige Einstiegspunkte für populäre Projekte finden Sie unter *https://learningtypescript.com/starters*.

Erste lokale Schritte

Sie können TypeScript auf Ihrem Computer ausführen, sofern Sie Node.js installiert haben. Um die neueste Version von TypeScript global zu installieren, führen Sie den folgenden Befehl aus:

```
npm i -g typescript
```

Jetzt können Sie TypeScript auf der Kommandozeile mit dem Befehl `tsc` (TypeScript Compiler) ausführen. Überprüfen Sie mit dem Flag `--version`, ob es funktioniert hat:

```
tsc --version
```

Als Ergebnis sollte etwas wie `Version X.Y.Z` ausgegeben werden – je nachdem, welche Version zum Zeitpunkt der Installation von TypeScript aktuell ist:

```
$ tsc --version
Version 4.7.2
```

TypeScript lokal ausführen

Nachdem TypeScript installiert ist, wollen wir einen lokalen Ordner einrichten, um TypeScript auf Code anzuwenden. Legen Sie an beliebiger Stelle auf Ihrem Computer einen Ordner an und führen Sie den folgenden Befehl aus, um eine neue Konfigurationsdatei *tsconfig.json* zu erstellen:

```
tsc --init
```

In einer *tsconfig.json*-Datei werden die Einstellungen vorgenommen, die TypeScript beim Analysieren Ihres Codes verwenden soll. Die meisten Optionen in dieser Datei sind für die Inhalte dieses Buchs nicht relevant (es gibt eine Menge ungewöhnlicher Randfälle in der Programmierung, die TypeScript berücksichtigen muss!). Auf diese Optionen gehe ich in Kapitel 13, »Konfigurationsoptionen«, ein. Entscheidend ist, dass Sie jetzt `tsc` ausführen können, um TypeScript anzuweisen, alle Dateien in diesem Ordner unter Berücksichtigung aller Konfigurationsoptionen in *tsconfig.json* zu kompilieren.

Fügen Sie eine Datei namens *index.ts* mit folgendem Inhalt hinzu:

```
console.blub("Nothing is worth more than laughter.");
```

Führen Sie nun `tsc` aus und übergeben Sie dabei den Namen der Datei *index.ts*:

```
tsc index.ts
```

Sie sollten jetzt eine Fehlermeldung ungefähr dieser Art erhalten:

```
index.ts:1:9 - error TS2339: Property 'blub' does not exist on type 'Console'.

1 console.blub("Nothing is worth more than laughter.");
          ~~~~

Found 1 error.
```

In der Tat besitzt `console` keine Methode `blub`. Was habe ich mir nur gedacht?

Bevor Sie den Code anpassen, um TypeScript wieder zu besänftigen, beachten Sie, dass `tsc` eine *index.js* für Sie erstellt hat, die ebenfalls die Anweisung `console.blub` enthält.

> Das ist ein wichtiges Konzept: Obwohl es einen *Typfehler* in unserem Code gab, war die *Syntax* dennoch vollständig gültig. Der TypeScript-Compiler erzeugt aus einer Eingabedatei unabhängig von irgendwelchen Typfehlern weiterhin JavaScript.

Korrigieren Sie den Code in *index.ts*, um `console.log` statt `console.blub` aufzurufen, und führen Sie `tsc` erneut aus. In Ihrem Terminal sollte es diesmal keine Beanstandung geben, und die Datei *index.js* sollte den aktualisierten Code enthalten:

```
console.log("Nothing is worth more than laughter.");
```

Ich möchte Ihnen besonders nahelegen, parallel zu Ihrer Lektüre mit den im Buch gezeigten Codeausschnitten zu experimentieren, entweder im Playground oder in einem Editor mit TypeScript-Unterstützung, d.h. installiertem TypeScript-Sprachdienst. Kleine, in sich abgeschlossene Aufgaben sowie größere Projekte, um das Gelernte weiter einzuüben, finden Sie auf *https://learningtypescript.com*.

Editor-Funktionen

Ist in einem Ordner eine *tsconfig.json*-Datei vorhanden, können – ein weiterer Vorteil – Editoren diesen als TypeScript-Projekt erkennen. Öffnen Sie zum Beispiel in einem Ordner den Editor VS Code, wird Ihr TypeScript-Code unter Berücksichtigung derjenigen Einstellungen analysiert, die in der *tsconfig.json* dieses Ordners stehen.

Gehen Sie als Übung die Codebeispiele in diesem Kapitel noch einmal durch und geben Sie sie in Ihrem Editor ein. Während der Eingabe sollten Drop-down-Listen angezeigt werden, in denen die Bezeichnungen automatisch vervollständigt werden, insbesondere für Methoden – etwa `log` für `console` – und Attribute.

Wirklich spannend: Sie verwenden den TypeScript-Sprachdienst, um sich selbst beim Schreiben von Code zu helfen! Sie sind auf dem besten Weg zum TypeScript-Entwickler!

VS Code bietet eine hervorragende TypeScript-Unterstützung und ist selbst in TypeScript entwickelt worden. Natürlich *müssen* Sie für TypeScript nicht zwingend VS Code verwenden – praktisch alle modernen Editoren verfügen über eine ausgezeichnete integrierte oder per Plug-in verfügbare TypeScript-Unterstützung –, aber ich empfehle es, um TypeScript zumindest während der Lektüre dieses Buchs auszuprobieren. Falls Sie einen anderen Editor verwenden, sollten Sie auf jeden Fall dessen TypeScript-Unterstützung aktivieren. Auf Editor-Funktionen gehe ich vertiefend in Kapitel 12, »IDE-Funktionen verwenden«, ein.

Was TypeScript nicht ist

Nachdem Sie nun gesehen haben, wie wunderbar TypeScript ist, muss ich Sie vor einigen Einschränkungen warnen. Jedes Werkzeug hat in bestimmten Bereichen Stärken und Schwächen in anderen.

Ein Heilmittel für schlechten Code

TypeScript hilft Ihnen, Ihr JavaScript zu strukturieren, aber abgesehen von der Erzwingung der Typsicherheit macht es keine Vorgaben, wie diese Struktur aussehen sollte.

Gut!

TypeScript ist eine Sprache, die jeder verwenden können soll, und kein dogmatisches Framework mit einer bestimmten Zielgruppe. Sie können Code mit beliebigen Entwurfsmustern schreiben, die Sie von JavaScript gewohnt sind, und TypeScript wird Sie dabei unterstützen.

Wenn Ihnen jemand weismachen will, dass TypeScript Sie zwinge, Klassen zu verwenden, oder es erschwere, guten Code zu schreiben, oder was auch immer für Vorurteile hinsichtlich des Codestils da draußen herumschwirren, werfen Sie dieser Person einfach einen strengen Blick zu und antworten ihr, dass sie sich ein Exemplar dieses Buchs besorgen solle. TypeScript erzwingt weder bestimmte Programmierstile, z.B. ob Klassen oder Funktionen verwendet werden sollen, noch bevorzugt es bestimmte Anwendungsframeworks – Angular, React usw. – gegenüber anderen.

Eine Erweiterung für JavaScript (größtenteils)

TypeScripts Entwurfsziele besagen ausdrücklich, dass es:

- sich an aktuelle und künftige ECMAScript-Vorschläge hält und
- das Laufzeitverhalten des gesamten JavaScript-Codes bewahrt.

TypeScript versucht in keiner Weise, die Funktionsweise von JavaScript zu ändern. Seine Schöpfer haben sich sehr darum bemüht, keine neuen Codefunktionen hinzuzufügen, die JavaScript ergänzen oder damit in Konflikt geraten könnten. Darauf zu achten, gehört zu den Aufgaben von TC39, dem technischen Ausschuss, der für ECMAScript verantwortlich ist.

Es gibt ein paar ältere Merkmale von TypeScript, die vor vielen Jahren hinzugefügt wurden, um häufige Anwendungsfälle in JavaScript-Code zu adressieren. Die meisten dieser Funktionen sind entweder relativ ungebräuchlich oder in Vergessenheit geraten und werden in diesem Buch nur am Rande in Kapitel 14, »Syntaxerweiterungen«, behandelt. Ich empfehle, sich in den meisten Fällen davon fernzuhalten.

> Zurzeit (2022) prüft TC39, ob JavaScript um eine Syntax für Typanmerkungen ergänzt werden soll. Die neuesten Vorschläge sehen sie als eine Form von Kommentaren vor, die keine Laufzeitauswirkungen auf den Code haben und nur für Systeme wie TypeScript verwendet werden, die zur Entwicklungszeit zum Einsatz kommen. Es wird noch viele Jahre dauern, bis Typanmerkungen oder ein entsprechendes Äquivalent zu JavaScript hinzugefügt werden. Deshalb werde ich in diesem Buch nicht weiter darauf eingehen.

Langsamer als JavaScript

Manchmal beschweren sich im Internet einige meinungsstarke Entwickler, dass TypeScript zur Laufzeit langsamer sei als JavaScript. Diese Behauptung ist im Allgemeinen unzutreffend und irreführend. Die einzigen Änderungen, die TypeScript am Code vornimmt, sind die Kompilierung des Codes in frühere JavaScript-Versionen, um ältere Laufzeitumgebungen wie den Internet Explorer 11 zu unterstützen. Viele Frameworks nutzen den TypeScript-Compiler überhaupt nicht, sondern verwenden ein eigenes Werkzeug zur Transpilierung (den Teil der Kompilierung, der den Quellcode von einer Programmiersprache in eine andere umwandelt) und benutzen TypeScript nur für das Typechecking.

TypeScript erfordert jedoch einen gewissen zusätzlichen Zeitaufwand beim Schreiben Ihres Codes. TypeScript-Code muss für die meisten Umgebungen, wie z.B. Browser und Node.js, in JavaScript kompiliert werden, bevor er ausgeführt werden kann. Die meisten Build-Pipelines sind in der Regel so eingerichtet, dass die Leistungseinbußen vernachlässigbar sind, und langsamere TypeScript-Features wie die Prüfung des Codes auf mögliche Fehler werden getrennt von der Erzeugung lauffähiger Anwendungsdateien durchgeführt.

> Selbst Projekte, die scheinbar die direkte Ausführung von TypeScript-Code erlauben, wie ts-node und Deno, konvertieren TypeScript-Code intern in JavaScript, bevor sie ihn ausführen.

Ergebnis einer abgeschlossenen Entwicklung

Die Evolution des Webs ist noch lange nicht beendet, und das gilt auch für TypeScript. Die Sprache erhält ständig Bugfixes und Funktionserweiterungen, um den sich ändernden Anforderungen der Web-Community gerecht zu werden. Die Grundprinzipien von TypeScript, die Sie in diesem Buch kennenlernen, werden sich nicht groß verändern, aber Fehlermeldungen, Features und Editor-Integrationen werden im Laufe der Zeit weiter verbessert bzw. ergänzt.

Bei der Veröffentlichung dieses Buchs trug die neueste TypeScript-Version die Nummer 4.7.2, aber mit Sicherheit gibt es bereits eine neuere Version, wenn Sie dies hier lesen. Einige der TypeScript-Fehlermeldungen in diesem Buch könnten sogar schon veraltet sein!

Zusammenfassung

In diesem Kapitel ging es um einige der Hauptschwächen von JavaScript und die Frage, wo und wie TypeScript ins Spiel kommt und Sie mit dessen Einsatz beginnen können. Themen waren u. a.:

- Eine kurze Geschichte von JavaScript
- Die Fallstricke von JavaScript: kostspielige Freiheit, lückenhafte Dokumentation und schwache Entwicklerwerkzeuge
- Was TypeScript ist: eine Programmiersprache, ein Typechecker, ein Compiler und ein Sprachdienst
- Die Vorteile von TypeScript: Freiheit durch Beschränkung, präzise Dokumentation und stärkere Entwicklertools
- Erste Schritte beim Schreiben von TypeScript-Code im Playground und lokal auf Ihrem Computer
- Was TypeScript nicht ist: ein Heilmittel für schlechten Code, eine Erweiterung von JavaScript (meistens), langsamer als JavaScript oder Ergebnis einer bereits vollständig abgeschlossenen Entwicklung

> Nachdem Sie dieses Kapitel gelesen haben, sollten Sie das Gelernte auf *https://learningtypescript.com/from-javascript-to-typescript* trainieren.

Was passiert, wenn Sie beim Ausführen des TypeScript-Compilers Fehler entdecken?

Sie sollten Sie '`catch`'en!

KAPITEL 2

Das Typsystem

Die Mächtigkeit von JavaScript
Entspringt der Flexibilität
Lass Vorsicht walten!

In Kapitel 1, »Von JavaScript zu TypeScript«, habe ich kurz von der Existenz eines sogenannten »Typecheckers« in TypeScript gesprochen, der sich Ihren Code ansieht, dessen beabsichtigte Funktion versteht und Ihnen mitteilt, wo Sie möglicherweise Fehler gemacht haben. Aber wie funktioniert ein Typechecker eigentlich?

Was ist ein Typ?

Ein »Typ« beschreibt die *Form* eines JavaScript-Werts. Mit »Form« meine ich die Eigenschaften und Methoden, die ein Wert hat (man sagt auch: die auf einem Wert existieren), und wie der eingebaute Operator `typeof` diesen Wert charakterisieren würde.

Wenn Sie zum Beispiel eine Variable mit dem Anfangswert `"Aretha"` erstellen ...

```
let singer = "Aretha";
```

... kann TypeScript ableiten bzw. herausfinden, dass die Variable `singer` vom *Typ* `string` ist.

Die grundlegenden Typen in TypeScript entsprechen den sieben grundlegenden primitiven Datenypen in JavaScript:

- `null`
- `undefined`
- `boolean` // `true` or `false`
- `string` // `""`, `"Hi!"`, `"abc123"`, ...
- `number` // `0`, `2.1`, `-4`, ...
- `bigint` // `0n`, `2n`, `-4n`, ...
- `symbol` // `Symbol()`, `Symbol("hi")`, ...

Die folgenden Werte erkennt TypeScript als jeweils einen der sieben primitiven Datentypen:

- `null; // null`
- `undefined; // undefined`
- `true; // boolean`
- `"Louise"; // string`
- `1337; // number`
- `1337n; // bigint`
- `Symbol("Franklin"); // symbol`

Falls Sie einmal den Namen eines primitiven Datentyps vergessen sollten, können Sie im TypeScript Playground (*https://typescriptlang.org/play*) oder in einer IDE mithilfe einer `let`-Anweisung einer Variablen einen Primitivwert zuordnen und dann den Mauszeiger über den Namen der Variablen bewegen. Das sich öffnende Popover zeigt den Namen des primitiven Datentyps, wie im folgenden Screenshot (Abbildung 2-1).

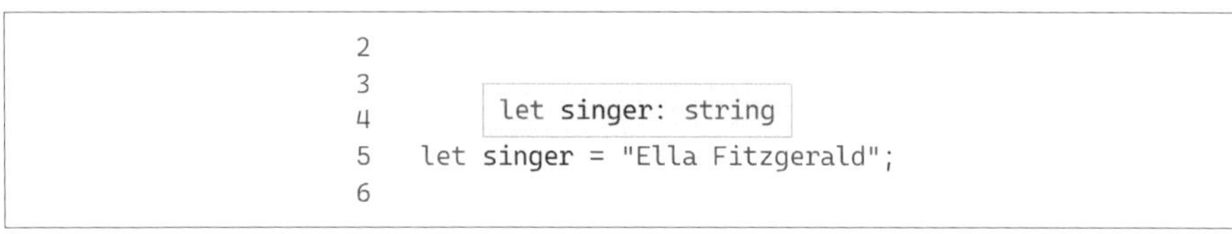

Abbildung 2-1: TypeScript zeigt den Typ einer String-Variablen in einem Popover.

TypeScript ist auch schlau genug, um den Typ einer Variablen mit einem berechneten Anfangswert zu ermitteln. Im folgenden Beispiel erkennt TypeScript, dass der ternäre Ausdruck immer eine Zeichenkette ergibt, die Variable `bestSong` also ein `string` ist:

```
// Abgeleiteter Typ: string
let bestSong = Math.random() > 0.5
  ? "Chain of Fools"
  : "Respect";
```

Wenn Sie im TypeScript Playground (*https://typescriptlang.org/play*) oder in Ihrer IDE mit der Maus über der Variablen `bestSong` hovern, sollten Sie eine Infobox oder eine Meldung sehen, die Ihnen mitteilt, dass TypeScript die Variable `bestSong` auf den Typ `string` zurückgeführt hat (Abbildung 2-2).

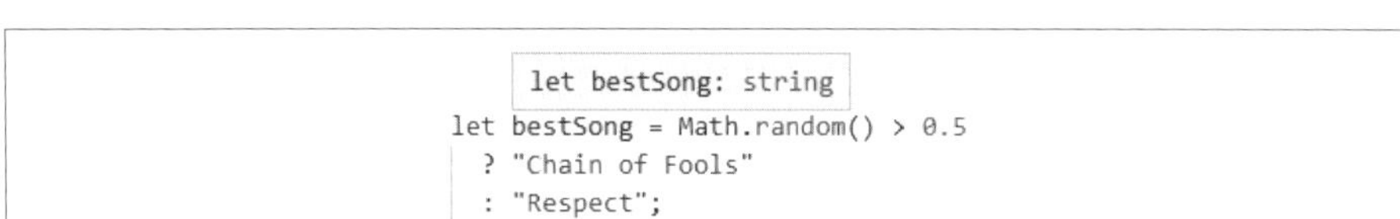

Abbildung 2-2: TypeScript meldet aufgrund einer Ableitung aus dem ternären Ausdruck, dass eine let-Variable den Literaltyp string hat.

Denken Sie an die Unterschiede zwischen Objekten und primitiven Datentypen in JavaScript: Klassen wie `Boolean` oder `Number` umhüllen ihre primitiven Entsprechungen. In TypeScript ist es allgemein üblich, sich auf die kleingeschriebenen Namen zu beziehen, also z.B. `boolean` oder `number`.

Typsysteme

Ein *Typsystem* ist ein Satz von Regeln, der für eine Programmiersprache festlegt, welche Typen die Konstrukte in einem Programm haben dürfen.

Im Kern funktioniert das Typsystem von TypeScript folgendermaßen:

- Es liest Ihren Code und versteht alle vorhandenen Typen und Werte.
- Es erkennt für jeden Wert, welchen Typ dieser laut seiner ursprünglichen Deklaration haben darf.
- Es überprüft die spätere Verwendung aller Werte im Code.
- Es gibt eine Meldung aus, wenn die Verwendung eines Werts nicht mit seinem Typ übereinstimmt.

Lassen Sie uns diesen Prozess der Typinferenz im Detail durchgehen.

Betrachten Sie den folgenden Codeausschnitt, in dem TypeScript einen Typfehler bezüglich einer Member-Eigenschaft ausgibt, die fälschlicherweise als Funktion aufgerufen wird:

```
let firstName = "Whitney";
firstName.length();
//        ~~~~~~
// This expression is not callable.
//   Type 'Number' has no call signatures
```

TypeScript ist aufgrund folgender Schritte zu dieser Beschwerde gekommen:

1. Es hat den Code gelesen und verstanden, dass es eine Variable mit dem Namen `firstName` gibt.
2. Es hat aus der Tatsache, dass der Anfangswert von `firstName` ein `String` – `"Whitney"` – ist, die Schlussfolgerung gezogen, dass die Variable vom Typ `string` ist.
3. Es hat gesehen, dass im Code versucht wird, auf das Element `.length` von `firstName` zuzugreifen und es wie eine Funktion aufzurufen.
4. Es hat darauf hingewiesen, dass das Element `.length` einer Zeichenkette eine Zahl und keine Funktion ist *(es kann nicht wie eine Funktion aufgerufen werden)*.

Will man TypeScript-Code verstehen, muss man das Typsystem von TypeScript verstehen. Die Codebeispiele in diesem Kapitel und im Rest des Buchs stellen zunehmend komplexere Typen vor, die TypeScript aus dem Code ableiten kann.

Fehlerarten

Beim Schreiben von TypeScript werden Sie meist auf zwei Arten von »Fehlern« stoßen:

Syntaxfehler
: Diese Fehler blockieren die Umwandlung von TypeScript in JavaScript.

Typfehler
: Der Typechecker hat eine Unstimmigkeit festgestellt.

Die Unterschiede zwischen beiden Fehlerarten sind wichtig.

Syntaxfehler

Syntaxfehler treten auf, wenn TypeScript auf ungültige Anweisungen stößt, die es nicht als Code interpretieren kann. Diese Fehler verhindern, dass TypeScript aus Ihrer Datei korrektes JavaScript generieren kann. Abhängig von den Werkzeugen und Einstellungen, die Sie für die Konvertierung Ihres TypeScript-Codes in JavaScript verwenden, erhalten Sie möglicherweise immer noch irgendeine Art von JavaScript-Ausgabe (bei den Standardeinstellungen von `tsc` ist dies der Fall). Entsprechender Output wird aber wahrscheinlich nicht so aussehen, wie Sie es erwarten.

Die folgende TypeScript-Zeile enthält einen Syntaxfehler aufgrund einer unerwarteten `let`-Anweisung:

```
let let wat;
//      ~~~
// Error: ',' expected.
```

Die kompilierte JavaScript-Ausgabe kann, je nach Version des TypeScript-Compilers, etwa so aussehen:

```
let let, wat;
```

> Obwohl TypeScript sein Bestes tut, um JavaScript-Code ungeachtet von Syntaxfehlern auszugeben, wird der resultierende Code wahrscheinlich nicht Ihren Vorstellungen entsprechen. Am besten beheben Sie Syntaxfehler, bevor Sie versuchen, den resultierenden JavaScript-Code auszuführen.

Typfehler

Typfehler treten auf, wenn zwar Ihre Syntax gültig ist, aber bei der Typprüfung ein Fehler festgestellt wurde. Diese Fehler verhindern zwar nicht, dass TypeScript-Syntax in JavaScript umgewandelt wird. Sie deuten jedoch oft darauf hin, dass etwas abstürzen oder sich unerwartet verhalten könnte, wenn Ihr Code ausgeführt wird.

Ich habe Ihnen in Kapitel 1, »Von JavaScript zu TypeScript«, das `console.blub`-Beispiel gezeigt, bei dem der Code zwar syntaktisch gültig war, TypeScript aber erkennen konnte, dass er bei der Ausführung wahrscheinlich abstürzen würde:

```
console.blub("Nothing is worth more than laughter.");
//      ~~~~
// Error: Property 'blub' does not exist on type 'Console'.
```

Auch wenn TypeScript trotz des Vorhandenseins von Typfehlern JavaScript-Code ausgeben kann, sind diese Fehler im Allgemeinen ein Zeichen dafür, dass das ausgegebene JavaScript wahrscheinlich nicht in der beabsichtigten Weise ausgeführt werden kann. Am besten beheben Sie die gemeldeten Probleme, bevor Sie den Code laufen lassen.

> Einige Projekte sind so konfiguriert, dass die Ausführung von Code während der Entwicklung so lange blockiert wird, bis alle TypeScript-Typfehler (nicht nur Syntaxfehler) behoben sind. Viele Entwickler, mich eingeschlossen, empfinden das im Allgemeinen als lästig und unnötig. Die meisten Projekte kann man z.B. mithilfe der Datei *tsconfig.json* und den Konfigurationsoptionen, die in Kapitel 13, »Konfigurationsoptionen«, behandelt werden, problemlos so einrichten, dass dies nicht geschieht.

Zuweisbarkeit

TypeScript liest die Anfangswerte von Variablen, um zu bestimmen, welchen Typ diese Variablen haben dürfen. Wenn Variablen später ein neuer Wert zugewiesen wird, wird geprüft, ob der Typ des neuen Werts mit dem der Variablen übereinstimmt.

In TypeScript ist es kein Problem, einer Variablen später einen anderen Wert desselben Typs zuzuweisen. Wenn eine Variable z.B. zunächst einen `string`-Wert hat, ist es vollkommen in Ordnung, ihr später einen anderen `string` zuzuweisen:

```
let firstName = "Carole";
firstName = "Joan";
```

Stößt TypeScript aber auf die Zuweisung eines anderen Typs, gibt es einen Typfehler aus. Wir könnten zum Beispiel eine Variable nicht zunächst mit einem `string`-Wert deklarieren und ihr dann später einen `boolean`-Wert zuweisen:

```
let lastName = "King";
lastName = true;
// Error: Type 'boolean' is not assignable to type 'string'.
```

Wird ein Wert an einen Funktionsaufruf oder eine Variable übergeben, prüft TypeScript dessen *Zuweisbarkeit* (assignability). Nur wenn der Typ dieses Werts mit dem erwarteten Typ übereinstimmt, ist er *zuweisbar*. Die Zuweisbarkeit wird in späteren Kapiteln eine wichtige Rolle spielen, wenn wir komplexere Objekte vergleichen.

Zuweisbarkeitsfehler verstehen

Fehlern des Musters »Type ... is not assignable to type ...« (»Typ ... ist nicht zuweisbar an Typ ...«) werden Sie beim Schreiben von TypeScript-Code mit am häufigsten begegnen.

Der erste Typ, der in dieser Fehlermeldung erwähnt wird, ist der Wert, der im Code einem Empfänger zugewiesen werden soll. Der zweite erwähnte Typ ist der Empfänger, dem der erste Typ zugewiesen werden soll. Im vorherigen Codebeispiel haben wir mit `lastName = true` versucht, den Wert von `true` (Typ `boolean`) der Empfängervariablen `lastName` (Typ `string`) zuzuweisen.

Im Laufe dieses Buchs werden Sie immer komplexere Zuweisungsprobleme kennenlernen. Achten Sie sorgfältig darauf, die gemeldeten Unterschiede zwischen tatsächlichen und erwarteten Typen zu verstehen. Dadurch wird es viel einfacher, mit TypeScript zu arbeiten, wenn Typfehler auftreten.

Typanmerkungen

Manchmal besitzt eine Variable keinen Anfangswert, den TypeScript lesen kann. TypeScript versucht in diesem Fall aber nicht, den Anfangstyp der Variablen aus späteren Verwendungen abzuleiten. Stattdessen wird die Variable standardmäßig als implizit vom Typ `any` betrachtet, was bedeutet, dass sie jeden beliebigen Wert annehmen kann.

Variablen, deren anfänglicher Typ nicht abgeleitet werden kann, durchlaufen einen Prozess, der als *evolving* `any` (sich entwickelndes `any`) bezeichnet wird: Anstatt einen ganz bestimmten Typ zu verlangen, entwickelt TypeScript sein Verständnis des Variablentyps jedes Mal weiter, wenn ein neuer Wert zugewiesen wird.

Im folgenden Beispiel wird der sich entwickelnden `any`-Variablen `rocker` zunächst eine Zeichenkette zugewiesen, was bedeutet, dass sie über String-Methoden wie `toUpperCase` verfügt, bevor sich die Variable dann zum Typ `number` weiterentwickelt:

```
let rocker; // Typ: any

rocker = "Joan Jett"; // Typ: string
rocker.toUpperCase(); // Ok

rocker = 19.58; // Typ: number
rocker.toPrecision(1); // Ok

rocker.toUpperCase();
//     ~~~~~~~~~~~
// Error: 'toUpperCase' does not exist on type 'number'.
```

TypeScript konnte erkennen, dass wir die Methode `toUpperCase()` für eine Variable vom Typ `number` aufgerufen haben. Es konnte jedoch nicht herausfinden, ob es von uns beabsichtigt war, die Variable von `string` in `number` umzuwandeln.

Lässt man zu, dass Variablen als evolving `any` typisiert werden – bzw. generell die Verwendung des Typs `any` –, untergräbt das teilweise den Zweck der Typprüfung! TypeScript funktioniert am besten, wenn es weiß, welchen Typ Ihre Werte haben sollen. Ein Großteil der Typprüfung von TypeScript kann nicht auf als `any` typisierte Werte angewendet werden, da diese keine bekannten Typen haben, die überprüft werden können. Die Konfiguration der Beanstandungen impliziter `any`-Typen wird in Kapitel 13, »Konfigurationsoptionen«, behandelt.

TypeScript bietet eine Syntax, mit deren Hilfe der Typ einer Variablen deklariert werden kann, ohne ihr einen Anfangswert zuweisen zu müssen: *Typanmerkungen* (bzw. *Typannotationen*). Eine Typanmerkung steht hinter dem Namen einer Variablen und besteht aus einem Doppelpunkt, gefolgt von einer Typbezeichnung.

Die folgende Typanmerkung legt fest, dass die Variable `rocker` vom Typ `string` sein soll:

```
let rocker: string;
rocker = "Joan Jett";
```

Diese Typanmerkungen existieren nur innerhalb von TypeScript – sie haben keine Auswirkungen auf den Laufzeitcode und sind keine gültige JavaScript-Syntax. Wenn Sie `tsc` ausführen, um TypeScript-Quellcode zu JavaScript zu kompilieren, werden sie entfernt. Das vorherige Beispiel würde etwa zu folgendem JavaScript kompiliert werden:

```
// Ausgegebene .js-Datei
let rocker;
rocker = "Joan Jett";
```

Die Zuweisung eines Werts, dessen Typ nicht dem per Typanmerkung genannten Typ der Variablen zugewiesen werden kann, führt zu einem Typfehler.

Der folgende Codeausschnitt weist einer Variablen vom Typ `rocker`, die zuvor als `string` deklariert wurde, eine Zahl zu und verursacht einen Typfehler:

```
let rocker: string;
rocker = 19.58;
// Error: Type 'number' is not assignable to type 'string'.
```

In den nächsten Kapiteln werden Sie sehen, wie Sie durch Typanmerkungen das Codeverständnis von TypeScript erweitern können, sodass es Sie während der Entwicklung besser unterstützen kann. TypeScript enthält eine ganze Reihe neuer Syntaxelemente, wie z.B. diese Typanmerkungen, die nur innerhalb des Typsystems existieren.

> Nichts, was nur im Typsystem existiert, wird in das emittierte JavaScript übernommen. TypeScript-Typen haben keinerlei Einfluss auf das ausgegebene JavaScript.

Unnötige Typanmerkungen

Mit Typanmerkungen können wir TypeScript Informationen geben, die es allein nicht hätte herausfinden können. Man könnte sie auch für Variablen verwenden, die unmittelbar ableitbare Typen haben, aber man würde damit TypeScript nichts mitteilen, was es nicht ohnehin schon weiß.

Die folgende Typanmerkung : string ist überflüssig, da TypeScript bereits ableiten kann, dass firstName vom Typ string sein muss:

```
let firstName: string = "Tina";
//             ~~~~~~~~ Bietet dem Typsystem keine zusätzliche Information ...
```

Wenn Sie einer Variablen mit einem Anfangswert eine Typanmerkung hinzufügen, prüft TypeScript, ob sie mit dem Typ des Variablenwerts übereinstimmt.

Die folgende Variable firstName ist als vom Typ string deklariert, wird aber mit der Zahl 42, also einem Wert vom Typ number initialisiert, was TypeScript als inkompatibel betrachtet:

```
let firstName: string = 42;
//  ~~~~~~~~~
// Error: Type 'number' is not assignable to type 'string'.
```

Viele Entwicklerinnen und Entwickler – mich eingeschlossen – ziehen es normalerweise vor, bei Variablen, bei denen Typanmerkungen keinen Vorteil bieten, diese wegzulassen. Die manuelle Eingabe von Typanmerkungen kann mühsam sein – vor allem, wenn sich Änderungen ergeben und speziell für die komplexen Typen, die ich Ihnen später in diesem Buch zeigen werde.

Allerdings kann es manchmal nützlich sein, Variablen explizite Typanmerkungen hinzuzufügen, um den Code klar zu dokumentieren und/oder TypeScript gegen versehentliche Änderungen des Variablentyps zu schützen. Wir werden in späteren Kapiteln sehen, wie man mit Typanmerkungen TypeScript explizit Informationen mitteilen kann, die es ansonsten nicht alleine hätte herleiten können.

Typformen

TypeScript überprüft nicht nur, ob die den Variablen zugewiesenen Werte ihren ursprünglichen Typen entsprechen. TypeScript weiß auch, welche Member-Eigenschaften auf Objekten vorhanden sein sollten. Wenn Sie versuchen, auf eine Eigenschaft einer Variablen zuzugreifen, stellt TypeScript sicher, dass diese Eigenschaft auf dem Typ der Variablen existiert.

Angenommen, wir deklarieren eine rapper-Variable vom Typ string. Später, wenn wir diese rapper-Variable verwenden, sind nur solche Operationen erlaubt, von denen TypeScript weiß, dass sie auf Strings funktionieren:

```
let rapper = "Queen Latifah";
rapper.length; // Ok
```

Operationen, für die das nicht gilt, werden verhindert:

```
rapper.push('!');
//     ~~~~
// Property 'push' does not exist on type 'string'.
```

Typen können auch komplexere Formen annehmen, vor allem Objekte. Im folgenden Codeausschnitt erkennt TypeScript, dass das Objekt cher keinen Schlüssel middleName besitzt, und beschwert sich:

```
let cher = {
  firstName: "Cherilyn",
  lastName: "Sarkisian",
};

cher.middleName;
//   ~~~~~~~~~~
//   Property 'middleName' does not exist on type
//   '{ firstName: string; lastName: string; }'.
```

TypeScripts Verständnis von Objektformen ermöglicht es, dass nicht nur Probleme bei der Zuweisbarkeit, sondern auch bei der Verwendung von Objekten gemeldet werden. In Kapitel 4, »Objekte«, werden weitere leistungsstarke Sprachmerkmale von TypeScript rund um Objekte und Objekttypen beschrieben.

Module

Die Programmiersprache JavaScript enthielt bis vor relativ kurzer Zeit keine Spezifikation dazu, wie Dateien untereinander Code teilen können. Mit ECMAScript 2015 wurden »ECMAScript-Module« (ESM) eingeführt, um die Import- und Exportsyntax zwischen Dateien zu standardisieren.

Als Referenz importiert die folgende Moduldatei einen Wert value aus einer Geschwisterdatei /values und exportiert eine Variable doubled mit dem Doppelten des importierten Werts:

```
import { value } from "./values";

export const doubled = value * 2;
```

Um der ECMAScript-Spezifikation zu entsprechen, werde ich in diesem Buch die folgende Nomenklatur verwenden:

Modul
: Eine Datei, die ganz oben eine export- oder import-Anweisung enthält

Skript
: Eine Datei, die kein Modul ist

TypeScript ist in der Lage, sowohl mit diesen modernen Moduldateien als auch mit älteren Dateien zu arbeiten. Alles, was in einem Modul deklariert ist, steht nur innerhalb dieser Datei zur Verfügung, es sei denn, eine in dieser Datei enthaltene explizite export-Anweisung exportiert es. In einem Modul darf durchaus eine Variable mit einem Namen deklariert werden, der schon in einem anderen Modul verwendet wird. Ein Namenskonflikt entsteht erst, wenn eine Datei die Variable der anderen Datei importiert.

Die folgenden Dateien a.ts und b.ts sind zwei Module, die problemlos identisch benannte shared-Variablen exportieren. Die Datei c.ts verursacht allerdings einen

Typfehler, weil zwischen einem importierten shared und dem eigenen, lokal definierten Wert ein Namenskonflikt entsteht:

```
// a.ts
export const shared = "Cher";

// b.ts
export const shared = "Cher";

// c.ts
import { shared } from "./a";
//       ~~~~~~
// Error: Import declaration conflicts with local declaration of 'shared'.

export const shared = "Cher";
//           ~~~~~~
// Error: Individual declarations in merged declaration
// 'shared' must be all exported or all local.
```

Ist eine Datei jedoch ein Skript, betrachtet TypeScript sie als dem globalen Geltungsbereich zugehörig, was bedeutet, dass alle Skripte Zugriff auf ihren Inhalt haben. Daraus folgt, dass Variablen über alle Skriptdateien hinweg eindeutige Namen haben müssen.

Die folgenden Dateien a.ts und b.ts werden als Skripte betrachtet, da sie keine export- oder import-Anweisungen im Modulstil enthalten. Das bedeutet, dass ihre gleichnamigen Variablen genauso miteinander in Konflikt geraten, als wären sie in derselben Datei deklariert:

```
// a.ts
const shared = "Cher";
//    ~~~~~~
// Cannot redeclare block-scoped variable 'shared'.

// b.ts
const shared = "Cher";
//    ~~~~~~
// Cannot redeclare block-scoped variable 'shared'.
```

Wenn Ihnen solche »Cannot redeclare...«-Fehler in einer TypeScript-Datei begegnen, kann es daran liegen, dass Sie der Datei noch eine export- oder import-Anweisung hinzufügen müssen. Gemäß der ECMAScript-Spezifikation können Sie die Moduleigenschaft einer Datei auch ohne explizite export- oder import-Anweisung erzwingen, indem Sie irgendwo innerhalb der Datei ein export {}; hinzufügen:

```
// a.ts und b.ts
const shared = "Cher"; // Ok

export {};
```

TypeScript erkennt keine Typen von Importen und Exporten in Dateien, die mithilfe älterer Modulsysteme wie CommonJS geschrieben wurden. TypeScript betrachtet Werte, die von CommonJS-artigen require-Funktionen zurückgegeben werden, als vom Typ any.

Zusammenfassung

In diesem Kapitel ging es darum, wie das Typsystem von TypeScript im Kern funktioniert, und im Einzelnen um folgende Themen:

- Was ein »Typ« ist und welche primitiven Datentypen TypeScript erkennt
- Was ein »Typsystem« ist und wie das Typsystem von TypeScript Code versteht
- Wie sich Typfehler von Syntaxfehlern unterscheiden
- Abgeleitete Variablentypen und die Zuweisbarkeit von Variablen
- Typanmerkungen zur expliziten Deklaration von Variablentypen und die Vermeidung von evolving `any`-Typen
- Überprüfung von Objektmembern bei Typformen
- Geltungsbereich von Deklarationen in ECMAScript-Moduldateien im Vergleich zu Skriptdateien

> Nachdem Sie dieses Kapitel gelesen haben, sollten Sie das Gelernte auf *https://learningtypescript.com/the-type-system* anwenden und einüben.

Warum haben sich `number` und `string` getrennt?
Sie waren nicht der Typ füreinander.

KAPITEL 3

Vereinigungs- und Literaltypen

Nichts ist konstant
Werte können sich im Laufe der Zeit ändern
(okay, außer Konstanten)

In Kapitel 2, »Das Typsystem«, ging es um das Konzept des »Typsystems« und die Frage, wie es anhand der gelesenen Werte die Typen von Variablen erkennt. Jetzt möchte ich zwei Schlüsselkonzepte vorstellen, mit deren Hilfe TypeScript darüber hinausgehende Ableitungen vornimmt:

Vereinigungtypen
: Dabei wird der zulässige Typ eines Werts auf zwei oder mehr mögliche Typen erweitert.

Type Narrowing
: Dabei wird der zulässige Typ eines Werts derart eingeschränkt bzw. »eingeengt«, dass ein Typ oder mehrere Typen *ausgeschlossen* werden.

Zusammengenommen sind Vereinigungstypen und Type Narrowing leistungsstarke Konzepte, die es TypeScript ermöglichen, fundierte Rückschlüsse hinsichtlich Ihres Code zu ziehen, die in anderen Mainstream-Sprachen nicht möglich wären.

Vereinigungstypen

Betrachten Sie die Variable `mathematician`:

```
let mathematician = Math.random() > 0.5
    ? undefined
    : "Mark Goldberg";
```

Welchen Typ hat `mathematician`?

Es ist weder ausschließlich `undefined` noch ausschließlich `string`, obwohl beides mögliche Typen sind. `mathematician` kann *entweder* `undefined` oder `string` sein. Diese Art von Entweder-oder-Typ wird als *Vereinigungstyp* (union type) bezeichnet. Vereinigungstypen sind ein wunderbares Konzept, wenn wir nicht genau wissen, von welchem Typ ein Wert ist, aber klar ist, dass es sich um eine von zwei oder mehr Optionen handelt.

TypeScript stellt Vereinigungstypen mit einem Pipe-Operator | zwischen den möglichen Typen, den *Konstituenten*, dar. Der Typ der Variablen `mathematician` wird als `string | undefined` abgeleitet. Bewegt man den Mauszeiger über diese Variable, wird ihr Typ entsprechend als `string | undefined` angezeigt (Abbildung 3-1).

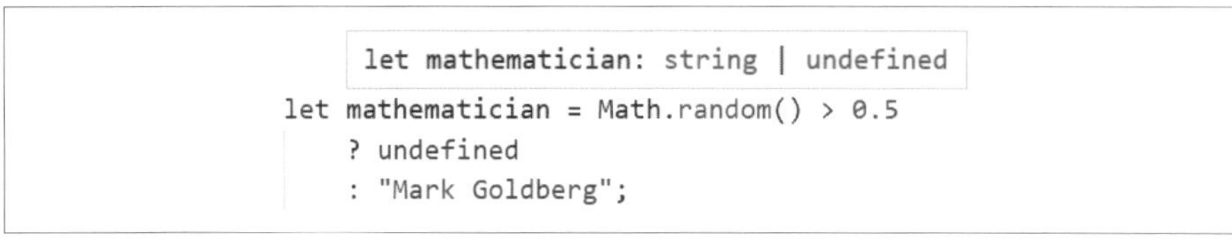

Abbildung 3-1: TypeScript meldet, dass die Variable mathematician vom Typ string | undefined ist.

Deklaration von Vereinigungstypen

Bei Vereinigungstypen kann es tatsächlich sinnvoll sein , eine explizite Typanmerkung für eine Variable anzugeben, obwohl sie einen Anfangswert hat. Im folgenden Beispiel bekommt `thinker` den Anfangswert `null`, aber die Variable soll stattdessen auch einen `string` enthalten können. Indem wir eine explizite `string | null`-Typanmerkung formulieren, weisen wir TypeScript an, auch die Zuweisung von Werten des Typs `string` zu erlauben:

```
let thinker: string | null = null;

if (Math.random() > 0.5) {
    thinker = "Susanne Langer"; // Ok
}
```

Deklarationen von Vereinigungstypen können überall dort platziert werden, wo Sie einen Typ durch eine Typanmerkung festlegen könnten.

> Die Reihenfolge der Konstituenten in der Deklaration eines Vereinigungstyps spielt keine Rolle. Sie können `boolean | number` oder `number | boolean` schreiben, und TypeScript wird beides genau gleich behandeln.

Eigenschaften von Vereinigungstypen

Bei einem Wert, dessen Typ ein Vereinigungstyp ist, erlaubt TypeScript nur den Zugriff auf Member-Eigenschaften, die auf allen möglichen Typen dieses Vereinigungstyps existieren. Wenn Sie versuchen, auf eine Eigenschaft zuzugreifen, die nicht auf allen möglichen Typen vorhanden ist, wird beim Typechecking ein Fehler gemeldet.

Im folgenden Codeausschnitt ist `physicist` vom Typ `number | string`. Während `.toString()` auf beiden Typen vorhanden ist und verwendet werden darf, sind

`.toUpperCase()` und `.toFixed()` nicht zulässig, da `.toUpperCase()` beim Typ `number` und `.toFixed()` beim Typ `string` fehlen:

```
let physicist = Math.random() > 0.5
    ? "Marie Curie"
    : 84;

physicist.toString(); // Ok

physicist.toUpperCase();
//        ~~~~~~~~~~~
// Error: Property 'toUpperCase' does not exist on type 'string | number'.
//   Property 'toUpperCase' does not exist on type 'number'.

physicist.toFixed();
//        ~~~~~~~
// Error: Property 'toFixed' does not exist on type 'string | number'.
//   Property 'toFixed' does not exist on type 'string'.
```

Dass der Zugriff auf Eigenschaften, die nicht auf allen Konstituenten eines Vereinigungstyps vorhanden sind, nicht erlaubt ist, ist eine Sicherheitsmaßnahme. Wenn von einem Objekt nicht eindeutig bekannt ist, dass es von einem Typ ist, der eine bestimmte Eigenschaft besitzt, hält TypeScript den Versuch, diese Eigenschaft zu verwenden, für unsicher. Möglicherweise existiert diese Eigenschaft nicht!

Um eine Eigenschaft eines als Vereinigungstyp typisierten Werts zu verwenden, die nur auf einer Teilmenge der potenziellen Typen existiert, muss Ihr Code TypeScript darauf hinweisen, dass der Wert an dieser Stelle im Code einen dieser spezifischeren Typen hat: ein Prozess, der *Type Narrowing* genannt wird.

Type Narrowing

Type Narrowing (»Typeinengung«) findet statt, wenn TypeScript aus Ihrem Code folgert, dass ein Wert von einem spezifischeren Typ ist als demjenigen, als der er definiert, deklariert oder zuvor abgeleitet wurde. Sobald TypeScript erkennt, dass der Typ eines Werts enger gefasst ist als zuvor bekannt, erlaubt es Ihnen, den Wert als von diesem spezifischeren Typ zu behandeln. Eine logische Prüfung, die zur Eingrenzung von Typen verwendet werden kann, wird als *Type Guard* bezeichnet.

Schauen wir uns zwei gebräuchliche Arten von Type Guards an, mit deren Hilfe TypeScript Type Narrowing betreiben kann.

Type Narrowing durch Zuweisung

Wenn Sie einer Variablen einen Wert zuweisen, engt TypeScript den Typ der Variablen auf den Typ dieses Werts ein.

Im folgenden Beispiel wird die Variable `admiral` zunächst als `number | string` deklariert, aber nachdem ihr der Wert `Grace Hopper` zugewiesen wurde, weiß TypeScript, dass sie ein `string` sein muss:

```
let admiral: number | string;

admiral = "Grace Hopper";

admiral.toUpperCase(); // Ok: string

admiral.toFixed();
//      ~~~~~~~
// Error: Property 'toFixed' does not exist on type 'string'.
```

Das zuweisungsbasierte Type Narrowing kommt ins Spiel, wenn einer Variablen sowohl ein expliziter Vereinigungstyp als auch ein Anfangswert zugewiesen wird. TypeScript erkennt, dass die Variable zwar später einen Wert mit einem beliebigen der im Vereinigungstyp enthaltenen Typen erhalten kann, aber zu Beginn nur den Typ ihres Anfangswerts hat.

Im folgenden Codeausschnitt wird `inventor` als Typ `number | string` deklariert, aber TypeScript erkennt, dass die Variable sofort auf einen `string` eingegrenzt wird, und zwar durch ihren Anfangswert:

```
let inventor: number | string = "Hedy Lamarr";

inventor.toUpperCase(); // Ok: string

inventor.toFixed();
//       ~~~~~~~
// Error: Property 'toFixed' does not exist on type 'string'.
```

Bedingungsabhängige Prüfungen

Als gängige Methode, um den Wert einer Variablen einzugrenzen, prüft man in TypeScript mittels einer `if`-Anweisung, ob die Variable einem bekannten Wert entspricht. TypeScript ist intelligent genug, um zu verstehen, dass die Variable innerhalb des Körpers der `if`-Anweisung vom gleichen Typ sein muss wie der Vergleichswert:

```
// Typ von scientist: number | string
let scientist = Math.random() > 0.5
    ? "Rosalind Franklin"
    : 51;

if (scientist === "Rosalind Franklin") {
    // Typ von scientist: string
    scientist.toUpperCase(); // Ok
}

// Typ von scientist: number | string
scientist.toUpperCase();
//        ~~~~~~~~~~~
// Error: Property 'toUpperCase' does not exist on type 'string | number'.
//   Property 'toUpperCase' does not exist on type 'number'.
```

Bei der Typeingrenzung durch bedingungsabhängige Logik orientiert sich das Typechecking von TypeScript an bewährten JavaScript-Codierungsmustern. Wenn eine Variable einen von mehreren Typen haben könnte, sollten Sie in der Regel prüfen, ob ihr Typ dem benötigten entspricht. TypeScript zwingt uns dazu, mit unserem Code auf Nummer sicher zu gehen. Danke, TypeScript!

typeof-Prüfungen

Neben der direkten Wertprüfung kann TypeScript bei der Eingrenzung von Variablentypen auch den `typeof`-Operator nutzen.

Ähnlich wie im `scientist`-Beispiel garantiert die Prüfung, ob `typeof researcher` gleich `string` ist, dass der Typ von `researcher` innerhalb des `if`-Blocks `string` sein muss:

```
let researcher = Math.random() > 0.5
    ? "Rosalind Franklin"
    : 51;

if (typeof researcher === "string") {
    researcher.toUpperCase(); // Ok: string
}
```

Logische Negationen durch `!`- und `else`-Anweisungen funktionieren ebenfalls:

```
if (!(typeof researcher === "string")) {
    researcher.toFixed(); // Ok: number
} else {
    researcher.toUpperCase(); // Ok: string
}
```

Diese Codeausschnitte können zu einer ternären Anweisung refaktoriert werden, die ebenfalls für das Type Narrowing ausgewertet wird:

```
typeof researcher === "string"
    ? researcher.toUpperCase() // Ok: string
    : researcher.toFixed(); // Ok: number
```

Unabhängig davon, in welcher Weise man sie codiert, sind `typeof`-Prüfungen eine praktische und häufig verwendete Methode, um Typen einzugrenzen.

TypeScripts Typechecker erkennt eine Reihe weiterer Formen des Type Narrowing, die wir in späteren Kapiteln kennenlernen werden.

Literaltypen

Nachdem ich Ihnen für die Arbeit mit Werten, die von unterschiedlichem Typ sein können, Vereinigungstypen und Type Narrowing vorgestellt habe, möchte ich jetzt mit *Literaltypen* die entgegengesetzte Richtung einschlagen und spezifischere Versionen von primitiven Datentypen vorstellen.

Betrachten Sie die Variable `philosopher`:

```
const philosopher = "Hypatia";
```

Welchen Typ hat `philosopher`?

Auf den ersten Blick könnte man sagen: `string` – und hätte Recht. `philosopher` ist in der Tat ein `string`.

Aber `philosopher` ist nicht irgendeine beliebige Zeichenkette. Es handelt sich konkret um den Wert `"Hypatia"`. Daher ist der Typ der Variable `philosopher` technisch gesehen der spezifischere Typ `"Hypatia"`.

Das ist das Konzept eines *Literaltyps*: Es ist ein ganz bestimmter Wert eines primitiven Datentyps und nicht irgendein anderer möglicher Wert mit diesem Datentyp. Der primitive Datentyp `string` steht für die Menge aller möglichen Zeichenketten, während der Literaltyp `"Hypatia"` nur diesen einen String repräsentiert.

Wenn Sie eine Variable als `const` deklarieren und ihr direkt einen literalen Wert zuweisen, folgert TypeScript, dass der Typ dieser Variablen genau dieser literale Wert ist. Wenn Sie in einer IDE wie VS Code mit der Maus über eine `const`-Variable mit einem anfänglichen Literalwert fahren, wird Ihnen deshalb der Typ der Variablen als dieses Literal (Abbildung 3-2) und nicht als der allgemeinere primitive Datentyp (Abbildung 3-3) angezeigt.

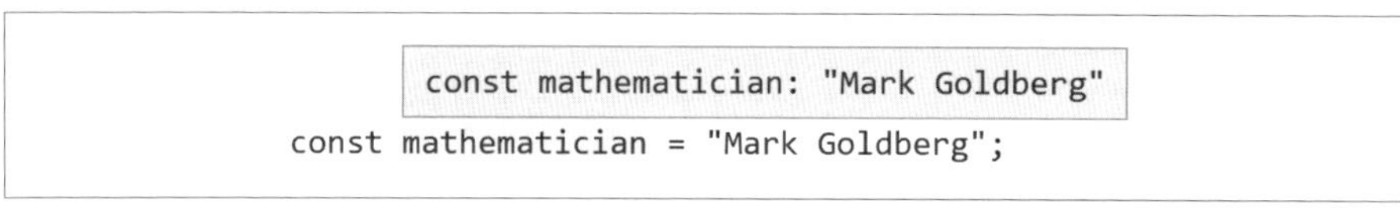

Abbildung 3-2: TypeScript zeigt als Typ einer const-Variablen ihren Literaltyp an.

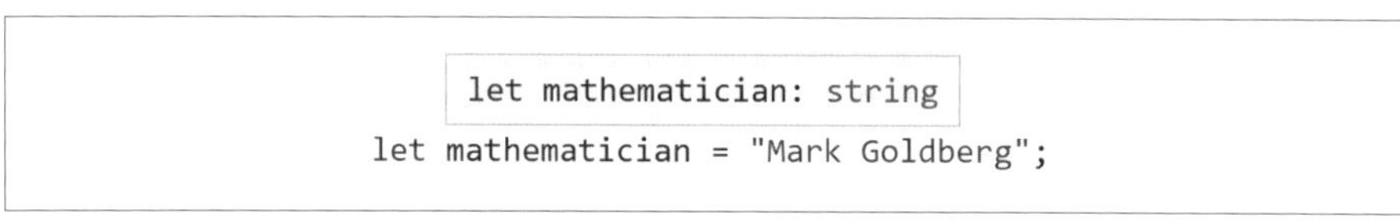

Abbildung 3-3: TypeScript zeigt als Typ einer let-Variablen ihren primitiven Datentyp an.

Man kann sich jeden *primitiven* Datentyp als eine *Vereinigung* aller möglichen passenden *literalen* Werte vorstellen. Mit anderen Worten: Ein primitiver Datentyp ist die Menge aller möglichen literalen Werte dieses Typs.

Abgesehen von den Typen `boolean`, `null` und `undefined` beinhalten alle anderen primitiven Datentypen wie `number` und `string` eine unendliche Anzahl von Literaltypen. In typischem TypeScript-Code kommen die folgenden Typen am häufigsten vor:

- `boolean`: einfach `true | false`
- `null` und `undefined`: Beide haben nur einen literalen Wert – sich selbst.
- `number`: `0 | 1 | 2 | ... | 0.1 | 0.2 | ...`
- `string`: `"" | "a" | "b" | "c" | ... | "aa" | "ab" | "ac" | ...`

In Typanmerkungen für Vereinigungstypen kann man sowohl Literaltypen wie primitive Datentypen verwenden. Die Darstellung einer Lebensspanne `lifespan` kann zum Beispiel durch eine beliebige Zahl (`number`) oder durch einige bekannte Sonder- bzw. Grenzfälle dargestellt werden:

```
let lifespan: number | "ongoing" | "uncertain";

lifespan = 89; // Ok
lifespan = "ongoing"; // Ok

lifespan = true;
// Error: Type 'true' is not assignable to
// type 'number | "ongoing" | "uncertain"'
```

Zuweisbarkeit von Literaltypen

Wie Sie wissen, können verschiedene primitive Datentypen wie `number` und `string` einander nicht gegenseitig zugeordnet werden. In vergleichbarer Weise können auch unterschiedliche Literaltypen innerhalb desselben primitiven Datentyps – z.B. `0` und `1` – einander nicht zugewiesen werden.

Im Folgenden ist die Variable `specificallyAda` als vom Literaltyp `"Ada"` deklariert, sodass ihr zwar der Wert `"Ada"` gegeben werden kann, ihr aber die Typen `"Byron"` und `string` nicht zugewiesen werden können:

```
let specificallyAda: "Ada";

specificallyAda = "Ada"; // Ok

specificallyAda = "Byron";
// Error: Type '"Byron"' is not assignable to type '"Ada"'.

let someString = ""; // Typ: string

specificallyAda = someString;
// Error: Type 'string' is not assignable to type '"Ada"'.
```

Literaltypen dürfen jedoch ihren entsprechenden primitiven Datentypen zugewiesen werden. Auch eine spezifische literale Zeichenkette ist schließlich ein `string`.

Im folgenden Codebeispiel wird der Wert `":)"`, der vom Typ `":)"` ist, der Variablen `someString` zugewiesen, die zuvor als vom Typ `string` abgeleitet wurde:

```
someString = ":)";
```

Wer hätte gedacht, dass einfache Variablenzuweisungen theoretisch so anspruchsvoll sein können?

Strikte Nullprüfung

Die Mächtigkeit eingeengter Vereinigungstypen mit Literalen wird besonders bei der Arbeit mit potenziell undefinierten Werten sichtbar, einem Aufgabenbereich von Typsystemen, der in TypeScript als *strikte Nullprüfung* (strict null checking) bezeichnet wird. TypeScript ist Teil einer Entwicklung bei modernen Programmiersprachen, eine strikte Nullprüfung zu verwenden, um den gefürchteten »Milliarden-Dollar-Fehler« zu beheben.

Der Milliarden-Dollar-Fehler

> Ich nenne es meinen Milliarden-Dollar-Fehler. Es war die Erfindung der Nullreferenz im Jahr 1965 ... Sie hat zu zahllosen Fehlern, Schwachstellen und Systemabstürzen geführt und damit in den letzten 40 Jahren wahrscheinlich eine Milliarde Dollar an Schaden verursacht.
>
> – *Tony Hoare, 2009*

»Milliarden-Dollar-Fehler« (»billion-dollar mistake«) ist eine griffige Branchenbezeichnung für die Tatsache, dass viele Typsysteme erlauben, Nullwerte an Stellen zu verwenden, die eigentlich einen anderen Typ erfordern. In Sprachen ohne strikte Nullprüfung ist folgender Code, der einer Zeichenkette `null` zuweist, erlaubt:

```
const firstName: string = null;
```

Wenn Sie bisher in einer typisierten Sprache wie C++ oder Java gearbeitet haben, die unter dem Milliarden-Dollar-Fehler leidet, wird es Sie vielleicht überraschen, dass einige Sprachen so etwas gar nicht erst zulassen. Wenn Sie dagegen noch nie in einer Sprache ohne strikte Nullprüfung gearbeitet haben, mag es Sie überraschen, dass einige Sprachen diesen milliardenschweren Fehler überhaupt zulassen!

Das Verhalten des TypeScript-Compilers wird über eine Vielzahl von Optionen gesteuert, die ausführlich in Kapitel 13, »Konfigurationsoptionen«, behandelt werden. Eine der nützlichsten Optionen legt fest, ob die strikte Nullprüfung verwendet werden soll: `strictNullChecks`. Vereinfacht ausgedrückt fügt das Deaktivieren von `strictNullChecks` jedem Typ in Ihrem Code zwei zusätzliche Konstituenten `| null | undefined` hinzu, wodurch jeder Variablen auch Werte vom Typ `null` oder `undefined` zugewiesen werden können.

Wenn die Option `strictNullChecks` auf `false` gesetzt ist, wird der folgende Code als völlig typsicher angesehen. Das ist jedoch gefährlich, denn `nameMaybe` könnte in dem Moment, in dem darauf `.toLowerCase` aufgerufen wird, `undefined` sein:

```
let nameMaybe = Math.random() > 0.5
    ? "Tony Hoare"
    : undefined;

nameMaybe.toLowerCase();
// Möglicher Laufzeitfehler: Cannot read property 'toLowerCase' of undefined.
```

Bei aktivierter strikter Nullprüfung erkennt TypeScript den potenziellen Absturz:

```
let nameMaybe = Math.random() > 0.5
    ? "Tony Hoare"
    : undefined;

nameMaybe.toLowerCase();
// Error: Object is possibly 'undefined'.
```

Nur mit aktivierter strikter Nullprüfung können Sie sicherstellen, dass Ihr Code vor Fehlern aufgrund von versehentlich auftretenden `null`- oder `undefined`-Werten geschützt ist.

Für TypeScript gilt es im Allgemeinen als Best Practice, die strikte Nullprüfung zu aktivieren. Auf diese Weise lassen sich Abstürze vermeiden und der Milliarden-Dollar-Fehler umgehen.

Type Narrowing durch Wahrheitsprüfung

Aus JavaScript erinnern Sie sich bestimmt daran, dass *truthiness* (dass etwas *truthy* ist) bedeutet, dass ein Wert als `true` (wahr) angesehen wird, wenn er in einem logischen Kontext ausgewertet wird, wie z. B. durch einen `&&`-Operator oder in einer `if`-Anweisung. Alle Werte in JavaScript sind truthy, außer denen, die als *falsy* definiert sind: `false`, `0`, `-0`, `0n`, `""`, `null`, `undefined` und `NaN`.[1]

TypeScript kann den Typ einer Variablen auch auf der Basis einer Wahrheitsprüfung eingrenzen, wenn nur einige ihrer potenziellen Werte truthy sein können. Im folgenden Codeausschnitt ist `geneticist` vom Typ `string | undefined`, und da `undefined` immer falsy ist, kann TypeScript ableiten, dass die Variable innerhalb des Körpers der `if`-Anweisung vom Typ `string` sein muss:

```
let geneticist = Math.random() > 0.5
    ? "Barbara McClintock"
    : undefined;

if (geneticist) {
    geneticist.toUpperCase(); // Ok: string
}

geneticist.toUpperCase();
// Error: Object is possibly 'undefined'.
```

Das funktioniert auch bei logischen Operatoren, die eine Wahrheitsprüfung durchführen, nämlich `&&` und `?.`:

```
geneticist && geneticist.toUpperCase(); // Ok: string | undefined
geneticist?.toUpperCase(); // Ok: string | undefined
```

Leider funktioniert die Wahrheitsprüfung nicht in umgekehrter Richtung. Wenn wir von einem `string | undefined`-Wert wissen, dass er falsy ist, sagt uns das leider nicht, ob er ein leerer String oder `undefined` ist.

Im folgenden Beispiel ist die Variable `biologist` vom Typ `false | string`, und während sie im `if`-Block auf `string` eingegrenzt werden kann, gilt im `else`-Block, dass sie immer noch eine Zeichenkette sein kann, falls ihr Wert `""` ist:

```
let biologist = Math.random() > 0.5 && "Rachel Carson";

if (biologist) {
    biologist; // Typ: string
```

1 Das veraltete `document.all`-Objekt in Browsern ist aufgrund einer alten Eigenart bei der Sicherstellung der Kompatibilität mit Legacy-Browsern ebenfalls als falsy definiert. Im Rahmen dieses Buchs – und zu Ihrer eigenen Zufriedenheit als Entwickler – sollten Sie sich keine weiteren Gedanken über dieses Objekt machen.

```
    } else {
        biologist; // Typ: false | string
    }
```

Variablen ohne Anfangswerte

Variablen, die ohne Anfangswert deklariert werden, sind in JavaScript standardmäßig `undefined`. Das stellt im Typsystem einen Grenzfall dar: Was passiert, wenn Sie eine Variable als einen Typ deklarieren, der keine Konstituente `undefined` enthält, und dann versuchen, sie zu verwenden, bevor Sie ihr einen Wert zuweisen?

TypeScript ist intelligent genug, um zu verstehen, dass die Variable `undefined` ist, bis ihr ein Wert zugewiesen wird. Wenn Sie versuchen, eine solche Variable zu verwenden, bevor Sie ihr einen Wert zugewiesen haben, z. B. durch Zugriff auf eine ihrer Eigenschaften, wird eine spezielle Fehlermeldung angezeigt:

```
let mathematician: string;

mathematician?.length;
// Error: Variable 'mathematician' is used before being assigned.

mathematician = "Mark Goldberg";
mathematician.length; // Ok
```

Beachten Sie, dass diese Meldung nicht ausgegeben wird, wenn der Typ der Variablen die Konstituente `undefined` enthält. Das Hinzufügen von `| undefined` zur Typdeklaration einer Variablen weist TypeScript darauf hin, dass sie vor ihrer Verwendung nicht definiert sein muss.

Der vorherige Codeausschnitt würde keine Fehlermeldung provozieren, lautete der Typ von `mathematician` `string | undefined`:

```
let mathematician: string | undefined;

mathematician?.length; // Ok

mathematician = "Mark Goldberg";
mathematician.length; // Ok
```

Typaliase

Die meisten Vereinigungstypen, die Ihnen begegnen werden, bestehen aus nur zwei oder drei Konstituenten. Es kann jedoch vorkommen, dass Sie längere Vereinigungstypen benötigen, die man nur ungern wiederholt eingeben möchte.

Jede der folgenden Variablen kann von einem von fünf möglichen Typen sein:

```
let rawDataFirst: boolean | number | string | null | undefined;
let rawDataSecond: boolean | number | string | null | undefined;
let rawDataThird: boolean | number | string | null | undefined;
```

In TypeScript lassen sich *Typaliase* festlegen, um komplexeren Typen, die man wiederverwenden möchte, einfachere Namen zuzuweisen. Ein Typalias beginnt mit dem Schlüsselwort type, gefolgt vom Aliasnamen, einem Gleichheitszeichen =, gefolgt von einer Typbezeichnung. Typaliase werden gemäß einer Konvention mit Namen in PascalCase bezeichnet:

```
type MyName = ...;
```

Typaliase ersetzen mühevolles Kopieren und Einfügen. Wenn TypeScript einem Typalias begegnet, verhält es sich so, als hätten Sie den tatsächlichen Typ eingegeben, auf den sich der Alias bezieht. Die Typanmerkungen der obigen Variablen könnten umgeschrieben werden, um anstelle eines langen Vereinigungstyps einen Typalias zu verwenden:

```
type RawData = boolean | number | string | null | undefined;

let rawDataFirst:  RawData;
let rawDataSecond: RawData;
let rawDataThird:  RawData;
```

Das ist erheblich einfacher zu lesen!

Typaliase sind eine praktische Funktion in TypeScript, sobald Ihre Typen beginnen, komplexer zu werden. Im Moment geht es dabei nur um lange Vereinigungstypen; später auch um Array-, Funktions- und Objekttypen.

Typaliase sind kein JavaScript

Typaliase werden, wie Typanmerkungen, nicht in das ausgegebene JavaScript kompiliert. Sie existieren nur im TypeScript-Typsystem.

Der vorhergehende Codeausschnitt würde zu diesem JavaScript kompiliert werden:

```
let rawDataFirst;
let rawDataSecond;
let rawDataThird;
```

Da Typaliase nur im Typsystem vorhanden sind, können Sie im Laufzeitcode nicht auf sie verweisen. TypeScript weist Sie mit einem Typfehler darauf hin, wenn Sie versuchen, auf etwas zuzugreifen, das zur Laufzeit nicht existiert:

```
type SomeType = string | undefined;

console.log(SomeType);
//          ~~~~~~~~
// Error: 'SomeType' only refers to a type, but is being used as a value here.
```

Typaliase existieren nur als Konstrukt zur Entwicklungszeit.

Typaliase kombinieren

Typaliase können auf andere Typaliase verweisen. Manchmal kann es sinnvoll sein, dass ein Typalias auf einen anderen Typalias verweist. Beispielsweise könnte ein Typalias ein Vereinigungstyp sein, der alle Typen eines anderen Typalias eines Vereinigungstyps enthält, zusammen mit weiteren Typen.

Der folgende Typ `IdMaybe` ist eine Vereinigung der Typen, die im Typalias `Id` enthalten sind, und der Typen `undefined` und `null`:

```
type Id = number | string;

// Äquivalent zu: number | string | undefined | null
type IdMaybe = Id | undefined | null;
```

Typaliase müssen nicht in der Reihenfolge ihrer Verwendung deklariert werden. Sie können einen früher in einer Datei deklarierten Typalias auf einen später in der Datei deklarierten Alias verweisen lassen.

Der vorherige Codeauschnitt könnte so umgeschrieben werden, dass `IdMaybe` vor `Id` steht:

```
type IdMaybe = Id | undefined | null; // Ok
type Id = number | string;
```

Zusammenfassung

In diesem Kapitel haben Sie Vereinigungs- und Literaltypen kennengelernt und erfahren, wie das Typsystem spezifischere (engere) Typen aus der Codestruktur ableiten kann. Es ging um folgende Themen:

- Wie Vereinigungstypen Werte repräsentieren, die einer von zwei oder von mehr Typen sein können
- Explizite Angabe von Vereinigungstypen durch Typanmerkungen
- Wie Type Narrowing die möglichen Typen eines Werts reduziert
- Den Unterschied zwischen `const`-Variablen mit Literaltypen und `let`-Variablen mit primitiven Datentypen
- Den »Milliarden-Dollar-Fehler« und wie TypeScript die strikte Nullprüfung handhabt
- Verwendung von explizitem `| undefined` zur Darstellung von Werten, die möglicherweise nicht existieren
- Implizites `| undefined` für Variablen ohne Zuweisung
- Verwendung von Typaliasen, um das wiederholte Eintippen langer Vereinigungstypen zu vermeiden

Nachdem Sie dieses Kapitel gelesen haben, sollten Sie das Gelernte auf *https://learningtypescript.com/unions-and-literals* anwenden und einüben.

Warum sind `const`-Variablen so ernst?

Sie nehmen sich selbst zu wörtlich (literally).

KAPITEL 4
Objekte

Objektliterale
Ein Satz von Schlüsseln und Werten
Jeder mit seinem eigenen Typ

In Kapitel 3, »Vereinigungs- und Literaltypen«, ging es um Vereinigungs- und Literaltypen: das Arbeiten mit primitiven Datentypen wie `boolean` und deren literalen Werten wie `true`. Diese primitiven Datentypen kratzen aber nur an der Oberfläche der komplexen Objektformen, die in JavaScript-Code üblicherweise verwendet werden. TypeScript wäre ziemlich unbrauchbar, wäre es nicht in der Lage, diese Objekte darzustellen. In diesem Kapitel geht es darum, wie man komplexe Objektformen beschreibt und wie TypeScript ihre Zuweisbarkeit überprüft.

Objekttypen

Wenn Sie ein Objektliteral mit der Syntax `{...}` erstellen, betrachtet TypeScript es als einen neuen Objekttyp – oder Typform – basierend auf seinen Eigenschaften. Dieser Objekttyp hat die gleichen Eigenschaftsnamen und primitiven Datentypen wie die Werte des Objekts. Der Zugriff auf Eigenschaften des Werts erfolgt entweder mit einem Ausdruck der Form `value.member` oder `value['member']`.

TypeScript erkennt, dass der Typ der folgenden Variable `poet` der eines Objekts mit zwei Eigenschaften ist: `born`, vom Typ `number`, und `name`, vom Typ `string`. Der Zugriff auf diese Member wäre erlaubt, aber der Versuch, auf einen anderen Membernamen zuzugreifen, würde zu einem Typfehler führen, da dieser Name nicht existiert:

```
const poet = {
    born: 1935,
    name: "Mary Oliver",
};

poet['born']; // Typ: number
poet.name; // Typ: string

poet.end;
//   ~~~
```

```
// Error: Property 'end' does not exist on
// type '{ born: number; name: string; }'.
```

Objekttypen sind ein Kernkonzept dafür, wie TypeScript JavaScript-Code versteht. Die zugrunde liegende Typform aller Werte außer `null` und `undefined` weist einen Satz von Membern auf. Für das Typechecking muss TypeScript deshalb den Objekttyp aller Werte verstehen.

Deklaration von Objekttypen

Typen direkt von vorhandenen Objekten abzuleiten, ist schön und gut, aber manchmal möchte man den Typ eines Objekts explizit deklarieren. Man benötigt eine Möglichkeit, eine Objektform getrennt von den Objekten zu beschreiben, die ihr entsprechen.

Objekttypen können mit einer Syntax beschrieben werden, die ähnlich aussieht wie bei Objektliteralen, sich aber auf Typen anstelle von Werten für Felder bezieht. Es ist die gleiche Syntax, die TypeScript in Fehlermeldungen zur Zuweisbarkeit von Typen benutzt.

Die folgende Variable `poetLater` hat den gleichen Typ wie zuvor und besitzt die Eigenschaften `name: string` und `born: number`:

```
let poetLater: {
    born: number;
    name: string;
};

// Ok
poetLater = {
    born: 1935,
    name: "Mary Oliver",
};

poetLater = "Sappho";
// Error: Type 'string' is not assignable to
// type '{ born: number; name: string; }'
```

Aliasing von Objekttypen

Es wäre ziemlich lästig, müsste man Objekttypen wie `{ born: number; name: string; }` ständig ausschreiben. Deshalb wird Typformen meistens mithilfe von Typaliasen ein Name zugewiesen.

Der vorherige Codeausschnitt könnte mithilfe eines `type Poet` umgeschrieben werden, was den zusätzlichen Vorteil hätte, dass die TypeScript-Fehlermeldung zur Zuweisbarkeit etwas klarer ausfiele:

```
type Poet = {
    born: number;
    name: string;
};
```

```
let poetLater: Poet;

// Ok
poetLater = {
    born: 1935,
    name: "Sara Teasdale",
};

poetLater = "Emily Dickinson";
// Error: Type 'string' is not assignable to type 'Poet'.
```

> In den meisten TypeScript-Projekten wird das Schlüsselwort `interface` zur Beschreibung von Objekttypen verwendet – ein Feature, das ich erst in Kapitel 7, »Interfaces«, behandeln werde. Objekttyp-Aliase und Interfaces sind fast identisch: Alle Aussagen in diesem Kapitel gelten gleichermaßen für Interfaces.

Ich bespreche Objekttypen an dieser Stelle des Buchs, weil man für das Verständnis des Typsystems von TypeScript wissen muss, wie TypeScript Objektliterale interpretiert. Diese Konzepte werden auch im nächsten Abschnitt dieses Buchs eine wichtige Rolle spielen, wenn wir uns den Features von TypeScript widmen.

Strukturelle Typisierung

TypeScripts Typsystem ist *strukturell typisiert*: Das bedeutet, dass jeder Wert, der einem Typ entspricht, als Wert dieses Typs verwendet werden darf. Mit anderen Worten: Wenn Sie deklarieren, dass ein Parameter oder eine Variable von einem bestimmten Objekttyp ist, teilen Sie TypeScript dadurch mit, dass alle verwendeten Objekte dieses Typs auch all dessen Eigenschaften aufweisen müssen.

Die folgenden Objekttyp-Aliase `WithFirstName` und `WithLastName` deklarieren beide jeweils nur ein einziges Member vom Typ `string`. Die Variable `hasBoth` hat zufällig beide Typen – auch wenn sie nicht explizit unter Nennung der beiden Objekttypen so deklariert wurde –, sodass sie anderen Variablen zugewiesen werden kann, die als einer der beiden Objekttyp-Aliase deklariert sind:

```
type WithFirstName = {
  firstName: string;
};

type WithLastName = {
  lastName: string;
};

const hasBoth = {
  firstName: "Lucille",
  lastName: "Clifton",
};

// Ok: `hasBoth` hat eine Eigenschaft `firstName` des Typs `string`
let withFirstName: WithFirstName = hasBoth;
```

```
// Ok: `hasBoth` hat eine Eigenschaft `lastName` des Typs `string`
let withLastName: WithLastName = hasBoth;
```

Strukturelle Typisierung ist nicht dasselbe wie das sogenannte *Duck Typing*, ein Begriff, der auf die Redewendung »Wenn es wie eine Ente aussieht und wie eine Ente quakt, ist es wahrscheinlich eine Ente« zurückgeht.

- Strukturelle Typisierung bedeutet, dass es ein statisches System gibt, das den Typ prüft – im Fall von TypeScript ist das der Typechecker.
- Beim Duck Typing werden Objekttypen erst bei ihrer Verwendung zur Laufzeit überprüft.

Zusammengefasst: *JavaScript* ist *duck-typed*, während *TypeScript strukturell typisiert* ist.

Verwendungsprüfung

Wenn ein Wert an einer Stelle bereitgestellt wird, die mit einem Objekttyp annotiert ist, prüft TypeScript, ob der Wert diesem Objekttyp zuweisbar ist. Zunächst muss der Wert die erforderlichen Eigenschaften des Objekttyps aufweisen. Wenn im Objekt ein für den Objekttyp erforderliches Member fehlt, gibt TypeScript einen Typfehler aus.

Der folgende Objekttyp-Alias `FirstAndLastNames` setzt voraus, dass sowohl die Eigenschaften `first` als auch `last` vorhanden sind. Ein Objekt, das beides enthält, darf einer Variablen vom Typ `FirstAndLastNames` zugewiesen werden, ein Objekt ohne diese beiden Elemente jedoch nicht:

```
type FirstAndLastNames = {
  first: string;
  last: string;
};

// Ok
const hasBoth: FirstAndLastNames = {
  first: "Sarojini",
  last: "Naidu",
};

const hasOnlyOne: FirstAndLastNames = {
  first: "Sappho"
};
// Property 'last' is missing in type '{ first: string; }'
// but required in type 'FirstAndLastNames'.
```

Die Typen der Eigenschaften dürfen ebenfalls nicht voneinander abweichen. Objekttypen spezifizieren sowohl die Namen der erforderlichen Eigenschaften als auch deren Typen. Weicht eine Eigenschaft eines Objekts ab, meldet TypeScript einen Typfehler.

Der folgende `TimeRange`-Typ erwartet, dass das Member `start` vom Typ `Date` ist. Das Objekt `hasStartString` verursacht einen Typfehler, weil sein `start` stattdessen den Typ `string` hat:

```
type TimeRange = {
  start: Date;
};

const hasStartString: TimeRange = {
  start: "1879-02-13",
  // Error: Type 'string' is not assignable to type 'Date'.
};
```

Prüfung auf überzählige Eigenschaften

TypeScript meldet einen Typfehler, wenn eine Variable mit einem Objekttyp deklariert ist, ihr Anfangswert aber mehr Felder enthält, als dieser Typ beschreibt. Indem man eine Variable als von einem bestimmten Objekttyp deklariert, kann man mithilfe des Typecheckers sicherstellen, dass diese Variable nur die bei diesem Typ zu erwartenden Felder enthält.

Die folgende Variable `poetMatch` hat genau die Felder, die im Objekttyp mit dem Alias `Poet` beschrieben sind, während `extraProperty` einen Typfehler verursacht, weil darin eine zusätzliche Eigenschaft `activity` aufgeführt wird:

```
type Poet = {
    born: number;
    name: string;
}

// Ok: Die Felder entsprechen den für den Typ Poet erwarteten
const poetMatch: Poet = {
  born: 1928,
  name: "Maya Angelou"
};

const extraProperty: Poet = {
    activity: "walking",
    born: 1935,
    name: "Mary Oliver",
};
// Error: Type '{ activity: string; born: number; name: string; }'
// is not assignable to type 'Poet'.
//   Object literal may only specify known properties,
//   and 'activity' does not exist in type 'Poet'.
```

Beachten Sie, dass die Prüfung auf überzählige Eigenschaften nur bei Objektliteralen stattfindet, die an Stellen neu erzeugt werden, die als Objekttyp deklariert sind. Wird ein bereits vorhandenes Objektliteral angegeben, findet keine Prüfung auf überzählige Eigenschaften statt.

Die folgende Variable `extraPropertyButOk` löst keinen Typfehler bezüglich des Typs `Poet` aus dem vorherigen Beispiel aus, weil ihr Anfangswert strukturell mit allen für `Poet` erforderlichen Eigenschaften übereinstimmt:

```
const existingObject = {
    activity: "walking",
    born: 1935,
    name: "Mary Oliver",
```

```
};

const extraPropertyButOk: Poet = existingObject; // Ok
```

Prüfungen auf überzählige Eigenschaft werden überall dort ausgelöst, wo ein neues Objekt an einer Stelle erzeugt wird, an der erwartet wird, dass das Objekt mit einem Objekttyp übereinstimmt – was, wie Sie in späteren Kapiteln sehen werden, Array-Member, Klassenfelder und Funktionsparameter einschließt. Das Verbot überzähliger Eigenschaften ist eine weitere Unterstützung seitens TypeScript, um sicherzustellen, dass Ihr Code korrekt ist und sich wie erwartet verhält. Überzählige Eigenschaften, die nicht in ihren Objekttypen deklariert sind, gehen meist auf falsch geschriebene Eigenschaftsnamen oder unbenutzten Code zurück.

Verschachtelte Objekttypen

Da JavaScript-Objekte Member anderer Objekte sein können, müssen TypeScripts Objekttypen in der Lage sein, verschachtelte Objekttypen im Typsystem darzustellen. Die Syntax dafür ist die gleiche wie zuvor, aber mit einem Objekttyp `{ ... }` anstelle des Namens eines primitiven Datentyps.

Der folgende Typ `Poem` wird als Objekt deklariert, dessen Eigenschaft `author` selbst ein Objekt mit den Eigenschaften `firstName: string` und `lastName: string` ist. Die Variable `poemMatch` kann `Poem` zugewiesen werden, weil sie mit dessen Struktur übereinstimmt, während `poemMismatch` nicht zugewiesen werden kann, weil ihre `author`-Eigenschaft anstelle von `firstName` und `lastName` die Eigenschaft `name` enthält:

```
type Poem = {
    author: {
        firstName: string;
        lastName: string;
    };
    name: string;
};

// Ok
const poemMatch: Poem = {
    author: {
        firstName: "Sylvia",
        lastName: "Plath",
    },
    name: "Lady Lazarus",
};

const poemMismatch: Poem = {
    author: {
        name: "Sylvia Plath",
    },
    // Error: Type '{ name: string; }' is not assignable
    // to type '{ firstName: string; lastName: string; }'.
    //   Object literal may only specify known properties, and 'name'
    //   does not exist in type '{ firstName: string; lastName: string; }'.
    name: "Tulips",
};
```

Man könnte den Typ Poem auch deklarieren, indem man die Form der Eigenschaft author in einem eigenen Objekttyp-Alias Author definiert. Extrahiert man verschachtelte Typen in ihre eigenen Typaliase, ermöglicht das TypeScript zudem, informativere Typ-Fehlermeldungen auszugeben. Im folgenden Fall kann sich die Fehlermeldung auf Author anstelle von '{ firstName: string; lastName: string; }' beziehen:

```
type Author = {
    firstName: string;
    lastName: string;
};

type Poem = {
    author: Author;
    name: string;
};

const poemMismatch: Poem = {
    author: {
        name: "Sylvia Plath",
    },
    // Error: Type '{ name: string; }' is not assignable to type 'Author'.
    //     Object literal may only specify known properties,
    //     and 'name' does not exist in type 'Author'.
    name: "Tulips",
};
```

Es ist normalerweise eine gute Idee, verschachtelten Objekttypen eigene Typnamen zu geben. Das sorgt zugleich für besser lesbaren Code und verständlichere TypeScript-Fehlermeldungen.

In späteren Kapiteln werden Sie sehen, dass Objekttyp-Member auch andere Typen wie Arrays und Funktionen haben können.

Optionale Eigenschaften

Eigenschaften von Objekttypen sind im Objekt normalerweise erforderlich, aber es gibt einen Ausweg: Mit einem ? vor dem : in der Typanmerkung einer Eigenschaft können Sie festlegen, dass es sich um eine optionale Eigenschaft handelt.

Der folgende Typ Book erfordert nur eine Eigenschaft pages und erlaubt optional einen author. Objekte, die sich an diese Definition halten, können, sofern pages existiert, author nach Belieben liefern oder weglassen:

```
type Book = {
  author?: string;
  pages: number;
};

// Ok
const ok: Book = {
    author: "Rita Dove",
```

```
    pages: 80,
};

const missing: Book = {
    author: "Rita Dove",
};
// Error: Property 'pages' is missing in type
// '{ author: string; }' but required in type 'Book'.
```

Denken Sie daran, dass es einen Unterschied gibt zwischen optionalen Eigenschaften und solchen, deren Typ ein Vereinigungstyp ist, der als eine seiner Konstituenten `undefined` enthält. Eine Eigenschaft, die mit `?` als optional deklariert ist, darf fehlen. Eine Eigenschaft, die als erforderlich, aber mit dem Zusatz `| undefined` deklariert wurde, darf dagegen nicht fehlen – allerdings darf ihr Wert `undefined` lauten.

Die Eigenschaft `editor` des folgenden Typs `Writers` kann bei der Deklaration von Variablen ausgelassen werden, da ihre Deklaration ein `?` enthält. Die Deklaration der Eigenschaft `author` enthält kein `?` – sie muss also vorhanden sein, darf jedoch den Wert `undefined` annehmen:

```
type Writers = {
  author: string | undefined;
  editor?: string;
};

// Ok: author wird der Wert undefined zugewiesen
const hasRequired: Writers = {
  author: undefined,
};

const missingRequired: Writers = {};
//    ~~~~~~~~~~~~~~~
// Error: Property 'author' is missing in type
// '{}' but required in type 'Writers'.
```

In Kapitel 7, »Interfaces«, werden weitere Arten von Eigenschaften behandelt, während es in Kapitel 13, »Konfigurationsoptionen«, um TypeScripts striktheitsbezogene Einstellungen hinsichtlich optionaler Eigenschaften geht.

Vereinigungen von Objekttypen

Es kann sinnvoll sein, in TypeScript einen Typ beschreiben zu wollen, bei dem es sich um einen oder mehrere Objekttypen mit leicht unterschiedlichen Eigenschaften handeln kann. Darüber hinaus möchten Sie diese Objekttypen vielleicht auf der Grundlage des Werts einer bestimmten Eigenschaft weiter eingrenzen.

Abgeleitete Vereinigungen von Objekttypen

Wenn eine Variable einen Anfangswert erhält, der von einem von mehreren Objekttypen sein kann, leitet TypeScript ihren Typ als eine Vereinigung von Objekttypen ab. Dieser Vereinigungstyp enthält für jede der möglichen Objektformen eine eigene Konstituente. Jede dieser Konstituenten wird alle möglichen Eigenschaften des Typs aufweisen, allerdings sind die Eigenschaften, denen kein Anfangswert zugewiesen wurde, in den entsprechenden Konstituenten mit ? als optional gekennzeichnet.

Der folgende Wert von poem besitzt in allen Fällen eine Eigenschaft name des Typs string, während die Eigenschaften pages und rhymes optionaler Natur sind:

```
const poem = Math.random() > 0.5
  ? { name: "The Double Image", pages: 7 }
  : { name: "Her Kind", rhymes: true };
// Typ:
// {
//   name: string;
//   pages: number;
//   rhymes?: undefined;
// }
// |
// {
//   name: string;
//   pages?: undefined;
//   rhymes: boolean;
// }

poem.name; // string
poem.pages; // number | undefined
poem.rhymes; // boolean | undefined
```

Explizite Vereinigungen von Objekttypen

Alternativ können Sie Ihre Objekttypen explizit als Vereinigung von Objekttypen definieren. Das erfordert ein wenig mehr Code, hat aber den Vorteil, dass Sie mehr Kontrolle über Ihre Objekttypen erhalten. Ist der Typ eines Werts eine Vereinigung von Objekttypen, erlaubt TypeScripts Typsystem nur den Zugriff auf Eigenschaften, die auf ausnahmslos allen Objekttypen des Vereinigungstyps existieren.

Die folgende Version der zuvor gezeigten Variablen Poem ist explizit als Vereinigungstyp angelegt, der immer eine Eigenschaft name und eine der beiden Eigenschaften pages und rhymes besitzt. Der Zugriff auf name ist im folgenden Beispiel erlaubt, weil diese Eigenschaft immer existiert, während dies bei pages und rhymes nicht garantiert ist:

```
type PoemWithPages = {
    name: string;
    pages: number;
};

type PoemWithRhymes = {
    name: string;
    rhymes: boolean;
};

type Poem = PoemWithPages | PoemWithRhymes;
```

```
const poem: Poem = Math.random() > 0.5
  ? { name: "The Double Image", pages: 7 }
  : { name: "Her Kind", rhymes: true };

poem.name; // Ok

poem.pages;
//   ~~~~~
// Property 'pages' does not exist on type 'Poem'.
//   Property 'pages' does not exist on type 'PoemWithRhymes'.

poem.rhymes;
//   ~~~~~~
// Property 'rhymes' does not exist on type 'Poem'.
//   Property 'rhymes' does not exist on type 'PoemWithPages'.
```

Auf diese Weise der Zugriff auf potenziell nicht existierende Member von Objekten zu verhindern, kann die Codesicherheit erhöhen. Kann ein Wert einen von mehreren Typen haben, ist für Eigenschaften, die nicht auf all diesen Typen existieren, ansonsten nicht sichergestellt, dass sie auf dem Objekt existieren.

Genauso wie Vereinigungstypen aus Literaltypen und/oder primitiven Datentypen durch Type Narrowing eingeengt werden müssen, um auf Eigenschaften zuzugreifen, die nicht auf allen Konstituenten vorhanden sind, müssen auch Vereinigungen von Objekttypen eingeengt werden.

Type Narrowing von Objekttypen

Wenn der Typechecker feststellt, dass ein Codebereich nur ausgeführt wird, wenn ein Wert mit einem Vereinigungstyp eine bestimmte Eigenschaft besitzt, schränkt sie den Typ des Werts auf diejenigen Konstituenten ein, die diese Eigenschaft aufweisen. Mit anderen Worten: Type Narrowing findet auch bei Objekten statt, sofern Sie im Code deren Form prüfen.

In Fortsetzung des explizit typisierten `poem`-Beispiels prüfen wir jetzt, ob `"pages" in poem` als Type Guard funktioniert und sicherstellen kann, dass es sich um ein `PoemWithPages` oder – im `else`-Fall – um ein `PoemWithRhymes` handelt:

```
if ("pages" in poem) {
    poem.pages; // Ok: poem wurde eingeengt auf PoemWithPages
} else {
    poem.rhymes; // Ok: poem wurde eingeengt auf PoemWithRhymes
}
```

Beachten Sie, dass TypeScript keine Wahrheitsprüfungen wie `if (poem.pages)` zulässt. Der Versuch, auf eine Eigenschaft eines Objekts zuzugreifen, die möglicherweise nicht existiert, wird als Typfehler betrachtet, selbst wenn er auf eine Weise erfolgt, die sich wie ein Type Guard zu verhalten scheint:

```
if (poem.pages) { /* ... */ }
//       ~~~~~
// Property 'pages' does not exist on type 'Poem'.
//   Property 'pages' does not exist on type 'PoemWithRhymes'.
```

Diskriminierte Vereinigungstypen

Bei einer weiteren in JavaScript und TypeScript beliebten Art von Objekten mit Vereinigungstyp wird durch eine dafür speziell vorgesehene Eigenschaft des Objekts angegeben, welche Form das Objekt aufweist. Diese Art von Typform wird als *diskriminierter Vereinigungstyp* (»diskriminiert« im Sinne von »unterschieden«) bezeichnet, und die Eigenschaft, deren Wert den Typ des Objekts angibt, als *Diskriminante*. Wenn Type Guards zur Prüfung eine Diskriminante nutzen, kann TypeScript Type Narrowing anwenden.

Zum Beispiel beschreibt der folgende Typ `Poem` ein Objekt, das einen der folgenden geänderten Typen `PoemWithPages` oder `PoemWithRhymes` haben kann. Der Typ wird durch die als Diskriminante dienende Eigenschaft type angegeben. Hat `poem.type` den Wert "pages", kann TypeScript daraus ableiten, dass `poem` vom Typ `PoemWithPages` sein muss. Ohne diese Typeinengung könnte für keine der beiden Eigenschaften garantiert werden, dass sie auf dem Wert existiert:

```
type PoemWithPages = {
    name: string;
    pages: number;
    type: 'pages';
};

type PoemWithRhymes = {
    name: string;
    rhymes: boolean;
    type: 'rhymes';
};

type Poem = PoemWithPages | PoemWithRhymes;

const poem: Poem = Math.random() > 0.5
  ? { name: "The Double Image", pages: 7, type: "pages" }
  : { name: "Her Kind", rhymes: true, type: "rhymes" };

if (poem.type === "pages") {
    console.log(`It's got pages: ${poem.pages}`); // Ok
} else {
    console.log(`It rhymes: ${poem.rhymes}`);
}

poem.type; // Type: 'pages' | 'rhymes'

poem.pages;
//   ~~~~~
// Error: Property 'pages' does not exist on type 'Poem'.
//   Property 'pages' does not exist on type 'PoemWithRhymes'.
```

Diskriminierte Vereinigungstypen sind mein Lieblingsfeature in TypeScript, weil sie ein gängiges, elegantes JavaScript-Muster hervorragend mit dem Type Narrowing von TypeScript kombinieren. In Kapitel 10, »Generics«, und den dort behandelten Projekten erfahren Sie mehr über die Verwendung von diskriminierten Vereinigungstypen für generische Datenoperationen.

Schnittmengentypen

Mit dem Operator | konstruierte Vereinigungstypen repräsentieren den Typ eines Werts, der einen von mehreren Typen haben kann. In JavaScript dient der Laufzeitoperator | als Gegenstück zum &-Operator. In vergleichbarer Weise erlaubt TypeScript die Darstellung eines Typs, der gleichzeitig mehrere Typen darstellt, und zwar einen mit & gebildeten sogenannten *Schnittmengentyp*. Schnittmengentypen (intersection types) werden in der Regel mithilfe von Objekttyp-Aliasen als Kombination bestehender Objekttypen deklariert.

Im folgenden Beispiel wird aus den Typaliasen `Artwork` und `Writing` ein kombinierter Typ `WrittenArt` gebildet, der die Eigenschaften `genre`, `name` und `pages` besitzt:

```
type Artwork = {
    genre: string;
    name: string;
};

type Writing = {
    pages: number;
    name: string;
};

type WrittenArt = Artwork & Writing;
// Äquivalent zu:
// {
//   genre: string;
//   name: string;
//   pages: number;
// }
```

Schnittmengentypen und Vereinigungstypen[1] können auch kombiniert werden, was manchmal nützlich sein kann, um diskriminierte Vereinigungen in einem einzigen Typ zu beschreiben.

Der folgende Typ `ShortPoem` besitzt immer eine Eigenschaft `author` und ist zugleich ein diskriminierter Vereinigungstyp mit einer Eigenschaft `type` als Diskriminante:

```
type ShortPoem = { author: string } & (
    | { kigo: string; type: "haiku"; }
    | { meter: number; type: "villanelle"; }
);

// Ok
const morningGlory: ShortPoem = {
    author: "Fukuda Chiyo-ni",
    kigo: "Morning Glory",
    type: "haiku",
};
```

1 Der Begriff Schnittmengentyp funktioniert anders, als manche Entwickler intuitiv denken. Ein Schnittmengentyp ist kein Typ, der nur die Eigenschaften enthält, die in allen Konstituenten vorkommen. Ein Schnittmengentyp ist vielmehr ein Typ, der alle Eigenschaften aus allen Konstituenten in einem Typ zusammenfasst (oder »kreuzt«), während Vereinigungstypen Vereinigungen von Typen sind, nicht von Eigenschaften.

```
const oneArt: ShortPoem = {
    author: "Elizabeth Bishop",
    type: "villanelle",
};
// Error: Type '{ author: string; type: "villanelle"; }'
// is not assignable to type 'ShortPoem'.
//   Type '{ author: string; type: "villanelle"; }' is not assignable to
//   type '{ author: string; } & { meter: number; type: "villanelle"; }'.
//   Property 'meter' is missing in type '{ author: string; type: "villanelle"; }'
//     but required in type '{ meter: number; type: "villanelle"; }'.
```

Gefahren von Schnittmengentypen

Schnittmengentypen sind ein nützliches Konstrukt, aber bei ihrer Verwendung kann man leicht sich selbst oder den TypeScript-Compiler verwirren. Falls Sie sie einsetzen, empfehle ich Ihnen, den Code so einfach wie möglich zu halten.

Überlange Fehlermeldungen zur Zuweisbarkeit

Wenn Sie einen komplexen Schnittmengentyp verwenden, z.B. in einer Kombination mit einem Vereinigungstyp, werden Fehlermeldungen, die die Zuweisbarkeit betreffen, zunehmend unverständlich. Das ist ein grundsätzliches Problem des Typsystems von TypeScript (und typisierter Programmiersprachen im Allgemeinen): Mit zunehmender Komplexität wird es um so schwieriger, die Meldungen des Typecheckers zu verstehen.

Im Fall des Typs `ShortPoem` des vorherigen Codebeispiels wäre der Lesbarkeit gedient, würde man den Typ in eine Reihe von Objekttyp-Aliase aufteilen, damit TypeScript bei Fehlermeldungen darauf zurückgreifen kann:

```
type ShortPoemBase = { author: string };
type Haiku = ShortPoemBase & { kigo: string; type: "haiku" };
type Villanelle = ShortPoemBase & { meter: number; type: "villanelle" };
type ShortPoem = Haiku | Villanelle;

const oneArt: ShortPoem = {
    author: "Elizabeth Bishop",
    type: "villanelle",
};
// Type '{ author: string; type: "villanelle"; }'
// is not assignable to type 'ShortPoem'.
//   Type '{ author: string; type: "villanelle"; }'
//   is not assignable to type 'Villanelle'.
//     Property 'meter' is missing in type
//     '{ author: string; type: "villanelle"; }'
//     but required in type '{ meter: number; type: "villanelle"; }'.
```

never

Schnittmengentypen sind außerdem leicht zu missbrauchen, um unmögliche Typen zu erzeugen. Primitive Datentypen können nicht als Konstituenten in einem Schnittmengentyp zusammengeführt werden, da es logisch unmöglich ist, dass ein Wert gleichzeitig von mehreren unterschiedlichen primitiven Datentypen sein kann. Der Versuch, zwei primitive Datentypen durch & miteinander zu verbinden, erzeugt einen Typ `never`, dargestellt durch das gleichlautende Schlüsselwort `never`:

```
type NotPossible = number & string;
// Type: never
```

Das Schlüsselwort und der Typ `never` werden in Programmiersprachen als *Bottom Type* oder leerer Typ bezeichnet. Ein Bottom Type ist ein Typ, für den es keine möglichen Werte gibt und auf den nicht zugegriffen werden kann. Es gibt keine Typen, die Elementen mit Bottom Type zugewiesen werden können:

```
let notNumber: NotPossible = 0;
//  ~~~~~~~~~
// Error: Type 'number' is not assignable to type 'never'.

let notString: never = "";
//  ~~~~~~~~~
// Error: Type 'string' is not assignable to type 'never'.
```

In TypeScript-Projekten wird normalerweise nur sehr selten – wenn überhaupt je – der Typ `never` verwendet. Er wird hin und wieder eingesetzt, um unmögliche Zustände darzustellen. Taucht er ansonsten auf, handelt es sich in den meisten Fällen jedoch um einen Fehler, der durch die falsche Verwendung von Schnittmengentypen entsteht. Mehr dazu erfahren Sie in Kapitel 15, »Typoperationen«.

Zusammenfassung

In diesem Kapitel konnten Sie Ihr Verständnis des TypeScript-Typsystems vertiefen und haben gelernt, mit Objekten zu arbeiten. Wir haben uns mit folgenden Themen beschäftigt:

- Ableitung von Typen aus Objekttyp-Literalen
- Beschreibung von Objektliteral-Typen, einschließlich verschachtelter und optionaler Eigenschaften
- Deklaration, Ableitung und Type Narrowing von Vereinigungen von Objektliteralen
- Diskriminierte Vereinigungstypen und Diskriminanten
- Kombination von Objekttypen in Schnittmengentypen

Nachdem Sie dieses Kapitel gelesen haben, sollten Sie das Gelernte auf *https://learningtypescript.com/objects* anwenden und einüben.

Wie deklariert ein Anwalt seinen TypeScript-Typ?

»Einspruch!« (»I object!«)

TEIL II

Features

KAPITEL 5
Funktionen

Funktionsargumente
An einem Ende rein, am anderen raus
Als Rückgabetyp

In Kapitel 2, »Das Typsystem«, haben Sie gesehen, wie man mit Typanmerkungen Werte von Variablen annotiert. Jetzt werden Sie erfahren, wie Sie dasselbe mit Funktionsparametern und Rückgabetypen tun können – und wozu das gut ist.

Funktionsparameter

Schauen wir uns die folgende Funktion `sing` an, die einen Parameter `song` entgegennimmt und protokolliert:

```
function sing(song) {
  console.log(`Singing: ${song}!`);
}
```

Welchen Werttyp hat der Entwickler, der die Funktion `sing` geschrieben hat, für den Parameter `song` vorgesehen?

Einen `string`? Ein Objekt mit einer überschriebenen Methode `toString()`? Ist dieser Code fehlerhaft? *Wer weiß?!*

Ohne explizite Typdeklaration werden wir es vielleicht nie erfahren – TypeScript wird den Parameter als `any`-Typ betrachten, was bedeutet, dass der Parameter von beliebigem Typ sein kann.

TypeScript erlaubt, wie bei Variablen, den Typ von Funktionsparametern durch eine Typanmerkung zu deklarieren. Wir können TypeScript also mit der Annotation `: string` mitteilen, dass der Parameter `song` vom Typ `string` ist:

```
function sing(song: string) {
  console.log(`Singing: ${song}!`);
}
```

Viel besser: Jetzt wissen wir, welchen Typ `song` haben soll!

Beachten Sie, dass Sie den Funktionsparametern keine Typanmerkungen hinzufügen müssen, damit Ihr Code eine gültige TypeScript-Syntax aufweist. TypeScript mag Typfehler reklamieren, das emittierte JavaScript wird aber trotzdem ausgeführt. Auch das erste Codebeispiel, in dem die Typdeklaration für den Parameter `song` fehlt, würde dessen ungeachtet von TypeScript in JavaScript konvertiert werden. In Kapitel 13, »Konfigurationsoptionen«, wird beschrieben, wie man TypeScripts Verhalten bei Parametern konfiguriert, die – wie im vorletzten Beispiel `song` – implizit vom Typ `any` sind.

Erforderliche Parameter

Im Gegensatz zu JavaScript, bei dem Funktionen auch mit weniger Argumenten aufgerufen werden können, als in der Funktionsignatur definiert wurden, geht TypeScript davon aus, dass alle für eine Funktion deklarierten Parameter tatsächlich erforderlich sind. Wird eine Funktion mit einer falschen Anzahl von Argumenten aufgerufen, protestiert TypeScript in Form eines Typfehlers. Das gilt sowohl für Aufrufe mit zu wenigen als auch mit zu vielen Argumenten.

Die folgende Funktion `singTwo` verlangt zwei Parameter. Es ist also weder zulässig, nur ein Argument zu übergeben, noch deren drei anzugeben:

```
function singTwo(first: string, second: string) {
  console.log(`${first} / ${second}`);
}

// Protokolliert: "Ball and Chain / undefined"
singTwo("Ball and Chain");
//       ~~~~~~~~~~~~~~~~
// Error: Expected 2 arguments, but got 1.

// Protokolliert: "I Will Survive / Higher Love"
singTwo("I Will Survive", "Higher Love"); // Ok

// Protokolliert: "Go Your Own Way / The Chain"
singTwo("Go Your Own Way", "The Chain", "Dreams");
//                                     ~~~~~~~~
// Error: Expected 2 arguments, but got 3.
```

Dass sichergestellt wird, dass einer Funktion alle vorgesehenen Parameter übergeben werden und damit alle erwarteten Argumentwerte innerhalb der Funktion existieren, hilft bei der Umsetzung der Typsicherheit. Andernfalls könnte es zu unerwartetem Verhalten des Codes kommen, weil die gezeigte Funktion `singTwo` beispielsweise `undefined` protokolliert oder ein Argument ignoriert.

> *Parameter* bezieht sich auf die Deklaration einer Funktion, in der definiert wird, welche Angaben sie erwartet bzw. welche Werte ihr übergeben werden sollen. *Argument* bezeichnet einen Wert, der einem Parameter in einem Funktionsaufruf übergeben wird. Im vorherigen Beispiel sind `first` und `second` Parameter, während Zeichenketten wie `"Dreams"` Argumente sind.

Optionale Parameter

Denken Sie daran, dass in JavaScript ein nicht angegebener Funktionsparameter dazu führt, dass sein Argumentwert innerhalb der Funktion standardmäßig undefined ist. Manchmal müssen bestimmte Funktionsparameter nicht angegeben und innerhalb der Funktion soll mit Absicht der Wert undefined verwendet werden. Wenn wir für diese optionalen Parameter keine Argumente bereitstellen, soll TypeScript aber keine Typfehler melden. In TypeScript lässt sich dazu ein Parameter als optional kennzeichnen, indem in der Typannotation zwischen Parametername und : ein ? hinzugefügt wird – so ähnlich wie bei optionalen Objekttyp-Eigenschaften.

Optionale Parameter müssen bei Funktionsaufrufen nicht angegeben werden. Ihrem Typ wird daher immer eine Konstituente | undefined hinzugefügt.

In der folgenden Funktion announceSong ist der Parameter singer als optional gekennzeichnet. Sein Typ ist string | undefined und er muss beim Aufruf der Funktion nicht angegeben werden. Wird singer angegeben, kann dieser Wert ein string oder undefined sein:

```
function announceSong(song: string, singer?: string) {
  console.log(`Song: ${song}`);

  if (singer) {
    console.log(`Singer: ${singer}`);
  }
}

announceSong("Greensleeves"); // Ok
announceSong("Greensleeves", undefined); // Ok
announceSong("Chandelier", "Sia"); // Ok
```

Diese optionalen Parameter können also implizit immer den Wert undefined haben. Im vorherigen Codebeispiel ist singer anfangs vom Typ string | undefined und wird dann durch die if-Anweisung auf string eingeengt.

Optionale Parameter sind nicht dasselbe wie Parameter mit Vereinigungstypen, die | undefined enthalten, denn Parameter, die nicht mit einem ? als optional gekennzeichnet sind, müssen grundsätzlich angegeben werden, gegebenenfalls durch einen expliziten Wert undefined.

Das gilt z.B. für den Parameter singer in der folgenden Funktion announceSongBy, der ein string-Wert oder undefined sein kann:

```
function announceSongBy(song: string, singer: string | undefined) { /* ... */ }

announceSongBy("Greensleeves");
// Error: Expected 2 arguments, but got 1.

announceSongBy("Greensleeves", undefined); // Ok
announceSongBy("Chandelier", "Sia"); // Ok
```

Die optionalen Parameter einer Funktion müssen am Ende der Parameterliste angegeben werden. Platziert man einen optionalen Parameter vor einem erforderlichen Parameter, löst dies in TypeScript einen Syntaxfehler aus:

```
function announceSinger(singer?: string, song: string) {}
//                                   ~~~~
// Error: A required parameter cannot follow an optional parameter.
```

Standard-Parameter

Einem optionalen Parameter kann man in JavaScript in der Deklaration durch ein `=` einen Standardwert zuweisen. In diesem Fall fügt TypeScript dem Typ des Parameters kein implizites `| undefined` hinzu. TypeScript erlaubt weiterhin, dass eine Funktion mit fehlenden Argumenten bzw. dem Argument `undefined` für diese Parameter aufgerufen wird.

TypeScripts Typinferenz funktioniert für Standardwerte von Funktionsparametern ähnlich wie bei Anfangswerten von Variablen. Wenn ein Parameter einen Standardwert, aber keine Typanmerkung hat, leitet TypeScript den Typ diese Parameters auf der Grundlage des Standardwerts ab.

In der folgenden Funktion `rateSong` ist `rating` vom Typ `number`, aber im Code, der die Funktion aufruft, vom Typ `number | undefined`:

```
function rateSong(song: string, rating = 0) {
  console.log(`${song} gets ${rating}/5 stars!`);
}

rateSong("Photograph"); // Ok
rateSong("Set Fire to the Rain", 5); // Ok
rateSong("Set Fire to the Rain", undefined); // Ok

rateSong("At Last!", "100");
//                   ~~~~~
// Error: Argument of type '"100"' is not assignable
// to parameter of type 'number | undefined'.
```

Restparameter

Einige Funktionen in JavaScript können mit einer beliebigen Anzahl von Argumenten aufgerufen werden. Der Spread-Operator `...` kann dem letzten Parameter in einer Funktionsdeklaration vorangestellt werden, um anzuzeigen, dass alle weiteren übergebenen Argumente in einem gemeinsamen Array abgelegt werden sollen.

Die Typdeklaration der Restparameter ähnelt der regulärer Parameter, mit dem Unterschied, dass am Ende ein `[]` hinzugefügt wird, um anzuzeigen, dass es sich um ein Array von Argumenten handelt.

Im folgenden Beispiel darf `singAllTheSongs` null oder mehr Argumente vom Typ `string` für die Restparameter songs annehmen:

```
function singAllTheSongs(singer: string, ...songs: string[]) {
  for (const song of songs) {
    console.log(`${song}, by ${singer}`);
  }
}

singAllTheSongs("Alicia Keys"); // Ok
```

```
singAllTheSongs("Lady Gaga", "Bad Romance", "Just Dance", "Poker Face"); // Ok

singAllTheSongs("Ella Fitzgerald", 2000);
//                                 ~~~~
// Error: Argument of type 'number' is not
// assignable to parameter of type 'string'.
```

Wie man in TypeScript mit Arrays arbeitet, beschreibe ich in Kapitel 6, »Arrays«.

Rückgabetypen

TypeScript ist schlau: Wenn es alle möglichen Werte kennt, die von einer Funktion zurückgegeben werden, weiß es, welchen Typ die Funktion zurückgibt. Im folgenden Beispiel wird `singSongs` von TypeScript so verstanden, dass es eine `number` zurückgibt:

```
// Typ: (songs: string[]) => number
function singSongs(songs: string[]) {
  for (const song of songs) {
    console.log(`${song}`);
  }

  return songs.length;
}
```

Wenn eine Funktion mehrere *return*-Anweisungen mit unterschiedlichen Werten enthält, leitet TypeScript den Rückgabetyp als Vereinigungsmenge aller möglichen zurückgegebenen Typen ab.

Für die folgende Funktion `getSongAt` würde TypeScript den Rückgabetyp `string | undefined` ableiten, da die beiden möglichen Rückgabewerte vom Typ `string` bzw. `undefined` sind:

```
// Typ: (songs: string[], index: number) => string | undefined
function getSongAt(songs: string[], index: number) {
  return index < songs.length
    ? songs[index]
    : undefined;
}
```

Explizite Rückgabetypen

Wie bei Variablen empfehle ich im Allgemeinen, sich nicht die Mühe zu machen, die Rückgabetypen von Funktionen durch Typanmerkungen explizit zu deklarieren. Es gibt jedoch einige Fälle, in denen es speziell für Funktionen nützlich sein kann:

- Sie möchten vielleicht erzwingen, dass Funktionen mit vielen möglichen Rückgabewerten immer denselben Typ von Wert zurückgeben.
- TypeScript weigert sich, die Rückgabetypen von rekursiven Funktionen zu untersuchen.
- Es kann TypeScripts Typechecking in sehr umfangreichen Projekten mit einer sehr großen Anzahl an TypeScript-Dateien beschleunigen.

Typanmerkungen zum Rückgabetyp werden in der Funktionsdeklaration nach der – die Parameterliste schließenden – runden Klammer) eingefügt.

Bei einer Funktionsdeklaration steht die Typanmerkung also unmittelbar vor der geschweiften Klammer {:

```
function singSongsRecursive(songs: string[], count = 0): number {
  return songs.length ? singSongsRecursive(songs.slice(1), count + 1) : count;
}
```

Bei Pfeilfunktionen (auch bekannt als Lambdas) steht die Typanmerkung unmittelbar vor dem Pfeil =>:

```
const singSongsRecursive = (songs: string[], count = 0): number =>
  songs.length ? singSongsRecursive(songs.slice(1), count + 1) : count;
```

Wenn eine return-Anweisung in einer Funktion einen Wert zurückgibt, der dem Rückgabetyp der Funktion nicht zugewiesen werden kann, meldet TypeScript einen Zuweisungsfehler.

Die folgende Funktion getSongRecordingDate ist explizit so deklariert, dass sie Date | undefined zurückgibt, eine ihrer return-Anweisungen liefert aber fälschlicherweise einen string zurück:

```
function getSongRecordingDate(song: string): Date | undefined {
  switch (song) {
    case "Strange Fruit":
      return new Date('April 20, 1939'); // Ok

    case "Greensleeves":
      return "unknown";
      // Error: Type 'string' is not assignable to type 'Date'.

    default:
      return undefined; // Ok
  }
}
```

Funktionstypen

JavaScript ermöglicht es uns, Funktionen als Werte zu übergeben. Das bedeutet, dass wir eine Möglichkeit brauchen, den Typ eines Parameters oder einer Variablen zu deklarieren, der bzw. die eine Funktion enthalten soll.

Die Funktionstyp-Syntax ähnelt der von Pfeilfunktionen, allerdings mit einem Typ anstelle des Körpers.

Der folgende Typ der Variablen nothingInGivesString beschreibt eine Funktion ohne Parameter und mit einem zurückgegebenen string-Wert:

```
let nothingInGivesString: () => string;
```

Der folgende Typ der inputAndOutput-Variablen beschreibt eine Funktion mit einem Parameter string[], einem optionalen Parameter count und einem Rückgabetyp number:

```
let inputAndOutput: (songs: string[], count?: number) => number;
```

Funktionstypen werden häufig zur Beschreibung von Callback-Parametern verwendet (Parametern, die als Funktionen aufgerufen werden).

Zum Beispiel wird im folgenden Codeausschnitt für die Funktion `runOnSongs` der Typ des Parameters `getSongAt` als eine Funktion deklariert, die einen Parameter `index: number` empfängt und einen `string`-Wert zurückgibt: Die Übergabe der Funktion `getSongAt` passt zu diesem Typ, die Übergabe von `logSong` schlägt dagegen fehl, weil diese Funktion einen `string` als Parameter anstelle von `number` erwartet:

```
const songs = ["Juice", "Shake It Off", "What's Up"];

function runOnSongs(getSongAt: (index: number) => string) {
  for (let i = 0; i < songs.length; i += 1) {
    console.log(getSongAt(i));
  }
}

function getSongAt(index: number) {
  return `${songs[index]}`;
}

runOnSongs(getSongAt); // Ok

function logSong(song: string) {
  return `${song}`;
}

runOnSongs(logSong);
//         ~~~~~~~
// Error: Argument of type '(song: string) => string' is not
// assignable to parameter of type '(index: number) => string'.
//   Types of parameters 'song' and 'index' are incompatible.
//     Type 'number' is not assignable to type 'string'.
```

Die Fehlermeldung für `runOnSongs(logSong)` ist ein Beispiel für einen Zuweisungsfehler, der mehrere Detailebenen enthält. Wenn sich TypeScript beschwert, dass zwei Funktionstypen einander nicht zugewiesen werden können, enthält die Fehlermeldung in der Regel drei Detailstufen, mit zunehmender Spezifität:

1. Auf der ersten Einrückungsebene werden die beiden Funktionstypen angegeben.
2. Die nächste Einrückungsebene gibt an, welcher Teil nicht übereinstimmt.
3. Die letzte Einrückungsebene enthält den Zuweisungsfehler des nicht übereinstimmenden Teils.

In der Fehlermeldung des vorherigen Codebeispiels waren es folgende Ebenen:

1. `logSongs: (song: string) => string` ist der bereitgestellte Typ, der der Funktion `getSongAt: (index: number) => string` zugewiesen wird.
2. Der Parameter `song` von `logSong` wird dem Parameter `index` von `getSongAt` zugewiesen.

3. Der Typ number von song kann nicht dem Typ string von index zugewiesen werden.

> Die mehrzeiligen Fehler von TypeScript können anfangs etwas einschüchternd wirken. Wenn Sie sie Zeile für Zeile lesen und die jeweilige Bedeutung verstehen, werden Sie sich den Fehler insgesamt gut erschließen können.

Klammersetzung bei Funktionstypen

Funktionstypen können überall dort verwendet werden, wo auch andere Typen stehen dürfen. Das gilt auch für Vereinigungstypen.

Bei Letzeren kann man mit Klammern kennzeichnen, welcher Teil einer Typanmerkung die Funktionsrückgabe und welcher der umgebende Vereinigungstyp ist:

```
// Typ ist eine Funktion, die einen Vereinigungstyp zurückgibt: string | undefined
let returnsStringOrUndefined: () => string | undefined;

// Typ ist entweder eine Funktion, die einen String zurückgibt, oder undefined
let maybeReturnsString: (() => string) | undefined;
```

In späteren Kapiteln, in denen weitere Syntaxvarianten für Typen vorgestellt werden, beschreibe ich weitere Situationen, in denen Funktionstypen mit Klammern umschlossen werden müssen.

Ableitung von Parametertypen

Es wäre mühsam, wenn wir für jede von uns verwendete Funktion Parametertypen deklarieren müssten, einschließlich der als Parameter verwendeten Inline-Funktionen. Glücklicherweise kann TypeScript die Parametertypen einer Funktion ableiten, die einer Stelle mit deklariertem Typ übergeben wird.

Da bekannt ist, dass die Variable singer eine Funktion ist, die einen Parameter song vom Typ string empfängt, erkennt TypeScript auch innerhalb der Funktion, die im weiteren Verlauf des Beispiels singer zugewiesen wird, dass song ein string ist:

```
let singer: (song: string) => string;

singer = function (song) {
  // Typ von song: string
  return `Singing: ${song.toUpperCase()}!`; // Ok
};
```

Bei Funktionen, die als Argumente an Parameter mit Funktionsparametertypen übergeben werden, werden auch deren Parametertypen abgeleitet.

Zum Beispiel werden die Parameter song und index von TypeScript als string bzw. number interpretiert:

```
const songs = ["Call Me", "Jolene", "The Chain"];

// song: string
```

```
// index: number
songs.forEach((song, index) => {
  console.log(`${song} is at index ${index}`);
});
```

Typaliase für Funktionen

Erinnern Sie sich an die Typaliase aus Kapitel 3, »Vereinigungs- und Literaltypen«? Typaliase können auch für Funktionstypen verwendet werden.

Der folgende Typalias `StringToNumber` bindet eine Funktion, die einen `string` empfängt und eine `number` zurückgibt, und kann später zur Beschreibung von Variablentypen verwendet werden:

```
type StringToNumber = (input: string) => number;

let stringToNumber: StringToNumber;

stringToNumber = (input) => input.length; // Ok

stringToNumber = (input) => input.toUpperCase();
//                          ~~~~~~~~~~~~~~~~~~~
// Error: Type 'string' is not assignable to type 'number'.
```

Ebenso können Funktionsparameter mit Aliasen typisiert werden, die auf einen Funktionstyp verweisen.

Die folgende Funktion `usesNumberToString` hat einen einzigen Parameter, der selbst vom Funktionstyp-Alias `NumberToString` ist:

```
type NumberToString = (input: number) => string;

function usesNumberToString(numberToString: NumberToString) {
  console.log(`The string is: ${numberToString(1234)}`);
}

usesNumberToString((input) => `${input}! Hooray!`); // Ok

usesNumberToString((input) => input * 2);
//                            ~~~~~~~~~
// Error: Type 'number' is not assignable to type 'string'.
```

Typaliase sind bei Funktionstypen ausgeprochen nützlich. Sie können viel Platz sparen, weil Wiederholungen von Parameter- und/oder Rückgabetypen überflüssig werden.

Weitere Rückgabetypen

Schauen wir uns nun zwei weitere Rückgabetypen an: `void` und `never`.

void zurückgeben

Einige Funktionen sind nicht dazu gedacht, einen Wert zurückzugeben. Sie haben entweder keine `return`-Anweisungen oder nur solche, die keinen Wert zurückgeben. TypeScript erlaubt die Verwendung des Schlüsselworts void (»nichts«, »leer«), um den Rückgabetyp einer Funktion anzugeben, die nichts zurückgibt.

Funktionen mit Rückgabetyp void dürfen keinen Wert zurückgeben. Das gilt beispielsweise für die folgende Funktion logSong, deren Rückgabewert als void deklariert ist:

```
function logSong(song: string | undefined): void {
  if (!song) {
    return; // Ok
  }

  console.log(`${song}`);

  return true;
  // Error: Type 'boolean' is not assignable to type 'void'.
}
```

void kann als Rückgabetyp in einer Funktionstyp-Deklaration nützlich sein. In diesem Fall sorgt void auch dafür, dass ein von der Funktion zurückgegebener Wert ignoriert wird.

Zum Beispiel repräsentiert die folgende Variable songLogger eine Funktion, die einen Parameter song: string empfängt, aber keinen Wert zurückgibt:

```
let songLogger: (song: string) => void;

songLogger = (song) => {
  console.log(`${song}`);
};

songLogger("Heart of Glass"); // Ok
```

Obwohl JavaScript-Funktionen standardmäßig undefined zurückgeben, wenn kein echter Wert zurückgegeben wird, ist void nicht mit undefined identisch. void bedeutet, dass der Rückgabetyp einer Funktion ignoriert wird, während undefined ein literaler zurückgegebener Wert ist. Der Versuch, einen Wert vom Typ void einem Wert zuzuweisen, dessen Typ stattdessen undefined enthält, löst einen Typfehler aus:

```
function returnsVoid() {
  return;
}

let lazyValue: string | undefined;

lazyValue = returnsVoid();
// Error: Type 'void' is not assignable to type 'string | undefined'.
```

Die Unterscheidung zwischen undefined- und void-Rückgaben ist besonders nützlich, um einen möglichen Rückgabewert einer Funktion zu ignorieren, die einer Stelle übergeben wird, deren Rückgabetyp als void deklariert ist. Die eingebaute Array-Methode forEach nimmt beispielsweise einen Callback entgegen, der void zurückgibt. Funktionen, die an forEach übergeben werden, können einen beliebigen Wert zurückliefern. records.push(record) in der folgenden Funktion save Records gibt zwar eine number zurück (den von der Funktion .push() eines Arrays zurückgegebenen Wert), darf aber dennoch der zurückgegebene Wert der Pfeilfunktion sein, die an newRecords.forEach übergeben wird:

```
const records: string[] = [];

function saveRecords(newRecords: string[]) {
  newRecords.forEach(record => records.push(record));
}

saveRecords(['21', 'Come On Over', 'The Bodyguard'])
```

Der void-Typ ist kein JavaScript. void ist ein TypeScript-Schlüsselwort, das verwendet wird, um Rückgabetypen von Funktionen zu deklarieren. Es ist ein Hinweis, dass der Rückgabewert einer Funktion nicht verwendet werden soll, aber kein Wert, der als solcher zurückgegeben werden kann.

never zurückgeben

Einige Funktionen geben nicht nur keinen Wert zurück, sondern sollen überhaupt nicht zurückkehren (also die Kontrolle an den aufrufenden Code zurückgeben). Nicht zurückkehrende Funktionen sind solche, die immer einen Fehler auslösen oder eine Endlosschleife durchlaufen (hoffentlich absichtlich!).

Wenn eine Funktion niemals zurückkehren soll, zeigt eine explizite Typannotation : never an, dass kein dem Aufruf der Funktion noch folgender Code ausgeführt wird. Die folgende Funktion fail löst immer einen Fehler aus, sodass man TypeScripts Kontrollflussanalyse durch ein Type Narrowing von param auf string unterstützen kann:

```
function fail(message: string): never {
    throw new Error(`Invariant failure: ${message}.`);
}

function workWithUnsafeParam(param: unknown) {
    if (typeof param !== "string") {
        fail(`param should be a string, not ${typeof param}`);
    }

    // Hier ist param mit Sicherheit vom Typ string
    param.toUpperCase(); // Ok
}
```

> never ist nicht dasselbe wie void. void ist für Funktionen gedacht, die nichts zurückgeben. never für Funktionen, die nie zurückkehren.

Überladung von Funktionen

Manche JavaScript-Funktionen können mit drastisch unterschiedlichen Parametersätzen aufgerufen werden, die sich nicht allein durch optionale und/oder Restparameter darstellen lassen. Diese Funktionen können mit *Überladungssignaturen* (overload signatures), einer speziellen TypeScript-Syntax, beschrieben werden. Dabei werden unterschiedliche Aufrufsignaturen mit Funktionsname, Parametern und Rückgabetyp deklariert, bevor eine endgültige *Implementierungssignatur* und der Körper der Funktion folgen.

TypeScript entscheidet allein anhand der Überladungssignaturen einer solchen Funktion, ob bei ihrem Aufruf ein Syntaxfehler vorliegt. Die Implementierungssignatur wird nur von der internen Logik der Funktion verwendet.

Die folgende Funktion `createDate` kann entweder mit einem Parameter `timestamp` oder mit drei Parametern – `month`, `day` und `year` – aufgerufen werden. Beide Aufrufvarianten sind zulässig, während ein Aufruf mit zwei Argumenten einen Typfehler verursachen würde, da keine der vorhandenen Überladungssignaturen zwei Argumente zulässt. Im Beispiel stellen die ersten beiden Zeilen die Überladungssignaturen und die dritte Zeile die Implementierungssignatur dar:

```
function createDate(timestamp: number): Date;
function createDate(month: number, day: number, year: number): Date;
function createDate(monthOrTimestamp: number, day?: number, year?: number) {
  return day === undefined || year === undefined
    ? new Date(monthOrTimestamp)
    : new Date(year, monthOrTimestamp, day);
}

createDate(554356800); // Ok
createDate(7, 27, 1987); // Ok

createDate(4, 1);
// Error: No overload expects 2 arguments, but overloads
// do exist that expect either 1 or 3 arguments.
```

Überladungssignaturen werden, wie auch andere Syntaxelemente des Typsystems, bei der Kompilierung von TypeScript zu JavaScript entfernt.

Die Funktion des vorangegangenen Codeausschnitts würde ungefähr zu folgendem JavaScript kompiliert werden:

```
function createDate(monthOrTimestamp, day, year) {
  return day === undefined || year === undefined
    ? new Date(monthOrTimestamp)
    : new Date(year, monthOrTimestamp, day);
}
```

> Funktionsüberladungen werden im Allgemeinen als letztes Mittel für komplexe, schwer zu beschreibende Funktionstypen verwendet. Wenn möglich, ist es normalerweise besser, Funktionen einfach zu halten und Funktionsüberladungen zu vermeiden.

Kompatibilität der Aufrufsignaturen

Die Implementierungssignatur einer überladenen Funktion wird von deren Implementierung für Parametertypen und Rückgabetyp verwendet. Daher müssen alle Parameter in den Überladungssignaturen einer Funktion den entsprechenden, sich an gleicher Indexposition befindlichen Parametern ihrer Implementierungssignatur zugewiesen werden können. Mit anderen Worten: Die Implementierungssignatur muss mit allen Überladungssignaturen kompatibel sein.

Die Implementierungssignatur der folgenden `format`-Funktion deklariert ihren ersten Parameter als `string`. Während die ersten beiden Überladungssignaturen kompatibel sind, weil der erste Parameter jeweils vom Typ `string` ist, führt der Typ `() => string` des ersten Parameters der dritten Überladungssignatur zu deren Inkompatibilität:

```
function format(data: string): string; // Ok
function format(data: string, needle: string, haystack: string): string; // Ok

function format(getData: () => string): string;
//              ~~~~~~
// This overload signature is not compatible with its implementation signature.

function format(data: string, needle?: string, haystack?: string) {
  return needle && haystack ? data.replace(needle, haystack) : data;
}
```

Zusammenfassung

In diesem Kapitel haben Sie erfahren, wie die Parameter- und Rückgabetypen einer Funktion in TypeScript abgeleitet oder explizit deklariert werden können. Es ging um folgende Themen:

- Deklaration von Parametertypen von Funktionen durch Typanmerkungen
- Deklaration von optionalen Parametern, Standardwerten und Restparametern, um das Verhalten des Typsystems zu verändern
- Deklaration des Rückgabetyps von Funktionen durch Typanmerkungen
- Kennzeichnung von Funktionen, die keinen brauchbaren Wert zurückgeben, durch den Rückgabetyp `void`
- Kennzeichnung von Funktionen, die niemals zurückkehren, mit dem Rückgabetyp `never`
- Verwendung von Funktionsüberladungen zur Beschreibung unterschiedlicher Aufrufsignaturen

Nachdem Sie dieses Kapitel gelesen haben, sollten Sie das Gelernte auf *https://learningtypescript.com/functions* anwenden und einüben.

Was macht ein TypeScript-Projekt zu einem guten Projekt?

Es funktioniert gut. (»It functions well.«)

KAPITEL 6

Arrays

Arrays und Tupel
Eines flexibel und eines fix
Wähle dein Abenteuer

JavaScript-Arrays sind äußerst flexibel und können eine beliebige Kombination von Werten enthalten:

```
const elements = [true, null, undefined, 42];

elements.push("even", ["more"]);
// Wert der Elemente: [true, null, undefined, 42, "even", ["more"]]
```

In den meisten Fällen enthalten JavaScript-Arrays jedoch nur jeweils einen bestimmten Werttyp. Fügt man Werte eines anderen Typs hinzu, kann das Betrachter verwirren oder – schlimmer noch – auf einem Fehler beruhen, der später bei der Programmausführung Probleme nach sich ziehen könnte.

TypeScript respektiert die bewährte Praxis, sich auf einen Datentyp pro Array zu beschränken, indem es sich merkt, welcher Datentyp sich anfänglich in einem Array befindet, und sicherstellt, dass das Array nur mit dieser Art von Daten arbeitet.

Im folgenden Beispiel erkennt TypeScript, dass das Array `warriors` zu Beginn Werte vom Typ `string` enthält. Folglich können weitere Werte vom Typ `string` hinzugefügt werden, Werte eines anderen Datentyps dagegen nicht:

```
const warriors = ["Artemisia", "Boudica"];

// Ok: "Zenobia" ist eine Zeichenkette
warriors.push("Zenobia");

warriors.push(true);
//            ~~~~
// Argument of type 'boolean' is not assignable to parameter of type 'string'.
```

TypeScript leitet durch Typinferenz den Typ eines Arrays aus seinen anfänglichen Elementen in ähnlicher Weise ab wie bei einer Variablen anhand ihrer Anfangswerte. TypeScript versucht ganz generell, die intendierten Typen in Ihrem Code anhand der zugewiesenen Werte zu erkennen, und Arrays sind da keine Ausnahme.

Array-Typen

Variablen, die Arrays speichern sollen, müssen – genau wie sonstige Variablen – keinen Anfangswert zugewiesen bekommen. Sie können zu Beginn undefined sein und erst später einen Array-Wert erhalten.

Sie können TypeScript mitteilen, welche Arten von Werten in das Array aufgenommen werden sollen, indem Sie die Variable mit einer Typanmerkung versehen. Eine Typanmerkung für ein Array besteht aus der Angabe des Typs der enthaltenen Elemente, gefolgt von einem []:

```
let arrayOfNumbers: number[];

arrayOfNumbers = [4, 8, 15, 16, 23, 42];
```

Array-Typen kann man auch mit der Syntax Array<number> über einen Generic-Parameter der Array-Klasse definieren. Die meisten Entwickler bevorzugen das einfachere number[]. Klassen werden in Kapitel 8, »Klassen«, und Generics in Kapitel 10, »Generics«, behandelt.

Array- und Funktionstypen

Array-Typen sind ein Beispiel für einen Syntaxcontainer, bei dem man unter Umständen durch Klammersetzung kenntlich machen muss, was zu einem Funktionstyp gehört und was nicht. Mit Klammern kann verdeutlicht werden, welcher Teil einer Typanmerkung den Rückgabewert einer Funktion betrifft und welcher Teil sich auf dem umgebenden Array-Typ bezieht.

Der Funktionstyp createStrings unterscheidet sich vom Array-Typ stringCreators:

```
// Typ ist eine Funktion, die ein Array von Zeichenketten zurückgibt
let createStrings: () => string[];

// Typ ist ein Array von Funktionen, die jeweils eine Zeichenkette zurückgeben
let stringCreators: (() => string)[];
```

Arrays mit Vereinigungstyp

Sie können mit einem Vereinigungstyp angeben, dass jedes Element eines Arrays einer von mehreren Select-Typen sein kann.

Bei Arrays mit Vereinigungstyp muss gegebenenfalls mit Klammern gekennzeichnet werden, welcher Teil einer Typanmerkung sich auf den Inhalt des Arrays bezieht und welcher Teil auf den umgebenden Vereinigungstyp. Die Verwendung von Klammern in Arrays mit Vereinigungstyp ist wichtig – die beiden folgenden Typen sind nicht identisch:

```
// Typ ist entweder eine Zeichenkette oder ein Array von Zahlen
let stringOrArrayOfNumbers: string | number[];

// Typ ist ein Array von Elementen, die jeweils entweder eine Zahl oder eine
// Zeichenkette sind
let arrayOfStringOrNumbers: (string | number)[];
```

Wenn ein Array mehr als einen Typ von Elementen enthält, erkennt TypeScript anhand seiner Deklaration, dass der Typ des Arrays ein Vereinigungstyp ist. Mit anderen Worten: Der Typ der Elemente eines Arrays ist die Vereinigung aller möglichen Typen der Elemente im Array.

Im folgenden Beispiel ist namesMaybe vom Typ (string | undefined)[], weil es sowohl string-Werte als auch einen Wert undefined enthält:

```
// Typ ist (string | undefined)[]
const namesMaybe = [
  "Aqualtune",
  "Blenda",
  undefined,
];
```

Evolving-any-Arrays

Wenn Sie einer Variablen, die anfänglich als leeres Array initialisiert wurde, keine Typanmerkung hinzufügen, behandelt TypeScript das Array als evolving any[], was bedeutet, dass es jeden beliebigen Inhalt empfangen kann. Evolving-any[]-Arrays sollte man genauso meiden wie Evolving-any-Variablen. Sie machen die Vorteile des Typecheckings teilweise zunichte, da jetzt potenziell falsche Werte hinzugefügt werden können.

Das folgende Array values enthält zunächst any-Elemente, entwickelt sich dann zuerst zu einem Array, das string-Elemente enthält, und schließlich zu einem Array mit number | string-Elementen:

```
// Typ: any[]
let values = [];

// Typ: string[]
values.push('');

// Typ: (number | string)[]
values[0] = 0;
```

Wie bei Variablen wird der Zweck der TypeScript-Typprüfung teilweise unterlaufen, wenn man Arrays erlaubt, als evolving any typisiert zu werden – und durch die Verwendung des Typs any ganz generell. TypeScript funktioniert am besten, wenn es weiß, welchen Typ Ihre Werte haben sollen.

Mehrdimensionale Arrays

Ein 2D-Array bzw. ein Array von Arrays wird durch zwei eckige Klammern [] gekennzeichnet:

```
let arrayOfArraysOfNumbers: number[][];

arrayOfArraysOfNumbers = [
  [1, 2, 3],
  [2, 4, 6],
  [3, 6, 9],
];
```

Ein 3D-Array bzw. ein Array von Arrays von Arrays hat drei eckige Klammerpaare. 4D-Arrays haben vier Paare. 5D-Arrays fünf. Sie können sich denken, wohin das für 6D-Arrays und darüber hinaus führt.

Diese mehrdimensionalen Array-Typen bringen konzeptionell nichts Neues mit sich. Stellen Sie sich ein 2D-Array so vor, als würde es den ursprünglichen Typ aufnehmen, der zufällig ein `[]` am Ende aufweist, und danach ein `[]` hinzufügen.

Das folgende Array `arrayOfArraysOfNumbers` ist vom Typ `number[][]`, der auch durch `(number[])[]` dargestellt werden kann:

```
// Typ: number[][]
let arrayOfArraysOfNumbers: (number[])[];
```

Array-Elemente

TypeScript versteht den typischen indexbasierten Zugriff auf die Elemente eines Arrays, um ein Element mit dem Typ des Arrays zurückzugeben.

Das folgende Array `defenders` ist vom Typ `string[]`, also ist `defender` ein `string`:

```
const defenders = ["Clarenza", "Dina"];

// Typ: string
const defender = defenders[0];
```

Elemente von Arrays mit Vereinigungstyp sind selbst vom gleichen Vereinigungstyp. Hier ist `soldiersOrDates` vom Typ `(string | date)[]`, also ist die Variable `soldierOrDate` vom Typ `string | date`:

```
const soldiersOrDates = ["Deborah Sampson", new Date(1782, 6, 3)];

// Typ: Date | string
const soldierOrDate = soldiersOrDates[0];
```

Fallstrick: Unzuverlässige Ableitungen

Das TypeScript-Typsystem ist dafür bekannt, dass es technisch nicht absolut verlässlich – »unsound« – ist: Es kann Typen zwar meistens richtig ableiten und zuordnen, manchmal aber auch danebenliegen. Insbesondere Arrays sind eine Quelle dieser Unzuverlässigkeit im Typsystem. Standardmäßig geht TypeScript davon aus, dass alle Zugriffe auf Array-Elemente auch tatsächlich ein Element zurückgeben, obwohl in JavaScript der Zugriff auf ein Array-Element mit einem höheren Index, als es der Länge des Arrays entspricht, `undefined` ergibt.

Der folgende Code löst mit den Standardeinstellungen des TypeScript-Compilers keine Beanstandung aus:

```
function withElements(elements: string[]) {
  console.log(elements[9001].length); // Kein Typfehler
}

withElements(["It's", "over"]);
```

Wir als Leser des Codes können erkennen, dass er zur Laufzeit mit einer Fehlermeldung »`Cannot read property 'length' of undefined`« abstürzen wird, aber TypeScript überprüft ganz bewusst nicht, ob die abgerufenen Array-Elemente existieren. Es betrachtet `elements[9001]` als Typ `string`, nicht als `undefined`.

> Es gibt ein Flag `--noUncheckedIndexedAccess`, das TypeScripts Array-Lookups stärker eingeschränkt und typsicherer macht, aber es ist ziemlich strikt. In den meisten Projekten wird es deshalb nicht verwendet, und ich gehe darauf in diesem Buch nicht weiter ein. In Kapitel 13, »Konfigurationsoptionen«, finden Sie Links zu Ressourcen, die alle Konfigurationsoptionen von TypeScript detailliert erklären.

Spreads und Restparameter

Erinnern Sie sich an die mit `...` eingeleiteten Restparameter für Funktionen aus Kapitel 5, »Funktionen«? Restparameter und Array-Spreading, beide mithilfe des Operators `...`, sind in JavaScript wichtige Methoden, um mit Arrays zu interagieren. TypeScript versteht beides.

Spreads

Arrays können mit dem Spread-Operator `...` zusammengeführt werden. TypeScript versteht, dass das resultierende Array Werte enthalten wird, die aus jedem der beiden Quell-Arrays stammen können.

Wenn die Quell-Arrays vom gleichen Typ sind, wird auch das Ziel-Array diesen Typ aufweisen. Werden zwei Arrays unterschiedlichen Typs in einem neuen Array zusammengeführt, wird für das neue Array ein Vereinigungstyp abgeleitet, dessen Elemente von einem der beiden ursprünglichen Typen sind.

Im folgenden Beispiel erkennt TypeScript, dass das Array `conjoined` sowohl Werte des Typs `string` als auch Werte des Typs `number` enthält, sodass auf den Typ `(string | number)[]` geschlossen wird:

```
// Typ: string[]
const soldiers = ["Harriet Tubman", "Joan of Arc", "Khutulun"];

// Typ: number[]
const soldierAges = [90, 19, 45];

// Typ: (string | number)[]
const conjoined = [...soldiers, ...soldierAges];
```

Spreading von Restparametern

TypeScript erkennt die JavaScript-Praxis, bei der mit dem Spread-Operator `...` Restparameter erstellt werden, und führt eine Typprüfung durch. Arrays, die als Argumente für Restparameter verwendet werden, müssen denselben Array-Typ haben wie der Restparameter.

Die nachstehende Funktion `logWarriors` nimmt für ihren Restparameter `...names` nur `string`-Werte entgegen. Das Spreading eines Arrays vom Typ `string[]` ist hier also erlaubt, das eines Arrays vom Typ `number[]` dagegen nicht:

```
function logWarriors(greeting: string, ...names: string[]) {
  for (const name of names) {
    console.log(`${greeting}, ${name}!`);
  }
}

const warriors = ["Cathay Williams", "Lozen", "Nzinga"];

logWarriors("Hello", ...warriors);

const birthYears = [1844, 1840, 1583];

logWarriors("Born in", ...birthYears);
//                     ~~~~~~~~~~~~~
// Error: Argument of type 'number' is not
// assignable to parameter of type 'string'.
```

Tupel

Obwohl JavaScript-Arrays theoretisch beliebig groß sein können, ist es manchmal sinnvoll, ein Array mit einer festen Größe zu verwenden – auch bekannt als *Tupel*. Bei Tupel-Arrays ist für jede Indexposition ein bestimmter Typ vorgegeben, der spezifischer sein kann als ein Vereinigungstyp aller möglichen Array-Elemente. Die Syntax zur Typdeklaration eines Tupels sieht aus wie ein Array-Literal, jedoch mit Typen anstelle von Elementwerten.

Im folgenden Codeausschnitt wird das Array `yearAndWarrior` als Tupel-Typ mit einer `number` an Indexposition 0 und einem `string` an Indexposition 1 deklariert:

```
let yearAndWarrior: [number, string];

yearAndWarrior = [530, "Tomyris"]; // Ok

yearAndWarrior = [false, "Tomyris"];
//                ~~~~~
// Error: Type 'boolean' is not assignable to type 'number'.

yearAndWarrior = [530];
// Error: Type '[number]' is not assignable to type '[number, string]'.
//   Source has 1 element(s) but target requires 2.
```

Tupel werden in JavaScript oft zusammen mit der Array-Destrukturierung verwendet, um mehrere Werte auf einmal zuweisen zu können, z.B. um zwei Variablen auf der Grundlage einer einzigen Bedingung Anfangswerte zuzuweisen.

TypeScript erkennt hier zum Beispiel, dass year immer eine `number` und `warrior` immer ein `string` sein wird:

```
// year hat Typ number
// warrior hat Typ string
let [year, warrior] = Math.random() > 0.5
  ? [340, "Archidamia"]
  : [1828, "Rani of Jhansi"];
```

Zuweisbarkeit von Tupeln

Tupel-Typen werden von TypeScript als spezifischer angesehen als Array-Typen variabler Länge. Das bedeutet, dass einem Tupel-Typ kein Array-Typ mit variabler Länge zugewiesen werden kann.

Obwohl wir als Menschen bei der `const`-Variablen `pairLoose` erkennen, dass sie vom Typ `[boolean, number]` ist, leitet TypeScript ab, dass es sich um den allgemeineren Typ `(boolean | number)[]` handelt:

```
// Typ: (boolean | number)[]
const pairLoose = [false, 123];

const pairTupleLoose: [boolean, number] = pairLoose;
//    ~~~~~~~~~~~~~~
// Error: Type '(number | boolean)[]' is not
// assignable to type '[boolean, number]'.
//   Target requires 2 element(s) but source may have fewer.
```

Wäre `pairLoose` selbst als `[boolean, number]` deklariert worden, wäre die Zuweisung seines Werts an `pairTuple` erlaubt worden.

Auch Tupel unterschiedlicher Länge können einander nicht zugewiesen werden, da TypeScript bei Tupel-Typen auch die Anzahl der Tupel-Elemente kennt.

Im folgenden Beispiel muss `tupleTwoExtra` genau zwei Elemente enthalten. Obwohl `tupleThree` mit den richtigen Elementen beginnt, verhindert sein drittes Element, dass es `tupleTwoExtra` zugewiesen werden kann:

```
const tupleThree: [boolean, number, string] = [false, 1583, "Nzinga"];

const tupleTwoExact: [boolean, number] = [tupleThree[0], tupleThree[1]];

const tupleTwoExtra: [boolean, number] = tupleThree;
//    ~~~~~~~~~~~~~
// Error: Type '[boolean, number, string]' is
// not assignable to type '[boolean, number]'.
//   Source has 3 element(s) but target allows only 2.
```

Tupel als Restparameter

Weil Tupel als Arrays mit spezifischeren Typinformationen zu Länge und Elementtypen betrachtet werden, kann man in ihnen insbesondere Argumente speichern, die an eine Funktion übergeben werden sollen. TypeScript kann bei Tupeln, die mit dem Präfix `...` als Restparameter übergeben werden, ein exaktes Typechecking durchführen.

Im folgenden Beispiel sind die Parameter der Funktion `logPair` als `string` und `number` typisiert. Der Versuch, die Argumente als Wert des Typs `(string | number)[]` zu übergeben, wäre nicht typsicher, da die Inhalte möglicherweise nicht passen: Sie könnten beide vom selben Typ sein oder in vertauschter Reihenfolge angegeben werden. Wenn TypeScript jedoch weiß, dass es sich bei dem Wert um ein `[string, number]`-Tupel handelt, kann es die Übereinstimmung der Werte prüfen:

```
function logPair(name: string, value: number) {
  console.log(`${name} has ${value}`);
}

const pairArray = ["Amage", 1];

logPair(...pairArray);
// Error: A spread argument must either have a
// tuple type or be passed to a rest parameter.

const pairTupleIncorrect: [number, string] = [1, "Amage"];

logPair(...pairTupleIncorrect);
// Error: Argument of type 'number' is not
// assignable to parameter of type 'string'.

const pairTupleCorrect: [string, number] = ["Amage", 1];

logPair(...pairTupleCorrect); // Ok
```

Wenn Sie sich mit Ihren Restparameter-Tupeln richtig austoben wollen, können Sie sie mit Arrays mischen, um eine Liste von Argumenten für mehrere Funktionsaufrufe zu speichern. Im folgenden Beispiel ist `trios` ein Array von Tupeln, wobei jedes Tupel als zweites Element ein weiteres, inneres Tupel enthält. `trios.forEach(trio => logTrio(...trio))` ist typsicher, weil jedes `...trio` mit den Parametertypen von `logTrio` übereinstimmt. `trios.forEach(logTrio)` ist jedoch nicht zuweisbar, weil damit versucht wird, das gesamte `[string, [number, boolean]]` als ersten Parameter zu übergeben, der aber vom Typ `string` ist:

```
function logTrio(name: string, value: [number, boolean]) {
  console.log(`${name} has ${value[0]} ${value[1]}`);
}

const trios: [string, [number, boolean]][] = [
  ["Amanitore", [1, true]],
  ["Æthelflæd", [2, false]],
  ["Ann E. Dunwoody", [3, false]]
];
```

```
trios.forEach(trio => logTrio(...trio)); // Ok

trios.forEach(logTrio);
//            ~~~~~~~
// Argument of type '(name: string, value: [number, boolean]) => void'
// is not assignable to parameter of type
// '(value: [string, [number, boolean]], ...) => void'.
//   Types of parameters 'name' and 'value' are incompatible.
//     Type '[string, [number, boolean]]' is not assignable to type 'string'.
```

Typinferenz bei Tupeln

TypeScript behandelt erstellte Arrays im Allgemeinen als Arrays variabler Länge, nicht als Tupel. Stößt TypeScript auf ein Array, das als Anfangswert einer Variablen oder als Rückgabewert einer Funktion verwendet wird, geht es davon aus, dass es ein Array mit flexibler und kein Tupel mit fester Größe ist.

Die folgende Funktion `firstCharAndSize` gibt `(string | number)[]`, nicht `[string, number]` zurück, da dies der Typ ist, der für das zurückgegebene Array-Literal abgeleitet wird:

```
// Rückgabetyp: (string | number)[]
function firstCharAndSize(input: string) {
  return [input[0], input.length];
}

// firstChar hat Typ string | number
// size hat Typ string | number
const [firstChar, size] = firstCharAndSize("Gudit");
```

Es gibt zwei gängige Wege in TypeScript, um anzuzeigen, dass ein Wert ein spezifischerer Tupel-Typ anstelle eines allgemeinen Array-Typs sein sollte: explizite Tupel-Typen und `const`-Zusicherungen.

Explizite Tupel-Typen

Tupel-Typen können in Typanmerkungen verwendet werden, z.B. in einer Typanmerkung für den Rückgabetyp einer Funktion. Wenn der Rückgabetyp einer Funktion als Tupel-Typ deklariert wird und ein Array-Literal zurückgibt, wird Letzteres als Tupel anstelle eines allgemeineren Arrays mit variabler Länge interpretiert.

Die folgende Version der Funktion `firstCharAndSizeExplicit` gibt ausdrücklich an, dass sie ein Tupel aus `string` und `number` zurückgibt:

```
// Rückgabetyp: [string, number]
function firstCharAndSizeExplicit(input: string): [string, number] {
  return [input[0], input.length];
}

// firstChar hat Typ string
// size hat Typ number
const [firstChar, size] = firstCharAndSizeExplicit("Cathay Williams");
```

Tupel mit const-Zusicherung

Die Angabe von Tupel-Typen in expliziten Typannotationen ist – wie generell die Angabe expliziter Typanmerkungen – mühsam. Es ist Code, den Sie zusätzlich schreiben und bei Änderungen aktualisieren müssen.

Als Alternative bietet TypeScript einen as const-Operator, bekannt als *const-Zusicherung* (const assertion), der nach einem Wert angegeben werden kann. Const-Zusicherungen weisen TypeScript an, bei der Typableitung die literalste schreibgeschützte Form des Werts zu verwenden. Wird eine solche Zusicherung einem Array-Literal hinzugefügt, zeigt sie an, dass das Array als Tupel behandelt werden soll:

```
// Typ: (string | number)[]
const unionArray = [1157, "Tomoe"];

// Type: readonly [1157, "Tomoe"]
const readonlyTuple = [1157, "Tomoe"] as const;
```

Beachten Sie, dass as const-Zusicherungen nicht nur bewirken, dass TypeScript etwas als Tupel mit fester Größe anstelle eines Arrays mit flexibler Größe betrachtet: Sie zeigen auch an, dass das Tupel schreibgeschützt ist und an keiner Stelle verwendet werden darf, an der der Wert geändert werden könnte.

Im folgenden Beispiel darf `pairMutable` geändert werden, weil es einen traditionellen expliziten Tupel-Typ aufweist. Durch das hinzugefügte `as const` ist der Wert `[1157, "Tomoe"]` jedoch nicht der mutablen const-Variablen `pairAlsoMutable` zuweisbar; und die Elemente der Konstante `pairConst` dürfen nicht verändert werden:

```
const pairMutable: [number, string] = [1157, "Tomoe"];
pairMutable[0] = 1247; // Ok

const pairAlsoMutable: [number, string] = [1157, "Tomoe"] as const;
//    ~~~~~~~~~~~~~~~
// Error: The type 'readonly [1157, "Tomoe"]' is 'readonly'
// and cannot be assigned to the mutable type '[number, string]'.

const pairConst = [1157, "Tomoe"] as const;
pairConst[0] = 1247;
//        ~
// Error: Cannot assign to '0' because it is a read-only property.
```

Schreibgeschützte Tupel lassen sich gut bei Funktionsrückgaben einsetzen. Da bei Funktionen, die ein Tupel zurückgeben, diese ohnehin häufig sofort destrukturiert werden, schadet es nicht, wenn das Tupel schreibgeschützt ist.

Die folgende Funktion `first CharAndSizeAsConst` gibt den Typ `readonly [string, number]` zurück, aber das ist in Ordnung, da der konsumierende Code sich nur dafür interessiert, diese Werte zu lesen, und sie nicht ändern will:

```
// Rückgabetyp: readonly [string, number]
function firstCharAndSizeAsConst(input: string) {
  return [input[0], input.length] as const;
}
```

```
// firstChar hat Typ string
// size hat Typ number
const [firstChar, size] = firstCharAndSizeAsConst("Ching Shih");
```

Schreibgeschützte Objekte und as const-Zusicherungen werden in Kapitel 9, »Typ-Modifier«, detaillierter behandelt.

Zusammenfassung

In diesem Kapitel haben Sie die Deklaration von Arrays und den Abruf ihrer Elemente kennengelernt. Wir haben folgende Themen behandelt:

- Deklaration von Array-Typen mit []
- Klammersetzung zur Deklaration von Arrays von Funktions- oder Vereinigungstypen
- Wie TypeScript aus den Array-Elementen den Array-Typ ableitet
- Umgang mit dem Spread-Operator ... und Restparametern
- Deklaration von Tupel-Typen zur Darstellung von Arrays mit fester Größe
- Erstellung von Tupeln durch Typanmerkungen oder as const-Zusicherungen

Nachdem Sie dieses Kapitel gelesen haben, sollten Sie das Gelernte auf *https://learningtypescript.com/arrays* anwenden und einüben.

Welche Datenstruktur mag ein Pirat am liebsten?

Arrrrr-ays!

KAPITEL 7

Interfaces

Warum nur die langweiligen
eingebauten Formen verwenden?
Wir können unsere eigenen erfinden!

In Kapitel 4, »Objekte«, hatte ich erwähnt, dass man zwar Objektformen für { ... }-Objekttypen mit Typaliasen beschreiben kann, TypeScript aber auch ein »interface«-Feature bereitstellt, das viele Entwickler bevorzugen. Interfaces sind eine weitere Möglichkeit, eine Objektform mit einem zugehörigen Namen zu deklarieren. Sie ähneln zwar in vielerlei Hinsicht den Objekttyp-Aliasen, werden aber im Allgemeinen wegen ihrer besser lesbaren Fehlermeldungen, der schnelleren Kompilierung und der besseren Interoperabilität mit Klassen bevorzugt.

Typaliase im Vergleich zu Interfaces

Hier eine kurze Zusammenfassung der Syntax, um einen Objekttyp mit zwei Eigenschaften `born: number` und `name: string` zu beschreiben:

```
type Poet = {
  born: number;
  name: string;
};
```

Hier die äquivalente Syntax für ein Interface:

```
interface Poet {
  born: number;
  name: string;
}
```

Die beiden Syntaxvarianten sind nahezu identisch.

> TypeScript-Entwickler, die Semikolons bevorzugen, setzen sie im Allgemeinen nach Typaliasen, aber nicht nach Interfaces. Diese Praktik spiegelt den Unterschied zwischen der Deklaration einer Variablen mit einem ; und der Deklaration einer Klasse oder Funktion ohne dieses Zeichen wider.

TypeScripts Zuweisbarkeitsprüfungen und Fehlermeldungen für Interfaces funktionieren und sehen nahezu genauso aus wie bei Objekttypen. Die folgenden Zuweisungsfehler bei der Zuweisung an die Variable `valueLater` sähen in etwa gleich aus, unabhängig davon, ob `Poet` ein Interface oder ein Typalias ist:

```
let valueLater: Poet;

// Ok
valueLater = {
  born: 1935,
  name: 'Sara Teasdale',
};

valueLater = "Emily Dickinson";
// Error: Type 'string' is not assignable to 'Poet'.

valueLater = {
  born: true,
  // Error: Type 'boolean' is not assignable to type 'number'.
  name: 'Sappho'
};
```

Dennoch gibt es einige wesentliche Unterschiede zwischen Interfaces und Typaliasen:

- Wie Sie später in diesem Kapitel sehen werden, können Interfaces miteinander verschmolzen (merged) und dadurch erweitert (augmented) werden – ein Sprachmerkmal, das besonders nützlich ist, wenn Sie mit Code von Drittanbietern wie eingebauten Globals oder npm-Paketen arbeiten.
- Im nächsten Kapitel 8, »Klassen«, werden Sie erfahren, wie man Interfaces verwenden kann, um die Struktur von Klassendeklarationen zu überprüfen. Mit Typaliasen ist das nicht möglich.
- Mit Interfaces kann der Typechecker in der Regel schneller arbeiten: Anders als bei Typaliasen, bei denen ein dynamisches Kopieren und Einfügen eines neuen Objektliterals stattfindet, deklarieren Interfaces einen benannten Typ, der intern leichter gecachet werden kann.
- Da Interfaces als benannte Objekte und nicht als Alias für ein unbenanntes Objektliteral betrachtet werden, sind ihre Fehlermeldungen in komplizierten Fällen besser lesbar.

Aus den beiden letztgenannten Gründen und um die Konsistenz zu wahren, verwende ich im weiteren Verlauf dieses Buchs und in den zugehörigen Projekten standardmäßig Interfaces anstelle von Objektformen mit Typalias. Ich empfehle ganz generell, Interfaces zu verwenden, wann immer dies möglich ist (d.h., bis Sie so etwas wie Vereinigungstypen mit Typaliasen als Konstituenten benötigen).

Eigenschaftstypen

Reale JavaScript-Objekte können ziemlich wild und verrückt wirken: Sie enthalten vielleicht Getter und Setter oder Eigenschaften, die nur manchmal existieren, oder akzeptieren beliebige Eigenschaftsnamen. TypeScript bietet im Rahmen seines Typsystems eine Reihe von Werkzeugen für Interfaces, die uns bei der Modellierung dieser Verrücktheiten helfen.

> Da sich Interfaces und Typaliase so ähnlich verhalten, lassen sich die folgenden, in diesem Kapitel vorgestellten Eigenschaftstypen auch mit Objekttyp-Aliasen verwenden.

Optionale Eigenschaften

Wie bei Objekttypen können auch bei Interfaces Eigenschaften des Objekts optional sein. Eine Eigenschaft eines Interface können Sie als optional kennzeichnen, indem Sie in der Typannotation vor dem `:` ein `?` einfügen.

Das folgende Interface `Book` verlangt nur die Eigenschaft `pages` und erlaubt optional eine weitere Eigenschaft `author`. Objekte, die sich an diese Definition halten, können wahlweise `author` liefern oder weglassen, sofern `pages` existiert:

```
interface Book {
  author?: string;
  pages: number;
};

// Ok
const ok: Book = {
    author: "Rita Dove",
    pages: 80,
};

const missing: Book = {
    author: "Rita Dove",
};
// Error: Property 'pages' is missing in type
// '{ author: string }' but required in type 'Book'.
```

Die bekannten Vorbehalte bezüglich des Unterschieds zwischen optionalen Eigenschaften und Eigenschaften mit einem Vereinigungstyp, der als Konstituente auch den Typ `undefined` enthält, gelten sowohl für Interfaces wie für Objekttypen. In Kapitel 13, »Konfigurationsoptionen«, werden die TypeScript-Einstellungen zur Striktheit bei optionalen Eigenschaften beschrieben.

Schreibgeschützte Eigenschaften

Manchmal möchte man verhindern, dass Nutzer eines Interface den Eigenschaften von Objekten, die diesem Interface entsprechen, neue Werte zuweisen. In TypeScript können Sie dazu vor einem Eigenschaftsnamen einen `readonly`-Modifier hinzufügen, um anzuzeigen, dass dieser Eigenschaft, sobald sie einmal festgelegt wurde, kein anderer Wert zugewiesen werden darf. Diese `readonly`-Eigenschaften können normal ausgelesen, aber nicht mehr verändert werden.

Die Eigenschaft text im folgenden Interface Page gibt beispielsweise einen string zurück, wenn auf sie zugegriffen wird, verursacht aber einen Typfehler, wenn ihr ein neuer Wert zugewiesen wird:

```
interface Page {
    readonly text: string;
}

function read(page: Page) {
    // Ok: Beim Lesen der Eigenschaft text wird nicht versucht, diese zu ändern.
    console.log(page.text);

    page.text += "!";
    //   ~~~~
    // Error: Cannot assign to 'text'
    // because it is a read-only property.
}
```

Beachten Sie, dass readonly-Modifier nur im Typsystem existieren und nur für die Verwendung dieses Interface gelten. Sie gelten für ein Objekt nur dann, wenn es an einer Stelle verwendet wird, die dieses Objekt als dem Interface entsprechend deklariert.

In der folgenden Fortsetzung des read-Beispiels darf die Eigenschaft text außerhalb der Funktion geändert werden, da ihr übergeordnetes Objekt erst innerhalb der Funktion ausdrücklich als Text verwendet wird. pageIsh kann als Page verwendet werden, da eine beschreibbare Eigenschaft einer readonly-Eigenschaft zugewiesen werden kann (mutable Eigenschaften können gelesen werden, und das ist alles, worum es dabei geht):

```
const pageIsh = {
  text: "Hello, world!",
};

// Ok: pageIsh ist ein abgeleiteter Objekttyp mit Text, keine Page
page.text += "!";

// Ok: read nimmt Page entgegen, eine
// spezifischere Version des Typs von pageIsh
read(pageIsh);
```

Wäre die Variable pageIsh mit der expliziten Typanmerkung : Page deklariert worden, hätte dies TypeScript darüber informiert, dass die Eigenschaft text readonly ist. Ihr abgeleiteter Typ war jedoch nicht readonly.

Schreibgeschützte Interface-Member sind eine praktische Methode, um zu verhindern, dass anderer Code unbeabsichtigt Objekte verändert, bei denen dies unerwünscht ist. Denken Sie jedoch daran, dass dies nur im Typsystem gilt und nichts davon in den kompilierten JavaScript-Ausgabecode übernommen wird. Das schützt vor Änderungen also nur während der Entwicklungszeit.

Funktionen und Methoden

In JavaScript kommen Funktionen sehr häufig als Objektmember vor. TypeScript erlaubt es daher, Interface-Member als Funktionstypen zu deklarieren, (wie bereits in Kapitel 5, »Funktionen«, eingeführt).

TypeScript bietet zwei Möglichkeiten, Interface-Member als Funktionen zu deklarieren:

- *Methodensyntax*: Deklaration, dass ein Member des Interface eine Funktion ist, die als Member des Objekts aufgerufen werden soll, z. B. `member(): void`
- *Eigenschaftssyntax*: Deklaration, dass ein Member des Interface einer eigenständigen Funktion entspricht, z. B. `member: () => void`

Die beiden Deklarationsformen sind ein Analogon der beiden Möglichkeiten, ein JavaScript-Objekt als Funktion zu deklarieren.

Beide Member `method` und `property` sind Funktionen, die ohne Parameter aufgerufen werden können und einen `string` zurückgeben:

```
interface HasBothFunctionTypes {
  property: () => string;
  method(): string;
}

const hasBoth: HasBothFunctionTypes = {
  property: () => "",
  method() {
    return "";
  }
};

hasBoth.property(); // Ok
hasBoth.method(); // Ok
```

Beide Formen können mit dem Modifier ? versehen werden, um sie als optional zu kennzeichnen:

```
interface OptionalReadonlyFunctions {
  optionalProperty?: () => string;
  optionalMethod?(): string;
}
```

Methoden- und Eigenschaftsdeklarationen sind meist austauschbar. Die wichtigsten Hauptunterschiede:

- Methoden können nicht als `readonly` deklariert werden, Eigenschaften schon.
- Bei der Verschmelzung von Interfaces (dazu kommen wir später in diesem Kapitel) werden sie unterschiedlich behandelt.
- Auch einige der in Kapitel 15, »Typoperationen«, beschriebenen Operationen auf Typen behandeln sie unterschiedlich.

In zukünftigen Versionen von TypeScript könnten Optionen hinzukommen, um die Unterschiede zwischen Methoden- und Eigenschaftsfunktionen strikter zu handhaben.

Für den Moment empfehle ich die folgenden allgemeinen Richtlinien:

- Verwenden Sie eine Methodenfunktion, wenn die zugrunde liegende Funktion auf `this` verweisen kann, was am häufigsten auf Instanzen von Klassen zutrifft (vgl. Kapitel 8, »Klassen«).
- Verwenden Sie andernfalls eine Eigenschaftsfunktion.

Machen Sie sich nichts daraus, wenn Sie die beiden verwechseln oder den Unterschied nicht verstehen. Es wird sich nur selten auf Ihren Code auswirken, es sei denn, es geht um eine bewusste Gestaltung des Geltungsbereichs von `this` oder dass Sie eine bestimmte der beiden Formen bevorzugen.

Aufrufsignaturen

In Interfaces und Objekttypen können *Aufrufsignaturen* deklariert werden. Mit einer Aufrufsignatur wird beschrieben, wie ein Wert als Funktion aufgerufen werden kann. Nur Werte, die auf die in der Aufrufsignatur angegebene Weise aufgerufen werden können, sind dem Interface zuweisbar, d. h. eine Funktion mit zuweisbaren Parametern und Rückgabetyp. Eine Aufrufsignatur sieht so ähnlich aus wie ein Funktionstyp, jedoch mit einem Doppelpunkt : anstelle eines Pfeils `=>`.

Die folgenden Typen `FunctionAlias` und `CallSignature` beschreiben beide dieselben Funktionsparameter und denselben Rückgabetyp:

```
type FunctionAlias = (input: string) => number;

interface CallSignature {
  (input: string): number;
}

// Typ: (input: string) => number
const typedFunctionAlias: FunctionAlias = (input) => input.length; // Ok

// Typ: (input: string) => number
const typedCallSignature: CallSignature = (input) => input.length; // Ok
```

Mit Aufrufsignaturen können Funktionen beschrieben werden, die zusätzlich eine benutzerdefinierte Eigenschaft aufweisen. TypeScript erkennt eine Eigenschaft, die einer Funktionsdeklaration hinzugefügt wird, als Erweiterung des Typs dieser Funktionsdeklaration.

Die folgende Funktionsdeklaration `keepsTrackOfCalls` enthält eine Eigenschaft `count` vom Typ `number`, wodurch sie dem Interface `FunctionWithCount` entspricht. Sie kann daher dem Argument `hasCallCount` vom Typ `FunctionWithCount` zugewiesen werden. Der Funktion am Ende des folgenden Codeausschnitts fehlt dagegen eine solche Eigenschaft `count`:

```
interface FunctionWithCount {
  count: number;
  (): void;
}

let hasCallCount: FunctionWithCount;

function keepsTrackOfCalls() {
  keepsTrackOfCalls.count += 1;
  console.log(`I've been called ${keepsTrackOfCalls.count} times!`);
}

keepsTrackOfCalls.count = 0;

hasCallCount = keepsTrackOfCalls; // Ok

function doesNotHaveCount() {
  console.log("No idea!");
}

hasCallCount = doesNotHaveCount;
// Error: Property 'count' is missing in type
// '() => void' but required in type 'FunctionWithCalls'
```

Indexsignaturen

In manchen JavaScript-Projekten werden Objekte verwendet, in denen Werte unter einem beliebigen `string`-Schlüssel gespeichert werden sollen. Bei solchen »Container«-Objekten wäre es unpraktisch oder unmöglich, ein Interface mit Feldern für jeden möglichen Schlüssel zu deklarieren.

In TypeScript kann man mit *Indexsignaturen* angeben, dass die Objekte eines Interface einen beliebigen Schlüssel entgegennehmen dürfen und unter diesem Schlüssel einen bestimmten Typ zurückgeben. Dabei werden meistens String-Schlüssel verwendet, weil beim Lookup der Eigenschaften von JavaScript-Objekten Schlüssel implizit zu Strings konvertiert werden. Eine Indexsignatur sieht aus wie eine reguläre Eigenschaftsdefinition, enthält aber nach dem Schlüssel eine Typangabe und ist von eckigen Klammern umgeben, z.B. `{ [i: string]: ... }`.

Das folgende Interface `WordCounts` ist so deklariert, dass es jeden beliebigen `string`-Schlüssel mit einem `number`-Wert zulässt. Objekte dieses Typs sind nicht an den Empfang eines bestimmten Schlüssels gebunden, solange der Wert vom Typ `number` ist:

```
interface WordCounts {
  [i: string]: number;
}

const counts: WordCounts = {};

counts.apple = 0; // Ok
counts.banana = 1; // Ok

counts.cherry = false;
// Error: Type 'boolean' is not assignable to type 'number'.
```

Indexsignaturen sind praktisch, um einem Objekt Werte zuzuweisen, sind aber nicht völlig typsicher. Sie geben an, dass ein Objekt einen Wert zurückgeben sollte, egal auf welche Eigenschaft zugegriffen wird.

Der Wert publishDates des folgenden Beispiels gibt Frankenstein typgerecht als Date zurück, aber trickst TypeScript dahingehend aus, dass es annimmt, dass die tatsächlich undefinierte Eigenschaft Beloved definiert sei:

```
interface DatesByName {
  [i: string]: Date;
}

const publishDates: DatesByName = {
  Frankenstein: new Date("1 January 1818"),
};

publishDates.Frankenstein; // Typ: Date
console.log(publishDates.Frankenstein.toString()); // Ok

publishDates.Beloved; // Typ: Date, der Wert zur Laufzeit ist aber undefined!
console.log(publishDates.Beloved.toString()); // Ok im Typsystem, aber ...
// Runtime error: Cannot read property 'toString'
// of undefined (reading publishDates.Beloved)
```

Wenn Sie Schlüssel-Wert-Paare speichern wollen und die Schlüssel nicht im Voraus bekannt sind, ist es im Allgemeinen sicherer, eine Map zu verwenden. Deren Methode .get gibt immer einen Typ zurück, der auch | undefined enthält, um anzuzeigen, dass der Schlüssel möglicherweise nicht existiert. Kapitel 9, »Typ-Modifier«, behandelt die Arbeit mit generischen Containerklassen wie Map und Set.

Kombinieren von Eigenschaften und Indexsignaturen

Interfaces können gleichzeitig explizit benannte Eigenschaften und string-Indexsignaturen enthalten, die beliebig benannte Eigenschaften abdecken, aber es gibt einen kleinen Haken: Die Typen aller benannten Eigenschaften müssen dem Typ einer Indexsignatur zugewiesen werden können. Sie können sich vorstellen, dass die gemischte Verwendung TypeScript mitteilt, dass benannte Eigenschaften einen spezifischeren Typ aufweisen müssen, während alle anderen Eigenschaften dem Typ der Indexsignatur entsprechen sollen.

Im folgenden Beispiel legt die Deklaration von HistoricalNovels fest, dass alle Eigenschaften vom Typ number sein sollen und dass zusätzlich von Beginn an eine Eigenschaft Oroonoko existieren muss:

```
interface HistoricalNovels {
  Oroonoko: number;
  [i: string]: number;
}

// Ok
const novels: HistoricalNovels = {
  Outlander: 1991,
  Oroonoko: 1688,
};
```

```
const missingOroonoko: HistoricalNovels = {
  Outlander: 1991,
};
// Error: Property 'Oroonoko' is missing in type
// '{ Outlander: number; }' but required in type 'HistoricalNovels'.
```

Ein üblicher Trick bei gemischten Eigenschaften und Indexsignaturen besteht darin, für die benannte Eigenschaft ein Literal zu verwenden, das spezifischer ist als der primitive Datentyp einer Indexsignatur. Solange der Typ der benannten Eigenschaft dem Typ der Indexsignatur zugewiesen werden kann – was für ein Literal eines primitiven Datentyps zutrifft –, lässt TypeScript dies zu.

Das folgende Interface `ChapterStarts` deklariert, dass die Eigenschaft `preface` vom Typ `0` sein muss und alle anderen Eigenschaften vom allgemeineren `number`. Das bedeutet, dass jedes Objekt, das sich an die Vorgabe von `ChapterStarts` hält, eine `preface`-Eigenschaft mit dem Wert `0` haben muss:

```
interface ChapterStarts {
  preface: 0;
  [i: string]: number;
}

const correctPreface: ChapterStarts = {
  preface: 0,
  night: 1,
  shopping: 5
};

const wrongPreface: ChapterStarts = {
  preface: 1,
  // Error: Type '1' is not assignable to type '0'.
};
```

Numerische Indexsignaturen

Obwohl JavaScript implizit die Eigenschaftsschlüssel in Zeichenketten umwandelt, ist es manchmal wünschenswert, nur Zahlen als Schlüssel zuzulassen. In Indexsignaturen kann man einen `number`-Typ anstelle von `string` verwenden, aber es gibt den gleichen Haken wie bei benannten Eigenschaften: Ihre Typen müssen den `string`-Indexsignaturen zuweisbar sein.

Das folgende Interface `MoreNarrowNumbers` wäre zulässig, weil `string` dem Typ `string | undefined` zugeordnet werden kann. `MoreNarrowStrings` wäre dagegen unzulässig, weil `string | undefined` nicht `string` zugeordnet werden kann:

```
// Ok
interface MoreNarrowNumbers {
  [i: number]: string;
  [i: string]: string | undefined;
}

// Ok
const mixesNumbersAndStrings: MoreNarrowNumbers = {
  0: '',
```

```
  key1: '',
  key2: undefined,
}

interface MoreNarrowStrings {
  [i: number]: string | undefined;
  // Error: 'number' index type 'string | undefined'
  // is not assignable to 'string' index type 'string'.
  [i: string]: string;
}
```

Verschachtelte Interfaces

Genau wie Objekttypen als Eigenschaften anderer Objekttypen verschachtelt werden können, können auch Interfaces Eigenschaften haben, die selbst Interfaces (oder Objekttypen) sind.

Das folgende Interface `Novel` enthält eine `author`-Eigenschaft, die einem Inline-Objekttyp entsprechen muss, und eine Eigenschaft `setting`, die dem Interface `Setting` entsprechen muss:

```
interface Novel {
    author: {
        name: string;
    };
    setting: Setting;
}

interface Setting {
    place: string;
    year: number;
}

let myNovel: Novel;

// Ok
myNovel = {
    author: {
        name: 'Jane Austen',
    },
    setting: {
        place: 'England',
        year: 1812,
    }
};

myNovel = {
    author: {
        name: 'Emily Brontë',
    },
    setting: {
        place: 'West Yorkshire',
    },
    // Error: Property 'year' is missing in type
    // '{ place: string; }' but required in type 'Setting'.
};
```

Erweiterung von Interfaces

Manchmal definiert man mehrere Interfaces, die einander sehr ähneln. Ein Interface enthält möglicherweise alle Member eines anderen Interface, plus einige zusätzliche Elemente.

In TypeScript kann ein Interface ein anderes Interface *erweitern*. Damit wird deklariert, dass das neue Interface gewissermaßen alle Member des anderen kopiert. Ein »abgeleitetes« Interface wird als Erweiterung eines anderen »Basis-«Interface gekennzeichnet, indem dem Namen des neuen Interface das Schlüsselwort `extends` hinzugefügt wird, gefolgt vom Namen des zu erweiternden Imterface. Auf diese Weise wird TypeScript mitgeteilt, dass alle Objekte, die dem abgeleiteten Interface entsprechen, sämtliche Member des erweiterten Interface enthalten müssen.

Im folgenden Beispiel erweitert das Interface `Novella` das zugrunde liegende Interface `Writing` und erfordert daher, dass passende Objekte mindestens die beiden Member `pages` von `Novella` und `title` von `Writing` haben:

```
interface Writing {
    title: string;
}

interface Novella extends Writing {
    pages: number;
}

// Ok
let myNovella: Novella = {
    pages: 195,
    title: "Ethan Frome",
};

let missingPages: Novella = {
 // ~~~~~~~~~~~~
 // Error: Property 'pages' is missing in type
 // '{ title: string; }' but required in type 'Novella'.
    title: "The Awakening",
}

let extraProperty: Novella = {
 // ~~~~~~~~~~~~~
 // Error: Type '{ pages: number; strategy: string; style: string; }'
 // is not assignable to type 'Novella'.
 //   Object literal may only specify known properties,
 //   and 'strategy' does not exist in type 'Novella'.
    pages: 300,
    strategy: "baseline",
    style: "Naturalism"
};
```

Durch Erweiterungen von Interfaces lässt sich elegant darstellen, dass ein Typ einer Entität eine Obermenge einer anderen Entität ist und damit all ihre Member enthält. Damit können Sie sich zur Darstellung einer solchen Relation die wiederholte Eingabe desselben Codes für mehrere Interfaces ersparen.

Überschreiben von Eigenschaften

Abgeleitete Interfaces können Eigenschaften ihres Basis-Interface *überschreiben* bzw. ersetzen, indem die Eigenschaft erneut mit einem anderen Typ deklariert wird. TypeScripts Typprüfung verlangt, dass eine überschriebene Eigenschaft ihrer Basiseigenschaft zuweisbar sein muss. Dadurch wird sichergestellt, dass Instanzen des abgeleiteten Interfacetyps weiterhin dem Basis-Interfacetyp zugeordnet werden können.

Meistens deklariert man Eigenschaften in einem abgeleiteten Interface neu, weil sie entweder einer spezifischeren Teilmenge eines Vereinigungstyps entsprechen sollen oder um den Eigenschaften einen Typ zuzuordnen, der den Typ des Basis-Interface erweitert.

Zum Beispiel wird der folgende Typ `WithNullableName` in `WithNonNullableName` ordnungsgemäß so geändert, dass er nicht `null` sein darf. `WithNumericName` kann jedoch nicht als `number | string` deklariert werden und ist nicht `string | null` zuweisbar:

```
interface WithNullableName {
    name: string | null;
}

interface WithNonNullableName extends WithNullableName {
    name: string;
}

interface WithNumericName extends WithNullableName {
    name: number | string;
}
// Error: Interface 'WithNumericName' incorrectly
// extends interface 'WithNullableName'.
//   Types of property 'name' are incompatible.
//     Type 'string | number' is not assignable to type 'string | null'.
//       Type 'number' is not assignable to type 'string'.
```

Gleichzeitige Erweiterung mehrerer Interfaces

In TypeScript dürfen Interfaces als Erweiterung mehrerer anderer Interfaces deklariert werden. Nach dem Schlüsselwort `extends`, das dem Namen des neuen, abgeleiteten Interface folgt, kann eine beliebige Anzahl weiterer, durch Kommas getrennter Interfaces genannt werden. Das abgeleitete Interface erhält alle Member aller Basis-Interfaces.

Im folgenden Beispiel enthält `GivesBothAndEither` drei Methoden: eine eigene, eine von `GivesNumber` sowie eine von `GivesString` übernommene:

```
interface GivesNumber {
  giveNumber(): number;
}

interface GivesString {
  giveString(): string;
}
```

```
interface GivesBothAndEither extends GivesNumber, GivesString {
  giveEither(): number | string;
}

function useGivesBoth(instance: GivesBothAndEither) {
  instance.giveEither(); // Typ: number | string
  instance.giveNumber(); // Typ: number
  instance.giveString(); // Typ: string
}
```

Indem Sie ein Interface als Erweiterung mehrerer anderer Interfaces kennzeichnen, können Sie sowohl die Codeduplizierung reduzieren als auch die Wiederverwendung von Objektformen in verschiedenen Codebereichen vereinfachen.

Verschmelzung von Interfaces

Ein wichtiges Merkmal von Interfaces ist ihre Fähigkeit, miteinander zu *verschmelzen* (to merge). Unter der Verschmelzung von Interfaces versteht man, dass zwei Interfaces, die im selben Geltungsbereich mit demselben Namen deklariert werden, zu einem umfassenderen, gleichnamigen Interface zusammengeführt werden, das alle in den einzelnen Interfaces vorkommenden Felder enthält.

Der folgenden Codeausschnitt deklariert eine Schnittstelle `Merged` mit zwei Eigenschaften `fromFirst` und `fromSecond`:

```
interface Merged {
  fromFirst: string;
}

interface Merged {
  fromSecond: number;
}

// Äquivalent zu:
// interface Merged {
//   fromFirst: string;
//   fromSecond: number;
// }
```

Die Verschmelzung von Interfaces wird in der täglichen TypeScript-Entwicklung nicht allzu häufig verwendet. Ich würde empfehlen, dieses Feature möglichst nicht einzusetzen, da sich Code, in dem ein Interface an mehreren Stellen deklariert wird, möglicherweise schlechter verstehen lässt.

Bei der Erweiterung von Interfaces aus externen Paketen oder eingebauten globalen Interfaces wie `Window` ist die Zusammenführung von Interfaces jedoch ausgesprochen nützlich. Wenn Sie die standardmäßigen Compileroptionen von TypeScript verwenden, wird beispielsweise durch die Deklaration eines Interface `Window` mit einer Eigenschaft `myEnvironmentVariable` eine Eigenschaft `window.myEnvironmentVariable` verfügbar:

```
interface Window {
  myEnvironmentVariable: string;
}

window.myEnvironmentVariable; // Typ: string
```

In Kapitel 11, »Deklarationsdateien«, gehe ich detaillierter auf Typdefinitionen und in Kapitel 10, »Generics«, auf globale Typoptionen ein.

Namenskonflikte bei Membern

Beachten Sie bitte, dass verschmolzene Interfaces eine Eigenschaft gleichen Namens nicht mehrfach mit unterschiedlichem Typ deklarieren dürfen. Wenn eine Eigenschaft bereits in einem Interface deklariert wurde, muss ein später deklariertes Interface gleichen Namens für diese Eigenschaft denselben Typ verwenden.

Im folgenden Interface `MergedProperties` ist die erneut deklarierte Eigenschaft `same` zulässig, weil sie in beiden Deklarationen identisch ist. Die zweite Deklaration von `different` löst dagegen einen Fehler aus, weil hier ein abweichender Typ verwendet wurde:

```
interface MergedProperties {
  same: (input: boolean) => string;
  different: (input: string) => string;
}

interface MergedProperties {
  same: (input: boolean) => string; // Ok

  different: (input: number) => string;
  // Error: Subsequent property declarations must have the same type.
  // Property 'different' must be of type '(input: string) => string',
  // but here has type '(input: number) => string'.
}
```

Bei zusammengeführten Interfaces kann jedoch eine Methode gleichen Namens noch einmal mit einer anderen Aufrufsignatur definiert werden. Das führt zu einer Funktionsüberladung dieser Methode.

Das folgende Interface `MergedMethods` erzeugt eine Methode `different`, die zwei Überladungssignaturen hat:

```
interface MergedMethods {
  different(input: string): string;
}

interface MergedMethods {
  different(input: number): string; // Ok
}
```

Zusammenfassung

In diesem Kapitel haben Sie erfahren, wie Objekttypen durch Interfaces beschrieben werden können. Wir haben uns folgende Themen angeschaut:

- Verwendung von Interfaces zur Deklaration von Objekttypen anstelle von Typaliasen
- Verschiedene Arten von Interface-Eigenschaften: optional, schreibgeschützt, Funktion und Methode
- Verwendung von Indexsignaturen für Catchall-Objekteigenschaften
- Wiederverwendung von Interfaces durch Verschachtelung sowie Vererbung durch Erweiterung mit `extends`
- Wie Interfaces gleichen Namens zusammengeführt werden können

Als Nächstes beschäftigen wir uns mit einer nativen JavaScript-Syntax, um multiple Objekte mit denselben Eigenschaften zu erzeugen: Klassen.

> Nachdem Sie dieses Kapitel gelesen haben, sollten Sie das Gelernte auf *https://learningtypescript.com/interfaces* anwenden und einüben.

Warum sind Interfaces gute Fahrer?

Sie beherrschen das Reißverschlussverfahren. (They're great at merging.)

KAPITEL 8

Klassen

Einige funktionale Entwickler
Wollen Klassen unbedingt vermeiden
Zu heftig für mich

Als in den frühen 2010er-Jahren TypeScript entwickelt und veröffentlicht wurde, sah die Welt von JavaScript noch ganz anders aus als heute. Sprachmerkmale wie Pfeilfunktionen und `let`/`const`-Variablen, die später in ES2015 standardisiert werden sollten, waren allenfalls ferne Hoffnungsschimmer am Horizont. Bis zum ersten Commit für Babel sollte es noch einige Jahre dauern; dessen Vorgänger-Tools wie Traceur, die neuere JavaScript-Syntaxen in alte konvertieren konnten, waren im Mainstream noch nicht durchgängig akzeptiert.

Die damalige Vermarktung und der anfängliche Funktionsumfang von TypeScript waren auf diese Welt zugeschnitten. Neben der Typprüfung wurde vor allem der Transpiler hervorgehoben, wobei als häufiges Beispiel Klassen dienten. Heutzutage ist die Klassenunterstützung von TypeScript nur ein Feature unter vielen, die insgesamt alle JavaScript-Sprachmerkmale unterstützen. TypeScript rät weder *zur* Verwendung von Klassen oder anderer beliebter JavaScript-Muster, noch rät es davon *ab*.

Klassenmethoden

TypeScript versteht Methoden im Allgemeinen in gleicher Weise wie eigenständige Funktionen. Parametertypen werden standardmäßig als `any` betrachtet, sofern kein Typ oder Standardwert angegeben ist; der Aufruf der Methode erfordert die passende Anzahl von Argumenten; Rückgabetypen können im Allgemeinen abgeleitet werden, sofern die Funktion nicht rekursiv ist.

Im folgenden Codebeispiel wird eine Klasse `Greeter` mit einer Klassenmethode `greet` definiert, die einen einzigen erforderlichen Parameter vom Typ `string` entgegennimmt:

```
class Greeter {
    greet(name: string) {
        console.log(`${name}, do your stuff!`);
    }
}

new Greeter().greet("Miss Frizzle"); // Ok

new Greeter().greet();
//            ~~~~~
// Error: Expected 1 arguments, but got 0.
```

Klassenkonstruktoren werden hinsichtlich ihrer Parameter wie typische Klassenmethoden behandelt. TypeScript stellt durch Typechecking sicher, dass Methodenaufrufe mit einer korrekten Anzahl von Argumenten und korrekten Typen erfolgen.

Der folgende Konstruktor `Greeted` erfordert die Angabe eines Parameters `message: string`:

```
class Greeted {
    constructor(message: string) {
        console.log(`As I always say: ${message}!`);
    }
}

new Greeted("take chances, make mistakes, get messy");

new Greeted();
// Error: Expected 1 arguments, but got 0.
```

Ich werde Konstruktoren im Zusammenhang mit Subklassen später in diesem Kapitel behandeln.

Klasseneigenschaften

Um in TypeScript lesend oder schreibend auf eine Eigenschaft einer Klasse zugreifen zu können, muss sie in der Klasse explizit deklariert werden. Klasseneigenschaften werden mit der gleichen Syntax wie Interfaces deklariert: Durch die Angabe ihres Namens, gefolgt von einer optionalen Typannotation.

TypeScript versucht nicht, aus den Zuweisungen in einem Konstruktor abzuleiten, welche Member eine Klasse hat.

Im folgenden Beispiel darf in Instanzen der Klasse `FieldTrip` der Eigenschaft `destination` ein Wert zugewiesen und auf sie zugegriffen werden, da sie ausdrücklich als `string` deklariert wurde. Die Zuweisung an `this.nonexistent` ist im Konstruktor dagegen unzulässig, da keine Klasseneigenschaft `nonexistent` deklariert wurde:

```
class FieldTrip {
    destination: string;

    constructor(destination: string) {
        this.destination = destination; // Ok
```

```
        console.log(`We're going to ${this.destination}!`);

        this.nonexistent = destination;
        //   ~~~~~~~~~~~
        // Error: Property 'nonexistent' does not exist on type 'FieldTrip'.
    }
}
```

Die explizite Deklaration von Klasseneigenschaften ermöglicht es TypeScript, schnell zu verstehen, was Instanzen von Klassen enthalten dürfen und was nicht. Beim späteren Einsatz von Klasseninstanzen kann TypeScript aufgrund dieses Wissens einen Typfehler melden, falls im Code versucht wird, auf ein unbekanntes Member einer Klasseninstanz zuzugreifen – beispielsweise in dieser Fortsetzung des vorherigen Beispiels auf `trip.nonexistent`:

```
const trip = new FieldTrip("planetarium");

trip.destination; // Ok

trip.nonexistent;
//   ~~~~~~~~~~~
// Error: Property 'nonexistent' does not exist on type 'FieldTrip'.
```

Funktionseigenschaften

Lassen Sie uns kurz einige JavaScript-Grundlagen rekapitulieren, was die Syntax und den Geltungsbereich von Methoden betrifft, da manches davon zuerst durchaus überraschend wirken kann. In JavaScript können Klassenmember auf zwei Weisen als aufrufbare Funktion deklariert werden: als *Methode* oder als *Eigenschaft*.

Die Deklaration als Methode, bei der runde Klammern hinter den Membernamen gesetzt werden, z.B. als `myFunction() {}`, habe ich bereits gezeigt. Beim Methodenansatz wird dem Klassenprototyp eine Funktion zugewiesen, sodass alle Klasseninstanzen die gleiche Funktionsdefinition verwenden.

Die folgende Klasse `WithMethod` deklariert eine Methode `myMethod`, auf die sich alle Instanzen beziehen können:

```
class WithMethod {
    myMethod() {}
}

new WithMethod().myMethod === new WithMethod().myMethod; // true
```

Bei der anderen Syntaxvariante wird eine Eigenschaft deklariert, deren Wert eine Funktion ist. Dadurch wird für jede Instanz der Klasse eine neue Funktion erzeugt, was bei `() =>`-Pfeilfunktionen nützlich sein kann, bei denen der Geltungsbereich von `this` immer auf die Klasseninstanz beschränkt sein soll – was mit einem gewissen dafür erforderlichen Zeit- und Speicheraufwand einhergeht.

Die folgende Klasse `WithProperty` enthält eine einzige Eigenschaft mit dem Namen `myProperty` und dem Typ `() => void`, die für jede Klasseninstanz neu erzeugt wird:

```
class WithProperty {
    myProperty = () => {}
}

new WithMethod().myProperty === new WithMethod().myProperty; // false
```

Funktionseigenschaften können Parameter und Rückgabetypen zugeordnet werden, wobei die gleiche Syntax wie bei Klassenmethoden und eigenständigen Funktionen zum Einsatz kommt. Schließlich handelt es sich hier nur um die Zuweisung eines Werts an ein Klassenmember, nur dass der Wert in diesem Fall eine Funktion ist.

Die folgende Klasse `WithPropertyParameters` hat eine Eigenschaft `takesParameters` vom Typ `(input: string) => number`:

```
class WithPropertyParameters {
    takesParameters = (input: boolean) => input ? "Yes" : "No";
}

const instance = new WithPropertyParameters();

instance.takesParameters(true); // Ok

instance.takesParameters(123);
//                       ~~~
// Error: Argument of type 'number' is not
// assignable to parameter of type 'boolean'.
```

Initialisierungsprüfung

Sofern die strikten Compiler-Einstellungen aktiviert sind, prüft TypeScript, ob jeder deklarierten Eigenschaft, deren Typ kein `undefined` enthält, im Konstruktor ein Wert zugewiesen wird. Diese strikte Initialisierungsprüfung verhindert, dass man im Code versehentlich vergisst, einer Klasseneigenschaft einen Wert zuzuweisen.

In der folgenden Klasse `WithValue` wird ihrer Eigenschaft `unused` kein Wert zugewiesen, was von TypeScript als Typfehler erkannt wird:

```
class WithValue {
    immediate = 0; // Ok
    later: number; // Ok (wird im Konstruktor gesetzt)
    mayBeUndefined: number | undefined; // Ok (da hier undefined erlaubt ist)

    unused: number;
    // Error: Property 'unused' has no initializer
    // and is not definitely assigned in the constructor.

    constructor() {
        this.later = 1;
    }
}
```

Ohne strikte Initialisierungsprüfung könnte eine Klasseninstanz auf einen Wert zugreifen, der möglicherweise `undefined` ist.

Das folgende Beispiel ließe sich ohne strikte Initialisierungsprüfung problemlos kompilieren, das resultierende JavaScript würde aber zur Laufzeit abstürzen:

```
class MissingInitializer {
    property: string;
}

new MissingInitializer().property.length;
// TypeError: Cannot read property 'length' of undefined
```

Der Milliarden-Dollar-Fehler schlägt wieder zu!

Wie Sie die strikte Initialisierungsprüfung konfigurieren können, behandele ich in Kapitel 12, »IDE-Funktionen verwenden«.

Eigenschaften als definitiv zugewiesen kennzeichnen

Obwohl die strikte Initialisierungsprüfung in den meisten Fällen von Vorteil ist, kann es Fälle geben, in denen einer Klasseneigenschaft mit Absicht erlaubt werden soll, dass ihr im Klassenkonstruktor noch kein Wert zugewiesen werden muss. Wenn Sie absolut sicher sind, dass für eine Eigenschaft keine strikte Initialisierungsprüfung durchgeführt werden soll, können Sie deren Namen ein ! anhängen. Dadurch wird TypeScript zugesichert, dass die Eigenschaft vor ihrer ersten Verwendung auf jeden Fall einen anderen Wert als `undefined` erhält.

Die folgende Klasse `ActivitiesQueue` soll unabhängig von ihrem Konstruktor beliebig oft neu initialisiert werden, daher muss ihre Eigenschaft `pending` mit einem ! versehen werden:

```
class ActivitiesQueue {
    pending!: string[]; // Ok

    initialize(pending: string[]) {
        this.pending = pending;
    }

    next() {
        return this.pending.pop();
    }
}

const activities = new ActivitiesQueue();

activities.initialize(['eat', 'sleep', 'learn'])
activities.next();
```

> Muss man für eine Klasseneigenschaft die strikte Initialisierungsprüfung ausschalten, ist dies oft ein Zeichen dafür, dass sich der Code in seiner aktuellen Form (noch) nicht besonders gut für das Typechecking eignet. Anstatt eine !-Zusicherung hinzuzufügen und damit die Typsicherheit für diese Eigenschaft zu verringern, sollten Sie die Klasse so umgestalten, dass diese Zusicherung gar nicht mehr benötigt wird.

Optionale Eigenschaften

Ganz ähnlich wie bei Interfaces kann man in Klassen eine Eigenschaft als optional deklarieren, indem man ihrem Namen ein ? hinzufügt. Optionale Eigenschaften verhalten sich in etwa so wie Eigenschaften mit einem Vereinigungstyp, zu dessen Konstituenten auch `undefined` gehört. Die strikte Initialisierungsprüfung wird nichts daran auszusetzen haben, wenn diese Eigenschaften im Konstruktor nicht explizit gesetzt werden.

Die folgende Klasse `MissingInitializer` kennzeichnet ihre Eigenschaft `property` als optional, sodass sie im Klassenkonstruktor – auch bei strikter Prüfung der Eigenschaftsinitialisierung – nicht zugewiesen werden muss:

```
class MissingInitializer {
    property?: string;
}

new MissingInitializer().property?.length; // Ok

new MissingInitializer().property.length;
// Error: Object is possibly 'undefined'.
```

Schreibgeschützte Eigenschaften

Ebenfalls in Analogie zu Interfaces kann man in Klassen eine Eigenschaft als schreibgeschützt deklarieren, indem man ihrer Bezeichnung das Schlüsselwort `readonly` voranstellt. Dieses Schlüsselwort existiert nur innerhalb des Typsystems und wird beim Kompilieren zu JavaScript entfernt.

Derart schreibgeschützten Eigenschaften dürfen nur im Zuge ihrer Deklaration oder in einem Konstruktor Anfangswerte zugewiesen werden. An allen anderen Stellen – auch in den Methoden der Klasse selbst – dürfen die Eigenschaften nur gelesen, aber nicht beschrieben bzw. geändert werden.

Im folgenden Beispiel wird der Eigenschaft `text` der Klasse `Quote` im Konstruktor erlaubtermaßen ein Wert zugewiesen, während die weiteren Verwendungen Typfehler verursachen:

```
class Quote {
    readonly text: string;

    constructor(text: string) {
        this.text = text;
    }

    emphasize() {
        this.text += "!";
        //   ~~~~
        // Error: Cannot assign to 'text' because it is a read-only property.
    }
}
```

```
const quote = new Quote(
    "There is a brilliant child locked inside every student."
);

Quote.text = "Ha!";
// Error: Cannot assign to 'text' because it is a read-only property.
```

> Externe Nutzer Ihres Codes, z.B. Konsumenten von npm-Paketen, die Sie veröffentlicht haben, respektieren möglicherweise keine readonly-Modifier – vor allem, wenn sie JavaScript schreiben und ihnen kein Typechecking zur Verfügung steht. Wenn Sie einen echten Schreibschutz benötigen, sollten Sie durch # gekennzeichnete private Klassenmember und/oder Eigenschaften mit Getter-Funktionalität verwenden.

Eigenschaften, die als `readonly` und zugleich mit einem primitiven Anfangswert deklariert werden, weisen eine kleine Besonderheit im Vergleich zu anderen Eigenschaften auf: Sie werden, wenn möglich, als eingeschränkter *literaler* Typ ihres Werts abgeleitet und nicht als der umfassendere *primitive* Datentyp. TypeScript nimmt hier eine aggressivere Typeinengung vor, weil es sicher sein kann, dass der Wert später nicht geändert wird – ähnlich wie bei `const`-Variablen, die enger gefasste Typen annehmen als `let`-Variablen.

Im folgenden Beispiel sind die Klasseneigenschaften zunächst beide als String-Literal deklariert. Um eine von ihnen auf `string` zu erweitern, ist eine Typanmerkung nötig:

```
class RandomQuote {
    readonly explicit: string = "Home is the nicest word there is.";
    readonly implicit = "Home is the nicest word there is.";

    constructor() {
        if (Math.random () > 0.5) {
            this.explicit = "We start learning the minute we're born." // Ok;

            this.implicit = "We start learning the minute we're born.";
            // Error: Type '"We start learning the minute we're born."' is
            // not assignable to type '"Home is the nicest word there is."'.
        }
    }
}

const quote = new RandomQuote();

quote.explicit; // Typ: string
quote.implicit; // Typ: "Home is the nicest word there is."
```

Eine solche explizite Typerweiterung einer Eigenschaft benötigt man nicht allzu häufig. Dennoch kann es manchmal nützlich sein, wenn es, wie in der vorstehenden Klasse `RandomQuote`, um bedingte Logik in Konstruktoren geht.

Klassen als Typen

Klassen sind relativ einzigartig im Typsystem, da eine Klassendeklaration sowohl einen Laufzeitwert – die Klasse selbst – als auch einen Typ erzeugt, der in Typannotationen verwendet werden kann.

Der Name der folgenden Klasse `Teacher` wird verwendet, um eine `teacher`-Variable zu annotieren und TypeScript dadurch mitzuteilen, dass dieser nur Werte zugewiesen werden dürfen, die der Klasse `Teacher` zugewiesen werden können, beispielsweise Instanzen der `Teacher`-Klasse selbst:

```
class Teacher {
    sayHello() {
        console.log("Take chances, make mistakes, get messy!");
    }
}

let teacher: Teacher;

teacher = new Teacher(); // Ok

teacher = "Wahoo!";
// Error: Type 'string' is not assignable to type 'Teacher'.
```

Interessanterweise betrachtet TypeScript jeden Objekttyp, der alle Member einer Klasse enthält, als dieser Klasse zuweisbar. Das liegt daran, dass die strukturelle Typisierung von TypeScript sich nur um die Form von Objekten kümmert und nicht darum, wie sie deklariert wurden.

Im folgenden Beispiel erwartet die Funktion `withSchoolBus` einen Parameter vom Typ `SchoolBus`. Diese Anforderung kann von jedem Objekt erfüllt werden, das eine Eigenschaft `getAbilities` des Typs `() => string[]` besitzt, etwa von einer Instanz der Klasse `SchoolBus`:

```
class SchoolBus {
    getAbilities() {
        return ["magic", "shapeshifting"];
    }
}

function withSchoolBus(bus: SchoolBus) {
    console.log(bus.getAbilities());
}

withSchoolBus(new SchoolBus()); // Ok

// Ok
withSchoolBus({
    getAbilities: () => ["transmogrification"],
});

withSchoolBus({
    getAbilities: () => 123,
    //                  ~~~
    // Error: Type 'number' is not assignable to type 'string[]'.
});
```

In realem Code übergeben Entwickler an Stellen, an denen nach Klassentypen gefragt wird, keine Objektwerte. Dass TypeScript in solchen Fällen rein strukturell prüft, mag überraschen, kommt aber nur selten vor.

Klassen und Interfaces

In Kapitel 7, »Interfaces«, habe ich Ihnen gezeigt, wie TypeScript-Entwickler mithilfe von Interfaces Erwartungen an Objektformen formulieren können. In TypeScript kann man für Klassen festlegen, dass ihre Instanzen den Vorgaben eines Interface entsprechen müssen, indem man nach dem Namen der Klasse das Schlüsselwort `implements` hinzufügt, gefolgt vom Namen des Interface. Dadurch wird TypeScript mitgeteilt, dass Instanzen der Klasse jedem dieser Interfaces zugewiesen werden können sollen. Jegliche Unstimmigkeit würde vom Typechecker als Typfehler gemeldet werden.

Im folgenden Beispiel implementiert die Klasse `Student` in korrekter Weise das Interface `Learner`, da sie die Eigenschaft `name` und die Methode `study` enthält, während der Klasse `Slacker` die Methode `study` fehlt, was daher einen Typfehler auslöst:

```
interface Learner {
    name: string;
    study(hours: number): void;
}

class Student implements Learner {
    name: string;

    constructor(name: string) {
        this.name = name;
    }

    study(hours: number) {
        for (let i = 0; i < hours; i+= 1) {
            console.log("...studying...");
        }
    }
}

class Slacker implements Learner {
   // ~~~~~~~
   // Error: Class 'Slacker' incorrectly implements interface 'Learner'.
   //  Property 'study' is missing in type 'Slacker'
   //  but required in type 'Learner'.
    name = "Rocky";
}
```

Bei Interfaces, die von Klassen implementiert werden sollen, wird typischerweise die Methodensyntax für die Deklaration eines Interface-Members als Funktion verwendet, wie im vorstehenden Interface `Learner`.

Implementiert eine Klasse ein Interface, ändert das nichts an deren Verwendung. Hätte die Klasse bereits mit dem Interface übereingestimmt, hätte TypeScripts Typprüfung an Stellen, an denen eine Instanz des Interface erforderlich ist, die Verwendung von Instanzen dieser Klasse sowieso erlaubt. TypeScript leitet nicht einmal die Typen der Klassenmethoden oder -eigenschaften aus dem Interface ab: Hätten wir im vorangegangenen Beispiel der Klasse `Slacker` eine Methode `study(hours) {}` hinzugefügt, würde TypeScript den Parameter `hours` als implizites `any` betrachten, wenn wir ihm keine Typanmerkung zugeordnet hätten.

Die folgende Version der Klasse `Student` verursacht implizite `any`-Typfehler, weil sie für ihre Member keine Typannotationen bereitstellt:

```
class Student implements Learner {
    name;
    // Error: Member 'name' implicitly has an 'any' type.

    study(hours) {
        // Error: Parameter 'hours' implicitly has an 'any' type.
    }
}
```

Die Implementierung eines Interface ist eine reine Sicherheitsmaßnahme. Dadurch werden keine Interface-Member in die Klassendefinition übernommen. Vielmehr signalisiert die Implementierung eines Interface dem Typechecker Ihre Absicht und bringt Typfehler bereits bei der Klassendefinition zum Vorschein – und nicht erst im weiteren Verlauf, wenn Klasseninstanzen verwendet werden. Das ähnelt der Ergänzung einer Variablen um eine Typannotation, auch wenn diese einen Anfangswert hat.

Gleichzeitige Implementierung mehrerer Interfaces

Bei der Deklaration von Klassen können in TypeScript auch mehrere Interfaces implementiert werden. Dazu wird eine beliebig lange, kommaseparierte Liste aller zu implementierenden Interfaces verwendet.

Im folgenden Beispiel müssen beide Klassen mindestens eine Eigenschaft `grades` haben, um das Interface `Graded`, und eine Eigenschaft `report`, um das Interface `Reporter` implementieren zu können. Die Klasse `Empty` löst zwei Typfehler aus, weil sie keines der beiden Interfaces korrrekt implementiert:

```
interface Graded {
    grades: number[];
}

interface Reporter {
    report: () => string;
}

class ReportCard implements Graded, Reporter {
    grades: number[];
```

```
    constructor(grades: number[]) {
        this.grades = grades;
    }

    report() {
        return this.grades.join(", ");
    }
}

class Empty implements Graded, Reporter { }
    // ~~~~~
    // Error: Class 'Empty' incorrectly implements interface 'Graded'.
    //   Property 'grades' is missing in type 'Empty'
    //   but required in type 'Graded'.
    // ~~~~~
    // Error: Class 'Empty' incorrectly implements interface 'Reporter'.
    //   Property 'report' is missing in type 'Empty'
    //   but required in type 'Reporter'.
```

In der Praxis kann es auch Interfaces geben, deren jeweilige Definitionen verhindern, dass eine Klasse beide gleichzeitig implementiert. Der Versuch, eine Klasse zu deklarieren, die zwei kollidierende Interfaces implementiert, führt zu mindestens einem Typfehler.

Die folgenden Interfaces `AgeIsANumber` und `AgeIsNotANumber` deklarieren sehr unterschiedliche Typen für eine Eigenschaft `age`. Weder die Klasse `AsNumber` noch die Klasse `NotAsNumber` implementieren diese in korrekter Weise:

```
interface AgeIsANumber {
    age: number;
}

interface AgeIsNotANumber {
    age: () => string;
}

class AsNumber implements AgeIsANumber, AgeIsNotANumber {
    age = 0;
  // ~~~
  // Error: Property 'age' in type 'AsNumber' is not assignable
  // to the same property in base type 'AgeIsNotANumber'.
  //   Type 'number' is not assignable to type '() => string'.
}

class NotAsNumber implements AgeIsANumber, AgeIsNotANumber {
    age() { return ""; }
  // ~~~
  // Error: Property 'age' in type 'NotAsNumber' is not assignable
  // to the same property in base type 'AgeIsANumber'.
  //   Type '() => string' is not assignable to type 'number'.
}
```

Wenn zwei Interfaces sehr unterschiedliche Objektformen beschreiben, sollte man im Allgemeinen nicht versuchen, sie mit derselben Klasse zu implementieren.

Eine Klasse erweitern

TypeScript fügt dem aus JavaScript bekannten Konzept, dass eine Klasse eine andere erweitern kann, Typechecking hinzu. Jede Methode oder Eigenschaft, die in einer Basisklasse deklariert wird, ist auch in der Subklasse, d.h. der abgeleiteten Klasse, verfügbar.

Im folgenden Beispiel wird in der Klasse `Teacher` eine Methode `teach` deklariert, die von Instanzen der abgeleiteten Klasse `StudentTeacher` verwendet werden kann:

```
class Teacher {
    teach() {
        console.log("The surest test of discipline is its absence.");
    }
}

class StudentTeacher extends Teacher {
    learn() {
        console.log("I cannot afford the luxury of a closed mind.");
    }
}

const teacher = new StudentTeacher();
teacher.teach(); // Ok (in der Basisklasse definiert)
teacher.learn(); // Ok (in der Subklasse definiert)

teacher.other();
//      ~~~~~
// Error: Property 'other' does not exist on type 'StudentTeacher'.
```

Zuweisbarkeit erweiterter Klassen

Subklassen erben die Member ihrer Basisklasse, so ähnlich wie abgeleitete Interfaces Basis-Interfaces erweitern. Instanzen von Unterklassen haben alle Member der Basisklasse und können daher überall dort verwendet werden, wo eine Instanz der Basisklasse benötigt wird. Verfügt eine Basisklasse aber nicht über alle Member einer abgeleiteten Klasse, kann sie nicht anstelle dieser spezifischeren Subklasse verwendet werden.

Überall dort, wo Instanzen der abgeleiteten Klasse `OnlineLesson` benötigt werden, können keine Instanzen der folgenden Klasse `Lesson` verwendet werden. Umgekehrt können aber abgeleitete Instanzen dort verwendet werden, wo entweder die Basis- oder die Subklasse benötigt wird:

```
class Lesson {
    subject: string;

    constructor(subject: string) {
        this.subject = subject;
    }
}

class OnlineLesson extends Lesson {
    url: string;
```

```
    constructor(subject: string, url: string) {
        super(subject);
        this.url = url;
    }
}

let lesson: Lesson;
lesson = new Lesson("coding"); // Ok
lesson = new OnlineLesson("coding", "oreilly.com"); // Ok

let online: OnlineLesson;
online = new OnlineLesson("coding", "oreilly.com"); // Ok

online = new Lesson("coding");
// Error: Property 'url' is missing in type
// 'Lesson' but required in type 'OnlineLesson'.
```

Wenn alle Member einer Subklasse bereits in der Basisklasse vorhanden sind und denselben Typ haben, können – aufgrund der strukturellen Typisierung von TypeScript – Instanzen der Basisklasse anstelle von Instanzen der Subklasse verwendet werden.

Im folgenden Beispiel wird in der abgeleiteten Klasse `LabeledPastGrades` der Basisklasse `PastGrades` nur eine optionale Eigenschaft hinzugefügt, sodass Instanzen der Basisklasse anstelle solcher der Subklasse verwendet werden können:

```
class PastGrades {
    grades: number[] = [];
}

class LabeledPastGrades extends PastGrades {
    label?: string;
}

let subClass: LabeledPastGrades;

subClass = new LabeledPastGrades(); // Ok
subClass = new PastGrades(); // Ok
```

> In realem Code fügen Subklassen jedoch im Allgemeinen ihrer Basisklasse neue erforderliche Typinformationen hinzu. Dass Instanzen der Basisklasse anstelle solcher einer Subklasse verwendet werden können, kommt deshalb nicht sehr oft vor.

Überschreiben von Konstruktoren

Wie bei JavaScript selbst benötigen Subklassen in TypeScript keinen eigenen Konstruktor. Fehlt einer abgeleiteten Klasse der eigene Konstruktor, wird der Konstruktor ihrer Basisklasse verwendet.

Wenn in JavaScript eine Subklasse einen eigenen Konstruktor hat, muss mit dem Schlüsselwort `super` der Konstruktor ihrer Basisklasse aufgerufen werden. In Konstruktoren von Subklassen können beliebige Parameter deklariert werden, unabhängig von den Vorgaben der Basisklasse. TypeScripts Typechecker stellt sicher, dass beim Aufruf des Konstruktors der Basisklasse die richtigen Parameter verwendet werden.

Im folgenden Beispiel ruft der Konstruktor der Klasse `PassingAnnouncer` den Basiskonstruktor korrekt mit einem Argument vom Typ `number` auf, während die Klasse `FailingAnnouncer` einen Typfehler produziert, weil der Aufruf von `super()` fehlt:

```
class GradeAnnouncer {
    message: string;

    constructor(grade: number) {
        this.message = grade <= 65 ? "Maybe next time..." : "You pass!";
    }
}

class PassingAnnouncer extends GradeAnnouncer {
    constructor() {
        super(100);
    }
}

class FailingAnnouncer extends GradeAnnouncer {
    constructor() { }
 // ~~~~~~~~~~~~~~~~~
 // Error: Constructors for subclasses must contain a 'super' call.
}
```

JavaScript verlangt, dass der Konstruktor einer Subklasse den Basiskonstruktor aufrufen muss, bevor darin auf `this` oder `super` zugegriffen werden kann. Erkennt TypeScript, dass auf `this` oder `super` vor dem Aufruf von `super()` zugegriffen wird, meldet es einen Typfehler.

Die folgende Klasse `ContinuedGradesTally` verweist in ihrem Konstruktor verbotenerweise schon vor dem Aufruf von `super()` auf `this.grades`:

```
class GradesTally {
    grades: number[] = [];

    addGrades(...grades: number[]) {
        this.grades.push(...grades);
        return this.grades.length;
    }
}

class ContinuedGradesTally extends GradesTally {
    constructor(previousGrades: number[]) {
        this.grades = [...previousGrades];
        // Error: 'super' must be called before accessing
        // 'this' in the constructor of a subclass.

        super();

        console.log("Starting with length", this.grades.length); // Ok
    }
}
```

Überschreiben von Methoden

In Subklassen dürfen neue Methoden mit denselben Namen wie in der Basisklasse deklariert werden, solange die Methode der Subklasse der Methode der Basisklasse zugewiesen werden kann. Wie bereits beschrieben, können Subklassen überall dort verwendet werden, wo auch die ursprüngliche Klasse verwendet wird. Daher müssen auch die Typen der neuen Methoden anstelle der Typen der ursprünglichen Methoden verwendet werden können.

Im folgenden Beispiel ist die Methode `countGrades` der Klasse `FailureCounter` zulässig, weil sie denselben ersten Parameter und Rückgabetyp wie die Methode `countGrades` der Basisklasse `GradeCounter` hat. Die gleichnamige Methode `countGrades` der Klasse `AnyFailureChecker` verursacht dagegen einen Typfehler, weil sie den falschen Rückgabetyp aufweist:

```
class GradeCounter {
    countGrades(grades: string[], letter: string) {
        return grades.filter(grade => grade === letter).length;
    }
}

class FailureCounter extends GradeCounter {
    countGrades(grades: string[]) {
        return super.countGrades(grades, "F");
    }
}

class AnyFailureChecker extends GradeCounter {
    countGrades(grades: string[]) {
        // Property 'countGrades' in type 'AnyFailureChecker' is not
        // assignable to the same property in base type 'GradeCounter'.
        //   Type '(grades: string[]) => boolean' is not assignable
        //   to type '(grades: string[], letter: string) => number'.
        //     Type 'boolean' is not assignable to type 'number'.
        return super.countGrades(grades, "F") !== 0;
    }
}

const counter: GradeCounter = new AnyFailureChecker();

// Erwarteter Typ: number
// Tatsächlicher Typ: boolean
const count = counter.countGrades(["A", "C", "F"]);
```

Überschreiben von Eigenschaften

In Subklassen können auch Eigenschaften der Basisklasse mit demselben Namen explizit neu deklariert werden, sofern der neue Typ auch dem Typ der ursprünglichen Eigenschaft der Basisklasse zugewiesen werden kann. Genau wie bei überschriebenen Methoden gilt weiterhin, dass Subklassen strukturell mit den Basisklassen übereinstimmen müssen.

Meistens re-deklariert man Eigenschaften in einer Subklasse, weil sie entweder einer spezifischeren Teilmenge eines Vereinigungstyps entsprechen sollen oder um den Eigenschaften einen Typ zuzuordnen, der den Typ aus der Basisklasse erweitert.

Im folgenden Beispiel wird in der Basisklasse `Assignment` die Eigenschaft `grade` als `number | undefined` deklariert, während sie in der abgeleiteten Klasse `GradedAssignment` grundsätzlich vorhanden und vom Typ `number` sein muss:

```
class Assignment {
    grade?: number;
}

class GradedAssignment extends Assignment {
    grade: number;

    constructor(grade: number) {
        super();
        this.grade = grade;
    }
}
```

Es ist nicht erlaubt, die zulässige Wertemenge des Vereinigungstyps einer Eigenschaft zu erweitern, da dadurch die Eigenschaft der Subklasse nicht länger dem Typ der Eigenschaft der Basisklasse zugewiesen werden kann.

Im folgenden Beispiel wird in der Klasse `VagueGrade` versucht, der Eigenschaft `value` der Basisklasse `NumericGrade`, die vom Typ `number` ist, mit `| string` einen zusätzlich möglichen Typ zuzuordnen, was einen Typfehler verursacht:

```
class NumericGrade {
    value = 0;
}

class VagueGrade extends NumericGrade {
    value = Math.random() > 0.5 ? 1 : "...";
    // Error: Property 'value' in type 'VagueGrade' is not
    // assignable to the same property in base type 'NumericGrade'.
    //   Type 'string | number' is not assignable to type 'number'.
    //     Type 'string' is not assignable to type 'number'.
}

const instance: NumericGrade = new VagueGrade();

// Erwarteter Typ: number
// Tatsächlicher Typ: number | string
instance.value;
```

Abstrakte Klassen

Manchmal kann es hilfreich sein, eine Basisklasse zu definieren, in der auf die Implementierung bestimmter Methoden verzichtet wird, die erst in einer Subklasse bereitgestellt werden müssen. Solche Klassen werden als »abstrakte Klassen« bezeichnet und werden durch das TypeScript-Schlüsselwort `abstract` vor dem Klassennamen bzw. den Namen abstrakter Methoden gekennzeichnet. Bei abstrakten Methodendeklarationen wird in der Basisklasse auf die Angabe eines Körpers verzichtet: Sie werden auf die gleiche Weise deklariert wie ein Interface.

Im folgenden Beispiel sind die Klasse `School` und deren Methode `getStudentTypes` als `abstrakt` gekennzeichnet. Es wird daher erwartet, dass ihre Subklassen – `Preschool` und `Absence` – `getStudentTypes` implementieren:

```
abstract class School {
    readonly name: string;

    constructor(name: string) {
        this.name = name;
    }

    abstract getStudentTypes(): string[];
}

class Preschool extends School {
    getStudentTypes() {
        return ["preschooler"];
    }
}

class Absence extends School { }
   // ~~~~~~~
   // Error: Nonabstract class 'Absence' does not implement
   // inherited abstract member 'getStudentTypes' from class 'School'.
```

Eine abstrakte Klasse kann nicht direkt instanziiert werden, da ihr Methodendefinitionen fehlen können, die in ihrer Implementierung erwartet werden. Nur nichtabstrakte (»konkrete«) Klassen können instanziiert werden.

In der folgenden Fortsetzung des vorherigen Beispiels würde der Versuch, `new School` aufzurufen, zu einem Typfehler führen:

```
let school: School;

school = new Preschool("Sunnyside Daycare"); // Ok

school = new School("somewhere else");
// Error: Cannot create an instance of an abstract class.
```

Abstrakte Klassen werden häufig in Frameworks verwendet, in denen erwartet wird, dass der konsumierende Code die fehlenden Details einer Klasse beisteuert. Die abstrakte Klasse kann als Typannotation verwendet werden, um anzugeben, dass die Werte der Klassendefinition entsprechen müssen – wie voranstehend mit `school: School` –, aber neue Instanzen müssen anhand von Subklassen erzeugt werden.

Sichtbarkeit von Membern

In JavaScript kann man ein Klassenmember als »privat« kennzeichnen, indem man dem Namen ein # voranstellt. Auf private Klassenmember kann nur von Instanzen dieser Klasse zugegriffen werden. In JavaScript-Runtimes wird dieser Zugriffsschutz durchgesetzt, indem immer dann, wenn Code außerhalb der Klasse versucht, auf eine private Methode oder Eigenschaft zuzugreifen, ein Fehler ausgelöst wird.

TypeScripts Unterstützung von Klassen ist älter als der durch das Präfix # garantierte Zugriffsschutz von JavaScript. Über private Klassenmember hinaus erlaubt TypeScript einen etwas nuancierteren Satz von Sichtbarkeiten für Klassenmethoden und -eigenschaften, die nur im Typsystem existieren. Die Sichtbarkeit (visibility) von Membern wird gesteuert, indem dem Membernamen eines der folgenden Schlüsselwörter vorangestellt wird:

`public` *(Standardwert)*
: Erlaubt unbeschränkten Zugriff

`protected`
: Erlaubt nur den Zugriff durch die Klasse selbst und ihre Subklassen

`private`
: Erlaubt den Zugriff nur durch die Klasse selbst

Diese Schlüsselwörter existieren nur innerhalb des Typsystems. Sie werden zusammen mit allen anderen Syntaxelementen des Typsystems entfernt, wenn der Code zu JavaScript kompiliert wird.

Im folgenden Beispiel werden in der Klasse `Base` mit `public` zwei »öffentliche« Member, mit `protected` ein »geschütztes« und mit `private` ein »privates« Member deklariert. Außerdem gibt es mit `#truePrivate` eine Eigenschaft, die die native Zugriffsbeschränkung aus JavaScript nutzt: Die Klasse `Subclass` darf auf Member zugreifen, die mit den Sichtbarkeits-Modifiern `public` und `protected` deklariert wurden, nicht aber auf `private` Member oder die Eigenschaft `#truePrivate`:

```
class Base {
    isPublicImplicit = 0;
    public isPublicExplicit = 1;
    protected isProtected = 2;
    private isPrivate = 3;
    #truePrivate = 4;
}

class Subclass extends Base {
    examples() {
        this.isPublicImplicit; // Ok
        this.isPublicExplicit; // Ok
        this.isProtected; // Ok

        this.isPrivate;
        // Error: Property 'isPrivate' is private
        // and only accessible within class 'Base'.

        this.#truePrivate;
        // Property '#truePrivate' is not accessible outside
        // class 'Base' because it has a private identifier.
    }
}
```

```
new Subclass().isPublicImplicit; // Ok
new Subclass().isPublicExplicit; // Ok

new Subclass().isProtected;
//             ~~~~~~~~~~~
// Error: Property 'isProtected' is protected
// and only accessible within class 'Base' and its subclasses.

new Subclass().isPrivate;
//             ~~~~~~~~~~~
// Error: Property 'isPrivate' is private
// and only accessible within class 'Base'.
```

Der Hauptunterschied zwischen den Sichtbarkeits-Modifiern von TypeScript und dem »echten« Zugriffsschutz in JavaScript besteht darin, dass Erstere nur im Typsystem existieren, während Lletzterer auch zur Laufzeit gilt und durchgesetzt wird. Ein Klassenmember, das in TypeScript als `protected` oder `private` deklariert wurde, wird zu demselben JavaScript-Code kompiliert, als wenn es explizit oder implizit als `public` deklariert worden wäre. Wie Interfaces und Typanmerkungen werden Sichtbarkeits-Modifier im resultierenden JavaScript-Code entfernt. Nur mit # gekennzeichnete private Felder sind zur Laufzeit wirklich als »privat« geschützt.

Sichtbarkeits-Modifier können mit dem Schlüsselwort `readonly` kombiniert werden. Will man ein Member sowohl als schreibgeschützt als auch mit einer expliziten Sichtbarkeit deklarieren, gibt man die Sichtbarkeit zuerst an.

In der folgenden Klasse `TwoKeywords` wird ihr Member `name` als `privat` und `readonly` deklariert:

```
class TwoKeywords {
    private readonly name: string;

    constructor() {
        this.name = "Anne Sullivan"; // Ok
    }

    log() {
        console.log(this.name); // Ok
    }
}

const two = new TwoKeywords();

two.name = "Savitribai Phule";
 // ~~~~
 // Error: Property 'name' is private and
 // only accessible within class 'TwoKeywords'.
 // ~~~~
 // Error: Cannot assign to 'name'
 // because it is a read-only property.
```

Beachten Sie bitte, dass es nicht erlaubt ist, die Sichtbarkeits-Modifier von TypeScript zusammen mit JavaScripts neuen privaten Feldern mit Präfix # zu verwenden. Letztere sind standardmäßig privat, sodass es nicht notwendig ist, sie zusätzlich mit dem Modifier `private` zu kennzeichnen.

Statische Feld-Modifier

In JavaScript können Klassenmember in der Klasse selbst – anstelle ihrer Instanzen – mit dem Schlüsselworts `static` gekennzeichnet werden. TypeScript unterstützt die Verwendung dieses Modifiers – eigenständig verwendet oder in Kombination mit `readonly` und/oder mit einem der Sichtbarkeits-Modifier. Falls kombiniert, wird zuerst der Sichtbarkeits-Modifier, dann `static` und dann `readonly` angegeben.

Die folgende Klasse `Question` nutzt für die Eigenschaften `prompt` und `answer` alle drei Möglichkeiten:

```
class Question {
    protected static readonly answer: "bash";
    protected static readonly prompt =
        "What's an ogre's favorite programming language?";

    guess(getAnswer: (prompt: string) => string) {
        const answer = getAnswer(Question.prompt);

        // Ok
        if (answer === Question.answer) {
            console.log("You got it!");
        } else {
            console.log("Try again...")
        }
    }
}

Question.answer;
//       ~~~~~~
// Error: Property 'answer' is protected and only
// accessible within class 'Question' and its subclasses.
```

Durch die Verwendung von Schreibschutz- und/oder Sichtbarkeits-Modifiern für statische Klassenmember lässt sich verhindern, dass auf diese Member außerhalb ihrer Klasse zugegriffen wird oder sie verändert werden.

Zusammenfassung

In diesem Kapitel wurde eine Vielzahl von Merkmalen und Syntaxelementen des Typsystems rund um Klassen vorgestellt. Themen dieses Kapitels waren u. a.:

- Deklaration und Verwendung von Klassenmethoden und -eigenschaften
- Kennzeichnung von Eigenschaften als schreibgeschützt (`readonly`) und/oder optional
- Verwendung von Klassennamen als Typen in Typanmerkungen
- Implementierung von Interfaces, um zu garantieren, dass Klasseninstanzen bestimmten Formen genügen
- Erweiterung von Klassen, plus Zuweisbarkeit von und Regeln für das Überschreiben in Subklassen

- Kennzeichnung von Klassen und Methoden als abstrakt
- Anwendung von u. a. Sichtbarkeits-Modifiern auf Klassenmember

> Nachdem Sie dieses Kapitel gelesen haben, sollten Sie das Gelernte auf *https://learningtypescript.com/interfaces* anwenden und einüben.

Warum tragen die Entwickler objektorientierter Programme immer Anzüge?

Weil sie Klasse haben.

KAPITEL 9
Typ-Modifier

Typen von Typen aus Typen.
»It's turtles all the way down«, (»Schildkröten bis ganz nach unten«)[1]
sagt Anders gerne.

Inzwischen haben Sie viel darüber erfahren, wie das TypeScript-Typsystem mit bestehenden JavaScript-Konstrukten wie Arrays, Klassen und Objekten umgeht. In diesem Kapitel sowie in Kapitel 10, »Generics«, wagen wir uns noch einen Schritt weiter ins Typsystem hinein. Dabei wird es um die Formulierung präziserer Typen sowie um Typen gehen, die auf anderen Typen basieren.

Top Types

In Kapitel 4, »Objekte«, hatte ich bereits die Bezeichnung *Bottom Type* vorgestellt, um einen Typ zu beschreiben, für den es keine möglichen Werte gibt und der nicht erreicht werden kann. Es liegt nahe, dass die Typtheorie auch das Gegenteil kennt. Und so ist es auch.

Ein *Top Type*, oder Universaltyp, ist ein Typ, der in einem System jeden möglichen Wert darstellen kann. Einem Top Type können also Werte aller anderen Typen zugewiesen werden.

any, schon wieder

Der Typ `any` kann als Top Type fungieren, d.h., an einer Stelle des Typs `any` kann jeder beliebige Typ bereitgestellt werden. `any` wird im Allgemeinen verwendet, wenn an einer Stelle Daten beliebigen Typs angenommen werden dürfen, wie z.B. bei den Parametern von `console.log`:

1 Die Phrase *Turtles all the way down ...* spielt auf die mythologische Vorstellung einer Weltschildkröte an, die eine flache Erde auf ihrem Rücken trägt. Diese ruht auf dem Rücken einer noch größeren Schildkröte, die selbst Teil einer endlosen Kolonne immer größerer Schildkröten ist. Der Ausdruck wurde verwendet, um Probleme wie das Regressargument in der Erkenntnistheorie zu veranschaulichen. (Quelle: *de.wikipedia.org/wiki/Turtles_All_the_Way_Down*)

```
let anyValue: any;
anyValue = "Lucille Ball"; // Ok
anyValue = 123; // Ok

console.log(anyValue); // Ok
```

Das Problem bei any besteht darin, dass TypeScript damit explizit angewiesen wird, keine Typprüfung bezüglich der Zuweisbarkeit oder der Member dieses Werts durchzuführen. Das ist praktisch, wenn Sie TypeScripts Typechecking schnell umgehen möchten, aber natürlich führt das für diesen Wert zu einer reduzierten Typsicherheit.

Zum Beispiel wird der folgende Aufruf `name.toUpperCase()` zur Laufzeit definitiv scheitern, aber da `name` als `any` deklariert ist, beschwert sich TypeScript nicht darüber:

```
function greetComedian(name: any) {
    // Kein Typfehler ...
    console.log(`Announcing ${name.toUpperCase()}!`);
}

greetComedian({ name: "Bea Arthur" });
    // Runtime error: name.toUpperCase is not a function
```

Wenn Sie angeben wollen, dass etwas einen beliebigen Wert annehmen kann, ist der Typ `unknown` viel sicherer.

unknown

Der eigentliche Top Type in TypeScript ist `unknown`. Er ähnelt `any` in der Hinsicht, dass dort, wo der Typ `unknown` erwartet wird, beliebige Objekte übergeben werden können. Der Hauptunterschied liegt darin ist, dass TypeScript mit Werten des Typs `unknown` sehr viel restriktiver umgeht:

- TypeScript erlaubt keinen direkten Zugriff auf Eigenschaften von Werten des Typs `unknown`.
- `unknown` ist keinen Typen zuweisbar, die kein Top Type (also `any` oder `unknown`) sind.

Beim Versuch, wie im folgenden Beispiel auf eine Eigenschaft eines als `unknown` typisierten Werts zuzugreifen, meldet TypeScript einen Typfehler:

```
function greetComedian(name: unknown) {
    console.log(`Announcing ${name.toUpperCase()}!`);
    //                        ~~~~
    // Error: Object is of type 'unknown'.
}
```

TypeScript erlaubt den Zugriff auf Member von Werten des Typs `unknown` nur dann, wenn der Typ des Werts z.B. mit `instanceof` oder `typeof` eingegrenzt wird oder eine Typzusicherung vorliegt.

Im folgenden Codeausschnitt wird typeof verwendet, um den Typ von name von unknown auf string einzuschränken:

```
function greetComedianSafety(name: unknown) {
    if (typeof name === "string") {
        console.log(`Announcing ${name.toUpperCase()}!`); // Ok
    } else {
        console.log("Well, I'm off.");
    }
}

greetComedianSafety("Betty White"); // Protokolliert: "Announcing BETTY WHITE!"
greetComedianSafety({}); // Protokolliert: "Well, I'm off."
```

Die beiden oben genannten Restriktionen machen den Typ unknown viel sicherer als any. Falls möglich sollten Sie deshalb unknown anstelle von any verwenden.

Typprädikate

Ich hatte Ihnen bereits gezeigt, wie man JavaScript-Konstrukte wie instanceof und typeof verwenden kann, um Typen einzugrenzen. Die unmittelbare Anwendung dieses begrenzten Satzes an Prüfungen funktioniert gut, schwierig wird es aber, wenn diese Logik in eine Funktion gepackt wird.

Im folgenden Beispiel nimmt die Funktion isNumberOrString einen Wert entgegen und gibt einen booleschen Wert zurück, der angibt, ob es sich um einen Wert vom Typ number oder string handelt. Wir Menschen können folgern, dass der Wert value in der if-Anweisung von einem dieser beiden Typen sein muss, da isNumberOrString(value) den Wert true zurückgibt – TypeScript aber kann das nicht. Es sieht zwar, dass isNumberOrString einen booleschen Wert zurückgibt, erkennt aber nicht, dass damit der Typ des Arguments eingegrenzt werden soll:

```
function isNumberOrString(value: unknown) {
    return ['number', 'string'].includes(typeof value);
}

function logValueIfExists(value: number | string | null | undefined) {
    if (isNumberOrString(value)) {
        // Typ von value: number | string | null | undefined
        value.toString();
        // Error: Object is possibly undefined.
    } else {
        console.log("Value does not exist:", value);
    }
}
```

In TypeScript gibt es eine spezielle Syntax für Funktionen, die einen booleschen Wert zurückgeben, der anzeigt, ob ein Argument einen bestimmten Typ hat. Man spricht hier von einem *Typprädikat*, manchmal auch von einem »benutzerdefinierten Type Guard«: Sie als Entwickler erstellen dabei einen eigenen Type Guard, der so ähnlich wie instanceof oder typeof funktioniert. Typprädikate werden üblicherweise verwendet, um anzugeben, ob ein als Parameter übergebenes Argument von einem spezifischeren Typ ist als der Typ des Parameters selbst.

Die Rückgabetypen von Typprädikaten werden deklariert, indem der Name eines Parameters, das Schlüsselwort is und ein Typ kombiniert werden:

```
function typePredicate(input: WideType): input is NarrowType;
```

Wir können jetzt die Hilfsfunktion des vorherigen Beispiels mit einem Rückgabetyp versehen, der mit value is number | string ausdrücklich angibt, dass der Wert eine Zahl oder ein String ist. TypeScript kann dann folgern, dass in Codeblöcken, die nur erreichbar sind, wenn value is number | string wahr ist, der Wert value vom Typ number | string sein muss. Außerdem muss in Codeblöcken, die nur erreichbar sind, wenn value is number | string falsch ist, value vom Typ null | undefined sein:

```
function isNumberOrString(value: unknown): value is number | string {
    return ['number', 'string'].includes(typeof value);
}

function logValueIfExists(value: number | string | null | undefined) {
    if (isNumberOrString(value)) {
        // Typ von value: number | string
        value.toString(); // Ok
    } else {
        // Typ von value: null | undefined
        console.log("value does not exist:", value);
    }
}
```

Sie können sich ein Typprädikat so vorstellen, dass es nicht nur einen booleschen Wert zurückgibt, sondern auch einen Hinweis darauf, dass das Argument diesen spezifischeren Typ hatte.

Mit Typprädikaten wird häufig geprüft, ob ein Objekt, von dem bereits bekannt ist, dass es eine Instanz eines Interface ist, zugleich auch eine Instanz eines weiteren, spezifischeren Interface ist.

Das folgende Interface StandupComedian enthält über Comedian hinaus zusätzliche Informationen. Mit dem Type Guard isStandupComedian kann überprüft werdcen, ob ein allgemeiner Comedian auch ein spezifischerer StandupComedian ist:

```
interface Comedian {
    funny: boolean;
}

interface StandupComedian extends Comedian {
    routine: string;
}

function isStandupComedian(value: Comedian): value is StandupComedian {
    return 'routine' in value;
}

function workWithComedian(value: Comedian) {
    if (isStandupComedian(value)) {
        // Typ von value: StandupComedian
        console.log(value.routine); // Ok
    }
```

```
        // Typ von value: Comedian
        console.log(value.routine);
        //                ~~~~~~~
        // Error: Property 'routine' does not exist on type 'Comedian'.
}
```

Aber beachten Sie: Da Typprädikate Typen auch einschränken, wenn sie `false` zurückgeben, können Sie überraschende Ergebnisse erhalten, falls ein Typprädikat mehr als nur den Typ eines Parameters überprüft.

Das folgende Typprädikat `isLongString` gibt `false` zurück, sofern der Parameter `input` den Typ `undefined` hat oder ein `string` mit einer Länge von weniger als `7` ist. Infolgedessen folgert TypeScript für die `else`-Anweisung einschränkend, dass `text` hier vom Typ `undefined` sein muss:

```
function isLongString(input: string | undefined): input is string {
    return !!(input && input.length >= 7);
}

function workWithText(text: string | undefined) {
    if (isLongString(text)) {
        // Typ von text: string
        console.log("Long text:", text.length);
    } else {
        // Typ von text: undefined
        console.log("Short text:", text?.length);
        //                                ~~~~~~
        // Error: Property 'length' does not exist on type 'never'.
    }
}
```

Typprädikate, bei denen mehr geprüft wird als der Typ einer Eigenschaft oder eines Werts, können schnell in die Irre führen. Ich empfehle generell, sie nach Möglichkeit zu vermeiden. Einfachere Typprädikate reichen für die meisten Fälle aus.

Typoperatoren

Nicht alle Typen können allein durch ein Schlüsselwort oder die Bezeichnung eines bestehenden Typs dargestellt werden. Manchmal kann es notwendig sein, einen neuen Typ zu erstellen, der beides kombiniert und die Eigenschaften eines bestehenden Typs verändert.

keyof

JavaScript-Objekte können Member haben, die mit dynamischen Werten abgerufen werden, die üblicherweise (aber nicht unbedingt) als `string` typisiert sind. Diese Schlüssel lassen sich im Typsystem manchmal nur schwer darstellen. Die Verwendung eines Catchall-Primitivs wie `string` würde ungültige Schlüssel für den Containerwert zulassen.

Deshalb würde TypeScript im folgenden Beispiel, sofern entsprechend strikte Konfigurationseinstellungen – die in Kapitel 13, »Konfigurationsoptionen«, behandelt werden – getroffen wurden, einen Fehler bei der Verwendung von ratings[key] melden. Der Typ string erlaubt Werte, die als Eigenschaften des Interface Ratings unzulässig sind, und Ratings weist keine Indexsignatur auf, die string-Schlüssel erlaubt:

```
interface Ratings {
    audience: number;
    critics: number;
}

function getRating(ratings: Ratings, key: string): number {
    return ratings[key];
    //     ~~~~~~~~~~~
    // Error: Element implicitly has an 'any' type because expression
    // of type 'string' can't be used to index type 'Ratings'.
    //   No index signature with a parameter of
    //   type 'string' was found on type 'Ratings'.
}

const ratings: Ratings = { audience: 66, critics: 84 };

getRating(ratings, 'audience'); // Ok

getRating(ratings, 'not valid'); // Ok, fälschlicherweise
```

Alternativ könnte man für die zulässigen Schlüssel eine Vereinigung von Literaltypen angeben. Das würde eine genauere Beschränkung auf die Schlüssel ermöglichen, die im Containerwert tatsächlich existieren:

```
function getRating(ratings: Ratings, key: 'audience' | 'critic'): number {
    return ratings[key]; // Ok
}

const ratings: Ratings = { audience: 66, critics: 84 };

getCountLiteral(ratings, 'audience'); // Ok

getCountLiteral(ratings, 'not valid');
//                       ~~~~~~~~~~~
// Error: Argument of type '"not valid"' is not
// assignable to parameter of type '"audience" | "critic"'.
```

Was aber tun, wenn das Interface zahlreiche Member hat? Sie müssten die Schlüssel der einzelnen Member einzeln als Konstituenten des Vereinigungstyps angeben und sie immer auf dem neuesten Stand halten. Nervig.

TypeScript bietet stattdessen einen keyof-Operator, der für einen existierenden Typ eine Vereinigung aller für diesen Typ zulässigen Schlüssel zurückgibt. Setzen Sie es vor den Namen eines Typs, z.B. in einer Typannotation.

Im folgenden Beispiel ist keyof Ratings äquivalent zu 'audience' | 'critic', lässt sich aber viel schneller schreiben und muss zudem nicht manuell aktualisiert werden, wenn sich das Ratings-Interface ändert:

```
function getCountKeyof(ratings: Ratings, key: keyof Ratings): number {
    return ratings[key]; // Ok
}
```

```
const ratings: Ratings = { audience: 66, critics: 84 };

getCountKeyof(ratings, 'audience'); // Ok

getCountKeyof(ratings, 'not valid');
//                     ~~~~~~~~~~~
// Error: Argument of type '"not valid"' is not
// assignable to parameter of type 'keyof Ratings'.
```

keyof ist eine großartige Hilfe, wenn man Vereinigungstypen auf der Basis von Schlüsseln existierender Typen erstellen will. Dieser Operator lässt sich auch gut mit weiteren Typoperatoren kombinieren, was einige sehr raffinierte Muster ermöglicht, die ich Ihnen später in diesem Kapitel und in Kapitel 15, »Typoperationen«, vorstellen werde.

typeof

Ein weiterer Operator, der von TypeScript bereitgestellt wird, ist typeof. Er gibt den Typ eines angegebenen Werts zurück. Das ist praktisch, wenn der Typ eines Werts sehr kompliziert ist und man vermeiden will, ihn manuell zu schreiben.

Im folgenden Beispiel wird die Variable adaptation als vom gleichen Typ wie original deklariert:

```
const original = {
    medium: "movie",
    title: "Mean Girls",
};

let adaptation: typeof original;

if (Math.random() > 0.5) {
    adaptation = { ...original, medium: "play" }; // Ok
} else {
    adaptation = { ...original, medium: 2 };
    //                          ~~~~~~
    // Error: Type 'number' is not assignable to type 'string'.
}
```

Der Operator *typeof* sieht zwar genauso aus wie der *Laufzeit*operator typeof, der eine Zeichenketten-Repräsentation des Typs eines Werts zurückgibt, unterscheidet sich aber von diesem. Sie verwenden nur zufällig das gleiche Schlüsselwort. Zur Erinnerung: Der JavaScript-Operator ist ein Laufzeitoperator, der den Namen eines Typs als Zeichenkette zurückgibt. Die TypeScript-Operator kann, da es sich um einen Typoperator handelt, nur inerhalb des Typsystems verwendet werden und erscheint nicht im kompilierten Code.

keyof typeof

Mit typeof fragt man den Typ eines Werts ab und mit keyof die zulässigen Schlüssel eines Typs. In TypeScript können die beiden Schlüsselwörter verkettet werden, um die zulässigen Schlüssel des Typs eines Werts abzurufen. So kombiniert, wird der Typoperator typeof besonders nützlich für die Arbeit mit keyof-Typoperationen.

Im folgenden Beispiel soll die Funktion `logRating` einen der Schlüssel des Werts `ratings` empfangen. Anstatt ein Interface zu erstellen, wird im Code mit `keyof typeof` angegeben, dass `key` einer der Schlüssel des Typs des Werts `ratings` sein muss:

```
const ratings = {
    imdb: 8.4,
    metacritic: 82,
};

function logRating(key: keyof typeof ratings) {
    console.log(ratings[key]);
}

logRating("imdb"); // Ok

logRating("invalid");
//        ~~~~~~~~~
// Error: Argument of type '"invalid"' is not assignable
// to parameter of type '"imdb" | "metacritic"'.
```

Durch diese Kombination von `keyof` und `typeof` ersparen wir uns die Mühe, Typen, die die zulässigen Schlüssel von Objekten darstellen, die keinen expliziten Interface-Typ haben, manuell zu schreiben und zu aktualisieren.

Typzusicherungen

TypeScript funktioniert am besten, wenn Ihr Code »stark typisiert« ist: Wenn alle Werte in Ihrem Code exakt bekannte Typen haben. Sprachmerkmale wie Top Types und Type Guards bieten Möglichkeiten, komplexen Code so zu gestalten, dass er von TypeScripts Typechecking verstanden wird. Manchmal ist es jedoch nicht möglich, dem Typsystem einhundertrprozentig genau mitzuteilen, wie Ihr Code funktionieren soll.

`JSON.parse` gibt beispielsweise absichtlich den Top Type `any` zurück. Es gibt keine Möglichkeit, dem Typsystem sicher mitzuteilen, dass ein bestimmter Zeichenkettenwert, der an `JSON.parse` übergeben wird, einen bestimmten Werttyp zurückgeben soll. (Wie wir in Kapitel 10, »Generics« sehen werden, würde das Hinzufügen eines generischen Typs zu `parse`, der nur einmal für einen Rückgabetyp verwendet wird, gegen eine Best Practice verstoßen, die auch als »Goldene Regel der Generics« bezeichnet wird.)

TypeScript bietet eine Syntax, mit der man sich über die Annahmen des Typsystems hinsichtlich des Typs eines Werts hinwegsetzen kann: eine sogenannte *Typzusicherung* (type assertion, auch: type cast). Soll ein Wert als von einem anderen Typ als dem von TypeScript gefolgerten betrachtet werden, können Sie das Schlüsselwort `as`, gefolgt von der Bezeichnung eines Typs verwenden. TypeScript wird sich auf Ihre Behauptung verlassen und den Wert behandeln, als hätte er diesen zugesicherten Typ.

Im folgenden Beispiel soll das Ergebnis von `JSON.parse` möglicherweise einen Typ wie `string[]`, `[string, string]` oder `["grace", "frankie"]` haben. Um den Typ von any auf einen dieser Typen zu ändern, werden in drei Codezeilen Typzusicherungen verwendet:

```
const rawData = `["grace", "frankie"]`;

// Typ: any
JSON.parse(rawData);

// Typ: string[]
JSON.parse(rawData) as string[];

// Typ: [string, string]
JSON.parse(rawData) as [string, string];

// Typ: ["grace", "frankie"]
JSON.parse(rawData) as ["grace", "frankie"];
```

Typzusicherungen existieren nur im Typsystem von TypeScript. Sie werden zusammen mit allen anderen Syntaxelementen des Typsystems entfernt, wenn der Code in JavaScript kompiliert wird. Der vorherige Code würde nach der Kompilierung in JavaScript wie folgt aussehen:

```
const rawData = `["grace", "frankie"]`;

// Typ: any
JSON.parse(rawData);

// Typ: string[]
JSON.parse(rawData);

// Typ: [string, string]
JSON.parse(rawData);

// Typ: ["grace", "frankie"]
JSON.parse(rawData);
```

> Wenn Sie mit älteren Bibliotheken oder älterem Code arbeiten, kann es sein, dass die Casting-Syntax etwas anders aussieht und die Form <type>`item` anstelle von `item as type` hat. Da diese Syntax nicht mit der JSX-Syntax kompatibel ist und daher nicht in *.tsx*-Dateien funktioniert, wird von ihrer Verwendung abgeraten.

Als Best Practice empfiehlt es sich, die Verwendung von Typzusicherungen in TypeScript möglichst zu vermeiden. Es ist am besten, wenn Ihr Code vollständig typisiert ist und Sie sich nicht mit Typzusicherungen über TypeScripts Typverständnis hinwegsetzen müssen. Dennoch kann es gelegentlich Fälle geben, in denen Typzusicherungen nützlich oder sogar notwendig sind.

Zusicherung des Fehlertyps

Bei der Fehlerbehandlung können Typzusicherungen ebenfalls hilfreich sein. Man kann prinzipiell im Vorhinein nicht wissen, welchen Typ ein abgefangener Fehler in einem `catch`-Block haben wird, da der Code im `try`-Block ein unerwartetes Objekt übergeben kann. Obwohl es in JavaScript als bewährte Praxis gilt, beim Aulösen eines Fehlers immer eine Instanz der Klasse Error zu verwenden, werden in einigen Projekten stattdessen String-Literale oder andere überraschende Werte übergeben.

Wenn Sie sich absolut sicher sind, dass ein Codeabschnitt auf jeden Fall eine Instanz der Klasse Error übergibt, können Sie mithilfe einer Typzusicherung sicherstellen, dass der übergebene Fehler entsprechend behandelt wird. Im folgenden Beispiel wird auf die Eigenschaft message eines abgefangenen Fehlers error zugegriffen, der per Typzusicherung als Instanz der Klasse Error beschrieben wird:

```
try {
    // (Code, der einen Fehler auslösen kann)
} catch (error) {
    console.warn("Oh no!", (error as Error).message);
}
```

Es ist im Allgemeinen sicherer, eine Form des Type Narrowing zu verwenden, etwa durch eine Prüfung per instanceof, um sicherzustellen, dass der ausgelöste Fehler dem erwarteten Fehlertyp entspricht. Im folgenden Codeausschnitt wird geprüft, ob der ausgelöste Fehler eine Instanz der Klasse Error ist, um zu entscheiden, ob die Meldung oder der übergebene Fehler selbst protokolliert werden soll:

```
try {
    // (Code, der einen Fehler auslösen kann)
} catch (error) {
    console.warn("Oh no!", error instanceof Error ? error.message : error);
}
```

Nicht-null-Zusicherung

Ein weiterer typischer Anwendungsfall für Typzusicherungen besteht darin, bei einer Variablen, die die Typen null und/oder undefined nur theoretisch, aber nicht praktisch, enthalten kann, diese zu entfernen. Diese Situation kommt so häufig vor, dass TypeScript eine Kurzschrift dafür enthält. Anstatt das Schlüsselwort as zu benutzen und den vollständigen Typ eines Werts (unter Verzicht auf null und undefined) auszuschreiben, können Sie ein Ausrufezeichen verwenden. Mit anderen Worten: Die Kennzeichnung mit ! ist eine Zusicherung, dass der Typ auf keinen Fall null oder undefined ist.

Die folgenden zwei Typzusicherungen sind insofern identisch, als sie beide den Typ als Date und nicht als Date | undefined behaupten:

```
// Abgeleiteter Typ: Date | undefined
let maybeDate = Math.random() > 0.5
    ? undefined
    : new Date();

// Zugesicherter Typ: Date
maybeDate as Date;

// Zugesicherter Typ: Date
maybeDate!;
```

Nicht-null-Zusicherungen sind besonders nützlich bei APIs wie `Map.get(key)`, die entweder einen Wert oder aber `undefined` zurückgeben, falls der Schlüssel im Objekt nicht existiert.

Im folgenden Beispiel ist `seasonCounts` vom Typ `Map<string, number>`. Wir wissen, dass die Map einen Schlüssel `"I Love Lucy"` enthält, sodass wir bei der Variablen `knownValue` mit `!` die Konstituente `| undefined` aus ihrem Typ entfernen können:

```
const seasonCounts = new Map([
    ["I Love Lucy", 6],
    ["The Golden Girls", 7],
]);

// Typ: number | undefined
const maybeValue = seasonCounts.get("I Love Lucy");

console.log(maybeValue.toPrecision(1));
//          ~~~~~~~~~~
// Error: Object is possibly 'undefined'.

// Typ: number
const knownValue = seasonCounts.get("I Love Lucy")!;

console.log(knownValue. toPrecision(1)); // Ok
```

Fallstricke bei Typzusicherungen

Typzusicherungen sind, wie der `any`-Typ, eine Art Notausstieg aus TypeScripts Typsystem. Daher sollten sie, ebenso wie der Typ `any`, möglichst vermieden werden. Verwenden Sie besser akkuratere Typen, die Ihren Code repräsentieren, als den Typ eines Werts über Typzusicherungen festzulegen. Diese Zusicherungen sind oft falsch – entweder sind sie es bereits zum Zeitpunkt des Codierens oder sie werden es später, weil sich die Codebasis ändert.

Nehmen wir zum Beispiel an, im folgenden Beispiel `seasonCounts` würde die Map irgendwann abweichende Werte enthalten. Durch die Nicht-null-Zusicherung würde der Code das Typechecking seitens TypeScript trotzdem bestehen, aber es könnte ein Laufzeitfehler auftreten:

```
const seasonCounts = new Map([
    ["Broad City", 5],
    ["Community", 6],
]);

// Typ: number
const knownValue = seasonCounts.get("I Love Lucy")!;

console.log(knownValue.toPrecision(1)); // Kein Typfehler, aber ...
// Runtime TypeError: Can't access property "toPrecision", knownValue is undefined.
```

Verwenden Sie Typzusicherungen sparsam und nur dann, wenn Sie absolut sicher sind, dass dies gefahrlos möglich ist.

Zusicherung im Vergleich zu Deklarationen

Es gibt einen Unterschied zwischen der Verwendung einer Typanmerkung zur Deklaration des Typs einer Variablen und der Verwendung einer Typzusicherung zur Änderung des Typs einer Variablen mit einem Anfangswert. TypeScripts Typechecker führt eine Zuweisbarkeitsprüfung des Anfangswerts einer Variablen anhand der Typanmerkung der Variablen durch, sofern beide vorhanden sind. Eine Typzusicherung weist TypeScript jedoch explizit an, einen Teil der Typprüfung zu überspringen.

Der folgende Code erzeugt zwei Objekte des Typs `Entertainer` mit demselben Problem: Das Member `acts` fehlt. TypeScript ist in der Lage, den Fehler in der Variablen `declared` zu erkennen, da hier eine Typanmerkung `: Entertainer` existiert. Den Fehler bei der Variablen `asserted` kann TypeScript aufgrund der Typzusicherung dagegen nicht erkennen:

```
interface Entertainer {
    acts: string[];
    name: string;
}

const declared: Entertainer = {
    name: "Moms Mabley",
};
// Error: Property 'acts' is missing in type
// '{ name: string; }' but required in type 'Entertainer'.

const asserted = {
    name: "Moms Mabley",
} as Entertainer; // Ok, aber ...

// Beide Anweisungen würden zur Laufzeit zu einem Fehler führen:
// Runtime TypeError: Cannot read properties of undefined (reading 'toPrecision')
console.log(declared.acts.join(", "));
console.log(asserted.acts.join(", "));
```

Es ist daher dringend zu empfehlen, entweder eine Typanmerkung zu verwenden oder TypeScript zu erlauben, den Typ einer Variablen aus ihrem Anfangswert abzuleiten.

Zuweisbarkeit von Typzusicherungen

Typzusicherungen sind nur als kleine Notlösung für Situationen gedacht, in denen der Typ eines Werts nicht ganz korrekt ist. TypeScript erlaubt Typzusicherungen nur dann, wenn einer der beiden beteiligten Typen dem anderen zuweisbar ist. Werden in der Typzusicherung zwei nicht miteinander verwandte Typen verwendet, wird TypeScript einen Typfehler feststellen und melden.

So ist beispielsweise im folgenden Codeausschnitt der Wechsel von einem primitiven Datentyp zu einem anderen nicht erlaubt, da sich primitive Datentypen vollständig voneinander unterscheiden:

```
let myValue = "Stella!" as number;
//            ~~~~~~~~~~~~~~~~~~~
// Error: Conversion of type 'string' to type 'number'
// may be a mistake because neither type sufficiently
// overlaps with the other. If this was intentional,
// convert the expression to 'unknown' first.
```

Wenn Sie unbedingt einen Wert von einem Typ in einen völlig anderen Typ umwandeln müssen, können Sie eine doppelte Typzusicherung verwenden. Dabei wird der Wert zuerst in einen Top Type – any oder unknown – und erst danach in den nicht verwandten Typ umgewandelt:

```
let myValueDouble = "1337" as unknown as number; // Ok, aber ... bah!
```

Doppelte Typzusicherungen der Form `as unknown as...` sind gefährlich und fast immer ein Anzeichen dafür, dass im umgebenden Code fehlerhafte Typen vorliegen. Benutzt man sie, um dem Typsystem punktuell zu entfliehen, kann TypeScript nicht hilfreich eingreifen, wenn Änderungen am Code zu Problemen führen. Ich erwähne doppelte Typzusicherungen nur als Vorsichtsmaßnahme, um das Typsystem zu erklären, nicht um ihre Verwendung zu fördern.

Const-Zusicherungen

In Kapitel 6, »Arrays«, habe ich eine `as const`-Syntax vorgestellt, um einen mutablen Array-Typ in einen schreibgeschützten Tupel-Typ zu verwandeln, und versprochen, darauf später noch einmal zurückzukommen. Jetzt ist es so weit!

Mit Const-Zusicherungen kann man angeben, dass ein beliebiger Wert – sei es ein Array, ein primitiver Datentyp, ein Wert – als die konstante, unveränderliche (immutable) Version seiner selbst behandelt werden soll. Insbesondere gelten durch die Kennzeichnung `as const` für jeden Typ die folgenden drei Regeln:

- Arrays werden als mit `readonly` schreibgeschützte Tupel behandelt, nicht als veränderbare (mutable) Arrays.
- Literale werden als Literale behandelt, nicht als ihre allgemeinen primitiven Datentypen.
- Eigenschaften von Objekten werden als `readonly` betrachtet.

Sie haben bereits gesehen, wie Arrays zu Tupeln werden, wie etwa hier im zweiten Codeblock:

```
// Typ: (number | string)[]
[0, ''];

// Typ: readonly [0, '']
[0, ''] as const;
```

Schauen wir uns die beiden anderen Änderungen an, die `as const` bewirkt.

Literale statt primitiver Datentypen

Innerhalb des Typsystems kann es hilfreich sein, einen literalen Wert als dieses spezifische Literal zu verstehen, anstatt ihn auf seinen allgemeinen primitiven Datentyp zu erweitern.

Ähnlich wie bei Funktionen, die Tupel zurückgeben, kann es zum Beispiel nützlich sein, wenn von einer Funktion bekannt ist, dass sie ein ganz bestimmtes Literal (und nicht nur einen bestimmten primitiven Datentyp) erzeugt. Bei den folgenden Funktionen ist der Rückgabetyp von `getNameConst` das spezifischere `"Maria Bamford"` anstelle des allgemeineren Typs `string`:

```
// Typ: () => string
const getName = () => "Maria Bamford";

// Typ: () => "Maria Bamford"
const getNameConst = () => "Maria Bamford" as const;
```

Es kann auch nützlich sein, wenn bestimmte Felder eines Werts spezifische Literale sind. Viele populäre Bibliotheken verlangen, dass ein als Diskriminante dienendes Feld eines Werts ein bestimmtes Literal ist, damit die im Library-Code verwendeten Typen genauere Rückschlüsse hinsichtlich dieses Werts ziehen können. Im folgenden Beispiel hat die Variable `narrowJoke` einen `style` vom Typ `"one-liner"` anstelle von `string`, sodass sie an einer Stelle bereitgestellt werden kann, an der der Typ `Joke` benötigt wird:

```
interface Joke {
    quote: string;
    style: "story" | "one-liner";
}

function tellJoke(joke: Joke) {
    if (joke.style === "one-liner") {
        console.log(joke.quote);
    } else {
        console.log(joke.quote.split("\n"));
    }
}

// Typ: { quote: string; style: "one-liner" }
const narrowJoke = {
    quote: "If you stay alive for no other reason do it for spite.",
    style: "one-liner" as const,
};

tellJoke(narrowJoke); // Ok

// Typ: { quote: string; style: string }
const wideObject = {
    quote: "Time flies when you are anxious!",
    style: "one-liner",
};

tellJoke(wideObject);
```

```
// Error: Argument of type '{ quote: string; style: string; }'
// is not assignable to parameter of type 'Joke'.
//   Types of property 'style' are incompatible.
//     Type 'string' is not assignable to type '"story" | "one-liner"'.
```

Schreibgeschützte Objekte

Objektliterale, die als Anfangswerte von Variablen verwendet werden, erweitern im Allgemeinen die Typen von Eigenschaften auf die gleiche Weise wie die Anfangswerte von `let`-Variablen. Zeichenkettenwerte wie `'apple'` werden als primitive Datentypen wie `string`, Arrays werden als Arrays und nicht als Tupel typisiert usw. Das kann unpraktisch werden, wenn einige oder alle dieser Werte später an einer Stelle verwendet werden sollen, wo ihr spezifischer literaler Typ erforderlich ist.

Fügt man einem Werteliteral jedoch die Zusicherung `as const` hinzu, wird der abgeleitete Typ so spezifisch wie möglich sein. Alle Member-Eigenschaften werden schreibgeschützt, Literale werden als ihr eigener Literaltyp statt als allgemeiner primitiver Datentyp betrachtet, Arrays werden zu schreibgeschützten Tupeln usw. Mit anderen Worten: Durch `as const` wird ein Werteliteral unveränderlich, und alle seine Member werden derselben Typeinschränkung unterworfen.

Die Variable `preferencesMutable` des folgenden Beispiels wird ohne `as const` deklariert, sodass ihre Eigenschaften den primitiven Datentyp `string` haben und sie verändert werden darf. `preferencesReadonly` wird dagegen mit `as const` deklariert, sodass ihre Member unveränderliche Literale sind:

```
function describePreference(preference: "maybe" | "no" | "yes") {
    switch (preference) {
        case "maybe":
            return "I suppose...";
        case "no":
            return "No thanks.";
        case "yes":
            return "Yes please!";
    }
}

// Typ: { movie: string, standup: string }
const preferencesMutable = {
    movie: "maybe"
    standup: "yes",
};

describePreference(preferencesMutable.movie);
//                 ~~~~~~~~~~~~~~~~~~~~~~~~
// Error: Argument of type 'string' is not assignable
// to parameter of type '"maybe" | "no" | "yes"'.

preferencesMutable.movie = "no"; // Ok

// Typ: readonly { readonly movie: "maybe", readonly standup: "yes" }
const preferencesReadonly = {
    movie: "maybe"
    standup: "yes",
```

```
} as const;

describePreference(preferencesReadonly.movie); // Ok

preferencesReadonly.movie = "no";
//                  ~~~~~
// Error: Cannot assign to 'movie' because it is a read-only property.
```

Zusammenfassung

In diesem Kapitel haben Sie Typ-Modifier verwendet, um bestehende Objekte und/oder Typen in neue Typen zu verwandeln. Thematisch ging es um:

- Top Types: das sehr freizügige `any` und das sehr restriktive `unknown`
- Typoperatoren: Verwendung von `keyof`, um die Schlüssel eines Typs zu erhalten, und/oder `typeof`, um den Typ eines Werts abzufragen
- Verwendung von Typzusicherungen, um »heimlich« den Typ eines Werts zu ändern, – und wann man es besser lässt
- Einengung von Typen mit `as const`-Zusicherungen

> Nachdem Sie dieses Kapitel gelesen haben, sollten Sie das Gelernte auf *https://learningtypescript.com/interfaces* anwenden und einüben.

Warum war der literale Typ so stur?

Er hatte einen eingeengten Verstand.

KAPITEL 10

Generics

Variablen, die du
im Typsystem deklarierst?
Eine ganz neue (typisierte) Welt!

Alle Typsyntax-Formen, die Sie bisher kennengelernt haben, sind für Typen gedacht, die zum Zeitpunkt des Schreibens vollständig bekannt sind. Manchmal soll ein Codebereich jedoch mit verschiedenen Typen arbeiten, je nachdem, wie er aufgerufen wird.

Nehmen wir als Beispiel die folgende Funktion `identity`, die in JavaScript einen Parameter `input` eines beliebigen Typs empfangen und diesen Input auch wieder zurückgeben soll. Wie würden Sie den Parametertyp und den Rückgabetyp beschreiben?

```
function identity(input) {
    return input;
}

identity("abc");
identity(123);
identity({ quote: "I think your self emerges more clearly over time." });
```

Wir könnten `input` als `any` deklarieren, aber dann wäre der Rückgabetyp der Funktion ebenfalls `any`:

```
function identity(input: any) {
    return input;
}

let value = identity(42); // Typ von value: any
```

Wir brauchen hier eine Möglichkeit, um ausdrücken zu können, dass es eine Beziehung zwischen dem Typ von `input` und dem Typ des Rückgabewerts gibt. In TypeScript werden Beziehungen zwischen Typen durch *Generics* beschrieben.

In Programmkonstrukten, etwa Funktionen, kann eine beliebige Anzahl von generischen *Typparametern* deklariert werden, d.h. von Typen, die bei jeder Verwendung des generischen Konstrukts jeweils neu bestimmt werden. Diese Typparameter repräsentieren Typen, die sich von Instanz zu Instanz unterscheiden können. Für jede Instanz des Konstrukts können unterschiedliche Typen, die als *Typargumente* bezeichnet werden, an die Typparameter übergeben werden, die Innerhalb der Instanz aber konsistent bleiben.

Typparameter werden typischerweise mit einzelnen Buchstaben wie `T` oder `U` oder PascalCase-Namen wie `Key` oder `Value` bezeichnet. In allen Konstrukten, die in diesem Kapitel behandelt werden, können Generics mit spitzen Klammern – `<` und `>` – deklariert werden, beispielsweise als `someFunction<T>` oder `SomeInterface<T>`.

Generische Funktionen

Generische Funktionen werden definiert, indem unmittelbar vor den runden Klammern, die die Funktionsparameter enthalten, in spitzen Klammern ein Alias für einen Typparameter angegeben wird. Dieser Typparameter kann dann in Typannotationen für Parameter, Rückgabewerte und an beliebigen Stellen innerhalb des Funktionskörpers verwendet werden.

In der folgenden Version der Funktion `identity` wird ein Typparameter `T` für den Funktionsparameter `input` deklariert, woraus TypeScript folgern kann, dass der Rückgabetyp der Funktion `T` ist. TypeScript kann dann bei jedem Aufruf von `identity` einen anderen Typ für `T` ableiten:

```
function identity<T>(input: T) {
    return input;
}

const stringy = identity("me"); // Typ:  "me"
const numeric = identity(123); // Typ: 123
```

Pfeilfunktionen können ebenfalls generisch sein. Auch hier werden die generischen Deklarationen unmittelbar vor den runden Klammern platziert, die die Funktionsparameter enthalten.

Die folgende Pfeilfunktion ist funktional identisch mit der vorherigen Deklaration:

```
const identity = <T>(input: T) => input;

identity(123); // Typ: 123
```

> In *.tsx*-Dateien unterliegt die Syntax für generische Pfeilfunktionen einigen Einschränkungen, da sie mit der JSX-Syntax in Konflikt steht. Siehe Kapitel 13, »Konfigurationsoptionen«, für Workarounds sowie zur Konfiguration der JSX- und React-Unterstützung.

Indem man auf diese Weise Funktionen um Typparameter ergänzt, lassen sie sich mit unterschiedlichen Typen von Argumenten aufrufen – bei erhaltener Typsicherheit und Vermeidung von `any`-Typen.

Explizite generische Aufruftypen

Beim Aufruf von generischen Funktionen kann TypeScript, je nachdem wie die Funktion aufgerufen wird, in den meisten Fällen Typargumente ableiten. In den `identity`-Funktionen der vorherigen Beispiele leitet der Typechecker anhand eines an die Funktion übergebenen Arguments das Typargument des entsprechenden Funktionsparameters ab.

Leider ergeben sich, wie bei Klassenmembern und Variablentypen, aus einem Funktionsaufruf manchmal nicht genug Informationen, damit TypeScript erkennen kann, zu welchem Typ das Argument aufgelöst werden soll. Das geschieht üblicherweise, wenn einem generischen Konstrukt ein anderes generisches Konstrukt übergeben wird, dessen Typargumente unbekannt sind.

TypeScript betrachtet jedes Typargument, dessen Typ es nicht ableiten kann, als vom Typ `unknown`.

Die folgende Funktion `logWrapper` hat den Typparameter `Input` und nimmt einen Callback mit einem Parametertyp entgegen, der ebenfalls als `Input` deklariert wurde. Sofern `logWrapper` mit einem Callback aufgerufen wird, dessen Parametertyp explizit deklariert wird, kann TypeScript das Typargument ableiten. Wenn der Parametertyp jedoch implizit ist, kann TypeScript nicht erkennen, was genau `Input` sein soll:

```
function logWrapper<Input>(callback: (input: Input) => void) {
    return (input: Input) => {
        console.log("Input:", input);
        callback(input);
    };
}

// Typ: (input: string) => void
logWrapper((input: string) => {
    console.log(input.length);
});

// Typ: (input: unknown) => void
logWrapper((input) => {
    console.log(input.length);
    //                ~~~~~~
    // Error: Property 'length' does not exist on type 'unknown'.
});
```

Um eine solche standardmäßige Verwendung von `unknown` zu vermeiden, können Funktionen mit einem expliziten generischen Typargument aufgerufen werden. TypeScript führt beim generischen Aufruf eine Typprüfung durch, um sicherzustellen, dass der angeforderte Parameter mit dem als Typargument angegebenen übereinstimmt.

Im folgenden Codeausschnitt wird die Funktion `logWrapper` aus dem vorherigen Beispiel mit einer expliziten Typangabe `string` für seinen Generic `Input` versehen. TypeScript kann dann ableiten, dass der Parameter `input` des Callbacks mit generischem Typ `Input` den Typ `string` hat:

```
// Typ: (input: string) => void
logWrapper<string>((input) => {
    console.log(input.length);
});

logWrapper<string>((input: boolean) => {
    //                ~~~~~~~~~~~~~~~~~~~~~~~
    // Argument of type '(input: boolean) => void' is not
    // assignable to parameter of type '(input: string) => void'.
    //   Types of parameters 'input' and 'input' are incompatible.
    //     Type 'string' is not assignable to type 'boolean'.
});
```

Ähnlich wie explizite Typanmerkungen bei Variablen können auch bei generischen Funktionen immer explizite Typargumente angegeben werden, sind aber oft gar nicht erforderlich. Viele TypeScript-Entwickler geben sie deshalb nur bei Bedarf an.

In der folgenden Verwendung von `logWrapper` wird ausdrücklich `string` sowohl als Typargument als auch als Funktionsparametertyp angegeben. Beides könnte entfernt werden:

```
// Typ: (input: string) => void
logWrapper<string>((input: string) => { /* ... */ });
```

Auch bei anderen generischen Konstrukten in diesem Kapitel wird die Syntax `Name<Typ>` für die Angabe eines Typarguments verwendet.

Multiple Typparameter für Funktionen

Für Funktionen kann eine beliebige Anzahl von – durch Kommas getrennten – Typparametern definiert werden. Bei jedem Aufruf der generischen Funktion wird jeder der Typparameter zu einem bestimmten Typ aufgelöst.

Im folgenden Beispiel wird die Funktion `makeTuple` mit zwei Typparametern deklariert. Sie gibt einen Wert zurück, der als schreibgeschütztes Tupel mit den entsprechenden Typen typisiert ist:

```
function makeTuple<First, Second>(first: First, second: Second) {
    return [first, second] as const;
}

let tuple = makeTuple(true, "abc"); // Typ: readonly [boolean, string]
```

Enthält eine Funktionsdeklaration mehrere Typparameter, müssen in Aufrufen dieser Funktion entweder alle generischen Typen deklariert oder alle weggelassen werden. In TypeScript ist es bisher noch nicht möglich, nur einige der Typen eines generischen Aufrufs abzuleiten.

Im folgenden Beispiel empfängt `makePair` zwei Typparameter, sodass entweder keiner oder explizit beide angegeben werden müssen:

```
function makePair<Key, Value>(key: Key, value: Value) {
    return { key, value };
}
```

```
// Ok: kein Typargument angegeben
makePair("abc", 123); // Typ: { key: string; value: number }

// Ok: beide Typargumente angegeben
makePair<string, number>("abc", 123); // Typ: { key: string; value: number }
makePair<"abc", 123>("abc", 123); // Typ: { key: "abc"; value: 123 }

makePair<string>("abc", 123);
//       ~~~~~~
// Error: Expected 2 type arguments, but got 1.
```

Versuchen Sie, in generischen Konstrukten nicht mehr als ein oder zwei Typparameter zu verwenden. Wie bei Funktionsparametern zur Laufzeit gilt auch hier: Je mehr Parameter Sie verwenden, desto schwerer lässt sich der Code lesen und verstehen.

Generische Interfaces

Auch Interfaces können als generisch deklariert werden. Dabei gelten ähnliche Regeln wie bei Funktionen: Interfaces können eine beliebige Anzahl von Typparametern haben, die nach der Bezeichnung in spitzen Klammern deklariert werden. Die generischen Typen können später an anderer Stelle in der Deklaration verwendet werden, z. B. bei Membertypen.

Die folgende Deklaration des Interface `Box` hat einen Parameter vom Typ `T`, der für eine Eigenschaft `inside` verwendet wird. Wird nun ein Objekt erstellt, das als `Box` mit einem Typargument deklariert wird, muss der Typ der Eigenschaft `inside` diesem Typargument genügen:

```
interface Box<T> {
    inside: T;
}

let stringyBox: Box<string> = {
    inside: "abc",
};

let numberBox: Box<number> = {
    inside: 123,
}

let incorrectBox: Box<number> = {
    inside: false,
    // Error: Type 'boolean' is not assignable to type 'number'.
}
```

Fun fact: Die integrierten `Array`-Methoden sind in TypeScript als generisches Interface definiert! `Array` verwendet einen Typparameter `T`, um den Typ der in einem Array gespeicherten Daten darzustellen. Die Methoden `pop` und `push` sehen ungefähr so aus:

```
interface Array<T> {
    // ...

    /**
     * Removes the last element from an array and returns it.
     * If the array is empty, undefined is returned and the array is not modified.
     */
    pop(): T | undefined;

    /**
     * Appends new elements to the end of an array,
     * and returns the new length of the array.
     * @param items new elements to add to the array.
     */
    push(...items: T[]): number;

    // ...
}
```

Abgeleitete generische Interface-Typen

Wie bei generischen Funktionen können generische Typargumente von Interfaces anhand der jeweiligen Verwendung dieser Interfaces abgeleitet werden. TypeScript tut sein Bestes, um Typargumente aus den Typen von Werten abzuleiten, die an Stellen bereitgestellt werden, an denen ein generischer Typ entgegengenommen wird.

Die folgende Funktion `getLast` deklariert einen Typparameter `Value`, der daraufhin für den Parameter `node` verwendet wird. TypeScript kann dann per Inferenz anhand des Typs des als Argument übergebenen Werts auf den Typ von `Value` schließen. Es kann sogar einen Typfehler melden, wenn ein abgeleitetes Typargument nicht mit dem Typ eines Werts übereinstimmt. Die Übergabe eines Objekts an `getLast`, das keine Eigenschaft `next` enthält oder dessen abgeleitetes Typargument `Value` vom gleichen Typ ist, ist zulässig. Stimmen `value` oder `next.value` des übergegebenen Objekts jedoch nicht überein, wird ein Typfehler gemeldet:

```
interface LinkedNode<Value> {
    next?: LinkedNode<Value>;
    value: Value;
}

function getLast<Value>(node: LinkedNode<Value>): Value {
    return node.next ? getLast(node.next) : node.value;
}

// Abgeleitetes Typargument Value: Date
let lastDate = getLast({
    value: new Date("09-13-1993"),
});

// Abgeleitetes Typargument Value: string
let lastFruit = getLast({
    next: {
        value: "banana",
```

```
    },
    value: "apple",
});

// Abgeleitetes Typargument Value: number
let lastMismatch = getLast({
    next: {
        value: 123
    },
    value: false,
//  ~~~~~
// Error: type 'boolean' is not assignable to type 'number'.
});
```

Wenn in einem Interface Typparameter deklariert werden, müssen alle Typannotationen, die sich auf dieses Interface beziehen, entsprechende Typargumente enthalten. Hier ist die Verwendung von `CrateLike` fehlerhaft, da kein Typargument angegeben wurde:

```
interface CrateLike<T> {
    contents: T;
}

let missingGeneric: CrateLike = {
    //              ~~~~~~~~~
    // Error: Generic type 'CrateLike<T>' requires 1 type argument(s).
    contents: "??"
};
```

Später in diesem Kapitel werde ich beschreiben, wie man für Typparameter Standardwerte bereitstellt, um diese Anforderung zu umgehen.

Generische Klassen

Auch für Klassen kann eine beliebige Anzahl von Typparametern deklariert werden, die für Member verwendet werden können. Jede Instanz der Klasse kann für ihre Typparameter einen anderen Satz von Typargumenten haben.

Die folgende Klasse `Secret` deklariert Parameter des Typs `Key` und `Value` und verwendet diese danach für die Eigenschaften von Membern, die Parametertypen von Konstruktoren und die Parameter- und Rückgabetypen einer Methode:

```
class Secret<Key, Value> {
    key: Key;
    value: Value;

    constructor(key: Key, value: Value) {
        this.key = key;
        this.value = value;
    }

    getValue(key: Key): Value | undefined {
        return this.key === key
            ? this.value
            : undefined;
```

```
    }
}

const storage = new Secret(12345, "luggage"); // Typ: Secret<number, string>

storage.getValue(1987); // Typ: string | undefined
```

Wie bei generischen Interfaces muss in Typannotationen, in denen eine Klasse verwendet wird, angegeben werden, welche generischen Typen es in dieser Klasse gibt. Später in diesem Kapitel werde ich Ihnen zeigen, wie man Standardwerte für Typparameter bereitstellt, um diese Anforderung auch bei Klassen zu umgehen.

Explizite generische Klassentypen

Bei der Instanziierung generischer Klassen gelten dieselben Regeln für die Inferenz von Typargumenten wie beim Aufruf generischer Funktionen. Kann das Typargument aus dem Typ eines Parameters des Klassenkonstruktors abgeleitet werden, wie etwa bei `new Secret(12345, "luggage")` im vorherigen Beispiel, verwendet TypeScript den abgeleiteten Typ. Andernfalls wird das Typargument standardmäßig als vom Typ `unknown` betrachtet.

Die folgende Klasse `CurriedCallback` besitzt einen Konstruktor, der eine generische Funktion entgegennimmt. Sofern die generische Funktion einen bekannten Typ hat – z. B. aus einer expliziten Typannotation eines Typarguments –, kann daraus das Typargument `Input` der Klasseninstanz abgeleitet werden. Ansonsten wird das Typargument `Input` der Klasseninstanz auf `unknown` gesetzt:

```
class CurriedCallback<Input> {
    #callback: (input: Input) => void;

    constructor(callback: (input: Input) => void) {
        this.#callback = (input: Input) => {
            console.log("Input:", input);
            callback(input);
        };
    }

    call(input: Input) {
        this.#callback(input);
    }
}

// Typ: CurriedCallback<string>
new CurriedCallback((input: string) => {
    console.log(input.length);
});

// Typ: CurriedCallback<unknown>
new CurriedCallback((input) => {
    console.log(input.length);
    //                ~~~~~~
    // Error: Property 'length' does not exist on type 'unknown'.
});
```

Die standardmäßige Typableitung unknown kann für Klasseninstanzen vermieden werden, indem bei ihrer Instanziierung explizite Typargumente angegeben werden, ähnlich wie bei generischen Funktionsaufrufen.

Im folgenden Codeausschnitt wird bei der Instanziierung der Klasse CurriedCallback aus dem vorherigen Beispiel als Input-Typargument explizit string angegeben, sodass TypeScript ableiten kann, dass der Input-Typparameter des Callbacks zum Typ string aufgelöst werden soll:

```
// Typ: CurriedCallback<string>
new CurriedCallback<string>((input) => {
    console.log(input.length);
});

new CurriedCallback<string>((input: boolean) => {
    //                          ~~~~~~~~~~~~~~~~~~~~~~~
    // Argument of type '(input: boolean) => void' is not
    // assignable to parameter of type '(input: string) => void'.
    //   Types of parameters 'input' and 'input' are incompatible.
    //     Type 'string' is not assignable to type 'boolean'.
});
```

Erweiterung generischer Klassen

Generische Klassen können auch als Basisklasse verwendet und mithilfe des Schlüsselworts extends erweitert werden. TypeScript wird dabei nicht versuchen, Typargumente für die Basisklasse anhand der tatsächlichen Verwendung abzuleiten. Alle Typargumente ohne Standardwert müssen mit einer expliziten Typanmerkung versehen werden.

Die folgende Klasse SpokenQuote übergibt string[] als Typargument T bei der Erweiterung der Basisklasse Quote<T>:

```
class Quote<T> {
    lines: T;

    constructor(lines: T) {
        this.lines = lines;
    }
}

class SpokenQuote extends Quote<string[]> {
    speak() {
        console.log(this.lines.join("\n"));
    }
}

new Quote("The only real failure is the failure to try.").lines; // Typ: string
new Quote([4, 8, 15, 16, 23, 42]).lines; // Typ: number[]

new SpokenQuote([
    "Greed is so destructive.",
    "It destroys everything",
]).lines; // Typ: string[]
```

```
new SpokenQuote([4, 8, 15, 16, 23, 42]);
//               ~~~~~~~~~~~~~~~~~~~~~~
// Error: Argument of type 'number' is not
// assignable to parameter of type 'string'.
```

Abgeleitete generische Klassen können alternativ ihr eigenes Typargument an ihre Basisklasse weitergeben. Die Typbezeichnungen müssen nicht übereinstimmen. Spaßeshalber übergibt die folgende Klasse `AttributedQuote` ein anders benanntes Typargument `Value` an die Basisklasse `Quote<T>`:

```
class AttributedQuote<Value> extends Quote<Value> {
    speaker: string

    constructor(value: Value, speaker: string) {
        super(value);
        this.speaker = speaker;
    }
}

// Typ: AttributedQuote<string>
// (Erweiterung von Quote<string>)
new AttributedQuote(
    "The road to success is always under construction.",
    "Lily Tomlin",
);
```

Implementierung von generischen Interfaces

Generische Klassen können auch generische Interfaces implementieren, indem sie ihnen alle erforderlichen Typparameter zur Verfügung stellen. Das ähnelt der Erweiterung einer generischen Basisklasse: Alle Typparameter des Basis-Interface müssen in der Klasse deklariert werden.

Im folgenden Beispiel wird in der Deklaration der Klasse `MoviePart` das Typargument `Role` des Interface `ActingCredit` als `String` angegeben. Die Klasse `IncorrectExtension` verursacht einen Typfehler, weil ihre Eigenschaft `role` vom Typ `boolean` ist, obwohl sie `string` als Typargument für `ActingCredit` angibt:

```
interface ActingCredit<Role> {
    role: Role;
}

class MoviePart implements ActingCredit<string> {
    role: string;
    speaking: boolean;

    constructor(role: string, speaking: boolean) {
        this.role = role;
        this.speaking = speaking;
    }
}

const part = new MoviePart("Miranda Priestly", true);

part.role; // Typ: string
```

```
class IncorrectExtension implements ActingCredit<string> {
    role: boolean;
    //    ~~~~~~~
    // Error: Property 'role' in type 'IncorrectExtension' is not
    // assignable to the same property in base type 'ActingCredit<string>'.
    //   Type 'boolean' is not assignable to type 'string'.
}
```

Methoden-Generics

Klassenmethoden können ihre eigenen, von ihrer Klasseninstanz unabhängigen generischen Typen deklarieren. Jeder Methodenaufruf einer generischen Klasse kann für jeden Typparameter ein anderes Typargument enthalten.

Die folgende generische Klasse `CreatePairFactory` deklariert einen Typ `Key` und enthält eine Methode `CreatePair`, die einen separaten generischen Typ `Value` deklariert. Der Rückgabetyp für `createPair` wird abgeleitet als `{ key: Key, value: Value }`:

```
class CreatePairFactory<Key> {
    key: Key;

    constructor(key: Key) {
        this.key = key;
    }

    createPair<Value>(value: Value) {
        return { key: this.key, value };
    }
}

// Typ: CreatePairFactory<string>
const factory = new CreatePairFactory("role");

// Typ: { key: string, value: number }
const numberPair = factory.createPair(10);

// Typ: { key: string, value: string }
const stringPair = factory.createPair("Sophie");
```

Generics von statischen Klassenmembern

Statische Klassenmember existieren getrennt von den Instanzmembern und sind nicht mit einer bestimmten Instanz der Klasse verbunden. Sie haben keinen Zugriff auf Klasseninstanzen oder deren spezifische Typinformationen. Das hat zur Folge, dass statische Klassenmethoden zwar ihre eigenen Typparameter deklarieren, aber nicht auf Typparameter der Klasse zugreifen können.

Im folgenden Beispiel deklariert eine Klasse `BothLogger` für ihre Methode `instanceLog` einen Typparameter `OnInstance` und einen separaten Typparameter `OnStatic` für ihre statische Methode `staticLog`. Die statische Methode kann nicht auf `OnInstance` zugreifen, da dieser Typparameter nur für Instanzen der Klasse deklariert ist:

```
class BothLogger<OnInstance> {
    instanceLog(value: OnInstance) {
        console.log(value);
        return value;
    }

    static staticLog<OnStatic>(value: OnStatic) {
        let fromInstance: OnInstance;
        //                ~~~~~~~~~~
        // Error: Static members cannot reference class type arguments.

        console.log(value);
        return value;
    }
}

const logger = new BothLogger<number[]>;
logger.instanceLog([1, 2, 3]); // Typ: number[]

// Abgeleitetes Typargument OnStatic: boolean[]
BothLogger.staticLog([false, true]);

// Explizit angegebenes Typargument OnStatic: string
BothLogger.staticLog<string>("You can't change the music of your soul.");
```

Generische Typaliase

Ein letztes Konstrukt in TypeScript, das mit Typargumenten generisch gemacht werden kann, sind Typaliase. Jedem Typalias kann eine beliebige Anzahl von Typparametern zugewiesen werden, wie beispielsweise beim folgenden Typ `Nullish`, der ein `T` entgegennimmt:

```
type Nullish<T> = T | null | undefined;
```

Generische Typaliase werden in der Regel verwendet, um den Typ einer generischen Funktion zu beschreiben:

```
type CreatesValue<Input, Output> = (input: Input) => Output;

// Typ: (input: string) => number
let creator: CreatesValue<string, number>;

creator = text => text.length; // Ok

creator = text => text.toUpperCase();
//                ~~~~~~~~~~~~~~~~~~
// Error: Type 'string' is not assignable to type 'number'.
```

Generische diskriminierte Vereinigungstypen

In Kapitel 4, »Objekte«, hatte ich bereits erwähnt, dass diskriminierte Vereinigungstypen mein Lieblingsfeature in TypeScript sind, weil sie auf schöne Weise ein gängiges, elegantes JavaScript-Muster mit TypeScripts Type Narrowing kombinieren. Besonders gerne verwende ich diskriminierte Vereinigungstypen, um durch das Hinzufügen eines Typarguments einen generischen »Ergebnistyp« zu erstellen, um entweder ein erfolgreiches, datenlieferndes Ergebnis oder einen Fehlschlag darzustellen.

Der folgende generische Typ `Result` verfügt über eine Diskriminante `succeeded`, die benötigt wird, um ein Ergebnis dahingehend einzugrenzen, ob es ein Erfolg oder ein Misserfolg ist. Dadurch kann jede Operation, die ein `Result` zurückgibt, mitteilen, ob ein Fehler aufgetreten ist oder erfolgreich Daten zurückgegeben werden, und darauf vertrauen, dass im Code geprüft werden muss, ob die Operation erfolgreich war:

```
type Result<Data> = FailureResult | SuccessfulResult<Data>;

interface FailureResult {
    error: Error;
    succeeded: false;
}

interface SuccessfulResult<Data> {
    data: Data;
    succeeded: true;
}

function handleResult(result: Result<string>) {
    if (result.succeeded) {
        // Typ von result: SuccessfulResult<string>
        console.log(`We did it! ${result.data}`);
    } else {
        // Typ von result: FailureResult
        console.error(`Awww... ${result.error}`);
    }

    result.data;
    //     ~~~~
    // Error: Property 'data' does not exist on type 'Result<string>'.
    //   Property 'data' does not exist on type 'FailureResult'.
}
```

Zusammengenommen bieten generische Typen und diskriminierte Typen eine wunderbare Möglichkeit, wiederverwendbare Typen wie `Result` zu modellieren.

Generische Modifier

TypeScript enthält eine Syntax, mit der Sie das Verhalten von generischen Typparametern ändern können.

Generische Standardwerte

Ich hatte bereits erklärt, dass bei einem generischen Typ, der in einer Typannotation oder bei der Erweiterung einer Klasse mit `extends` oder der Implementierung eines Interface mit `implements` verwendet wird, für jeden Typparameter ein Typargument angegeben werden muss. Diese Notwendigkeit, explizit Typargumente nennen zu müssen, können Sie umgehen, indem Sie nach der Deklaration des Typparameters ein Gleichheitszeichen = gefolgt von einem Standardtyp einfügen. Diese Standardvorgabe wird für alle weiteren Typen verwendet, bei denen das Typargument nicht explizit deklariert ist und nicht abgeleitet werden kann.

Das folgende Interface `Quote` nimmt einen Typparameter `T` entgegen, der, wenn dessen Typ nicht angegeben wird, standardmäßig als vom Typ `string` behandelt wird. Die Variable `explicit` setzt `T` ausdrücklich auf `number`, während `implicit` und `mismatch` beide zum Typ `string` aufgelöst werden:

```
interface Quote<T = string> {
    value: T;
}

let explicit: Quote<number> = { value: 123 };

let implicit: Quote = { value: "Be yourself. The world worships the original." };

let mismatch: Quote = { value: 123 };
//                             ~~~
// Error: Type 'number' is not assignable to type 'string'.
```

Als Standardtyp eines Typparameters können auch in derselben Deklaration bereits zuvor verwendete Typparameter angegeben werden. Da jeder Typparameter einen neuen Typ einführt, sind sie als Standardwerte für spätere Typparameter in dieser Deklaration verfügbar.

Das folgende Interface `KeyValuePair` kann verschiedene Typen für seine generischen Typen `Key` und `Value` haben, standardmäßig werden sie aber identisch gehalten – obwohl `Key` keinen Standardwert hat, muss er dennoch ableitbar sein oder bereitgestellt werden:

```
interface KeyValuePair<Key, Value = Key> {
    key: Key;
    value: Value;
}

// Typ: KeyValuePair<string, number>
let allExplicit: KeyValuePair<string, number> = {
    key: "rating",
    value: 10,
};

// Typ: KeyValuePair<string, string>
let oneDefaulting: KeyValuePair<string> = {
    key: "rating",
    value: "ten",
};

let firstMissing: KeyValuePair = {
    //            ~~~~~~~~~~~~
    // Error: Generic type 'KeyValuePair<Key, Value>'
    // requires between 1 and 2 type arguments.
    key: "rating",
    value: 10,
};
```

Beachten Sie, dass Typparameter, denen ein Standardwert zugeordnet wird, als letzte angegeben werden müssen, ähnlich wie bei Standard-Funktionsparametern. Generische Typen ohne Standardwert dürfen auf solche mit Standardwert folgen.

Im folgenden Beispiel ist die Deklaration der Funktion `inTheEnd` korrekt, weil alle generischen Typen ohne Standardwert vor denjenigen mit Standardwert aufgeführt werden. `inTheMiddle` ist dagegen fehlerhaft, weil ein generischer Typ ohne Standardwert auf Typen mit Standardwert folgt:

```
function inTheEnd<First, Second, Third = number, Fourth = string>() {} // Ok

function inTheMiddle<First, Second = boolean, Third = number, Fourth>() {}
//                                                         // ~~~~~~
// Error: Required type parameters may not follow optional type parameters.
```

Eingeschränkte generische Typen

Generische Typen können standardmäßig alle denkbaren Typen annehmen: Klassen, Interfaces, primitive Datentypen, Vereinigungstypen usw. Einige Funktionen sind jedoch nur für eine begrenzte Anzahl von Typen geeignet.

TypeScript erlaubt es deshalb, dass man einen Typparameter so deklariert, dass er einen Typ *erweitern* muss: Das bedeutet, dass er nur für Typen steht, die diesem Typ zuweisbar sind. Um einen Typparameter einzuschränken (to constrain), wird hinter die Bezeichnung des Typparameters das Schlüsselwort `extends` gesetzt, gefolgt von dem Typ, auf den eingeschränkt werden soll.

Indem wir beispielsweise ein Interface `WithLength` definieren, um alles zu beschreiben, das eine Eigenschaft `length: number` besitzt, können wir unserer generischen Funktion erlauben, als generischen Typ `T` jeden Typ entgegenzunehmen, der eine Eigenschaft `length` hat. Damit sind Zeichenketten, Arrays und auch Objekte, die diese Eigenschaft aufweisen, erlaubt, während Typformen wie `Date`, die keine numerische Eigenschaft `length` besitzen, zu einem Typfehler führen:

```
interface WithLength {
    length: number;
}

function logWithLength<T extends WithLength>(input: T) {
    console.log(`Length: ${input.length}`);
    return input;
}

logWithLength("No one can figure out your worth but you."); // Typ: string
logWithLength([false, true]); // Typ: boolean[]
logWithLength({ length: 123 }); // Typ: { length: number }

logWithLength(new Date());
//            ~~~~~~~~~~
// Error: Argument of type 'Date' is not
// assignable to parameter of type 'WithLength'.
//   Property 'length' is missing in type
//   'Date' but required in type 'WithLength'.
```

Auf weitere Typoperationen, die Sie mit Generics durchführen können, gehe ich in Kapitel 15, »Typoperationen«, ein.

keyof und eingeschränkte Typparameter

Der keyof-Operator, der in Kapitel 9, »Typ-Modifier«, eingeführt wurde, funktioniert auch gut mit eingeschränkten Typparametern. Indem man extends und keyof kombiniert, lässt sich ein Typparameter auf die Schlüssel eines vorhergehenden Typparameters beschränken. Es ist auch die einzige Möglichkeit, den Schlüssel eines generischen Typs anzugeben.

Betrachten Sie die folgende vereinfachte Version der Methode get der beliebten Bibliothek Lodash. Sie nimmt ein Argument container, das als T typisiert ist, und die Bezeichnung key eines Schlüssel von T entgegen, der aus container gelesen und zurückgegeben werden soll. Da der Parameter vom Typ Key ein keyof T sein muss, weiß TypeScript, dass diese Funktion ein T[Key] zurückgeben darf:

```
function get<T, Key extends keyof T>(container: T, key: Key) {
    return container[key];
}

const roles = {
    favorite: "Fargo",
    others: ["Almost Famous", "Burn After Reading", "Nomadland"],
};

const favorite = get(roles, "favorite"); // Typ: string
const others = get(roles, "others"); // Typ: string[]

const missing = get(roles, "extras");
//                         ~~~~~~~~
// Error: Argument of type '"extras"' is not assignable
// to parameter of type '"favorite" | "others"'.
```

Ohne keyof hätte es keine Möglichkeit gegeben, den generischen Parameter key korrekt zu typisieren.

Beachten Sie die Bedeutung des Typparameters Key im vorherigen Beispiel. Wenn nur T als Typparameter angegeben wird und der Parameter key ein beliebiger keyof T sein darf, ist der Rückgabetyp der Vereinigungstyp aller Eigenschaftswerte in container. Die folgende unspezifischere Funktionsdeklaration informiert TypeScript dagegen nicht darüber, dass jeder Aufruf mittels Typargument einen bestimmten key haben kann:

```
function get<T>(container: T, key: keyof T) {
    return container[key];
}

const roles = {
    favorite: "Fargo",
    others: ["Almost Famous", "Burn After Reading", "Nomadland"],
};

const found = get(roles, "favorite"); // Typ: string | string[]
```

Achten Sie beim Schreiben von generischen Funktionen darauf, wann der Typ eines Parameters vom Typ eines vorherigen Parameters abhängt. In diesen Fällen müssen Sie als Parametertypen oft eingeschränkte Typparameter verwenden.

Promises

Nachdem Sie nun die Funktionsweise von Generics kennengelernt haben, ist es endlich an der Zeit, über ein Kernmerkmal von modernem JavaScript zu sprechen, das sich auf diese Konzepte stützt: Promises! In JavaScript stellt ein Promise bekanntlich etwas dar, dessen Abschluss noch aussteht, z. B. eine Netzwerkanforderung. Promises bieten Methoden zur Registrierung von Callbacks für den Fall, dass die ausstehende Aktion »gelöst« (»resolved«: erfolgreich abgeschlossen) oder »abgelehnt« (»rejected«: mit einem Fehler beendet) wird.

Die Fähigkeit von Promises, vergleichbare Aktionen für beliebige Werttypen zu repräsentieren, bietet eine natürliche Ergänzung zu TypeScripts Generics. Promises werden im TypeScript-Typsystem als `Promise`-Klasse mit einem einzigen Typparameter dargestellt, der den letztendlich gelösten Wert repräsentiert.

Promises erstellen

Der `Promise`-Konstruktor nimmt in TypeScript einen einzelnen Parameter entgegen. Dessen Typ basiert auf einem Typparameter, der in der generischen Klasse `Promise` deklariert ist. Eine vereinfachte Form würde ungefähr so aussehen:

```
class PromiseLike<Value> {
    constructor(
        executor: (
            resolve: (value: Value) => void,
            reject: (reason: unknown) => void,
        ) => void,
    ) { /* ... */ }
}
```

Ein Promise zu erstellen, das schließlich mit einem Wert gelöst werden soll, erfordert in der Regel die explizite Deklaration des Typarguments des Promise. TypeScript würde ohne dieses explizite generische Typargument standardmäßig annehmen, dass der Parametertyp `unknown` ist. Durch die explizite Bereitstellung eines Typarguments für den `Promise`-Konstruktor könnte TypeScript den Typ von `resolve` der resultierenden Promise-Instanz verstehen:

```
// Typ: Promise<unknown>
const resolvesUnknown = new Promise((resolve) => {
    setTimeout(() => resolve("Done!"), 1000);
});

// Typ: Promise<string>
const resolvesString = new Promise<string>((resolve) => {
    setTimeout(() => resolve("Done!"), 1000);
});
```

Die generische .then-Methode eines Promise führt einen neuen Typparameter ein, der den gelösten Wert des zurückgegebenen Promise darstellt.

Der folgende Codeausschnitt erstellt beispielsweise ein Promise textEventually, das nach einer Sekunde mit einem string-Wert gelöst wird, sowie ein weiteres Promise lengthEventually, das unmittelbar danach mit einem number-Wert gelöst wird:

```
// Typ: Promise<string>
const textEventually = new Promise<string>((resolve) => {
    setTimeout(() => resolve("Done!"), 1000);
});

// Typ: Promise<number>
const lengthEventually = textEventually.then((text) => text.length)
```

Asynchrone Funktionen

Jede in JavaScript mit dem Schlüsselwort async deklarierte Funktion gibt ein Promise zurück. Wenn in JavaScript ein Wert, der von einer async-Funktion zurückgegeben wird, kein Thenable ist (ein Objekt mit einer .then()-Methode – in der Praxis fast immer ein Promise), wird er in ein Promise gehüllt, als ob dafür Promise.resolve aufgerufen worden wäre. TypeScript erkennt dies und folgert, dass der Rückgabetyp einer asynchronen Funktion immer ein Promise ist, egal welcher Wert zurückgegeben wird.

Im folgenden Beispiel gibt lengthAfterSecond direkt ein Promise<number> zurück, während für lengthImmediately per Typinferenz abgeleitet wird, dass es Promise <number> zurückgibt, weil es eine asynchrone Funktion mit einem direkten Rückgabewert vom Typ number ist:

```
// Typ: (text: string) => Promise<number>
async function lengthAfterSecond(text: string) {
    await new Promise((resolve) => setTimeout(resolve, 1000))
    return text.length;
}

// Typ: (text: string) => Promise<number>
async function lengthImmediately(text: string) {
    return text.length;
}
```

Jeder manuell deklarierte Rückgabetyp einer async-Funktion muss daher immer ein Promise-Typ sein, auch wenn die Funktion in ihrer Implementierung Promises nicht ausdrücklich erwähnt:

```
// Ok
async function givesPromiseForString(): Promise<string> {
    return "Done!";
}
```

```
async function givesString(): string {
    //                        ~~~~~~
    // Error: The return type of an async function
    // or method must be the global Promise<T> type.
    return "Done!";
}
```

Generics richtig verwenden

Wie bei den Promise<Value>-Implementierungen weiter oben in diesem Kapitel, bieten Generics zwar eine große Flexibilität bei der Typbeschreibung, können aber auch schnell ziemlich komplex werden. Programmierer, die neu in TypeScript einsteigen, machen oft eine Phase durch, in der sie Generics so übermäßig verwenden, dass der Code schnell verwirrend und zu komplex wird. Es hat sich bewährt, Generics nur dann zu verwenden, wenn es wirklich notwendig ist und man eine klare Vorstellung von Sinn und Zweck einer jeden solchen Verwendung hat.

Passen Sie auf, dass Sie Generics nicht so intensiv nutzen, dass es konfus wird. Allerdings kann es vorkommen, dass Utility-Bibliotheken, insbesondere Module für den allgemeinen Gebrauch, stark auf generische Typen zurückgreifen müssen. Um effektiv mit diesen Hilfstypen arbeiten zu können, ist ein Verständnis von Generics ausgesprochen nützlich.

Die goldene Regel der Generics

Sie können schnell herausfinden, ob ein Typparameter für eine Funktion notwendig ist, indem Sie überprüfen, ob er mindestens zweimal verwendet wird. Generics beschreiben Beziehungen zwischen Typen. Taucht ein generischer Typparameter also nur an einer einzigen Stelle auf, kann er unmöglich eine Beziehung zwischen mehreren Typen definieren.

Jeder Typparameter einer Funktion sollte – über seine erste Verwendung bei einem ersten Funktionsparameter hinaus – mindestens für einen weiteren Parameter und/oder den Rückgabetyp der Funktion verwendet werden.

Bei der folgenden Funktion logInput wird der Typparameter Input beispielsweise genau einmal verwendet, um den Funktionsparameter input zu deklarieren:

```
function logInput<Input extends string>(input: Input) {
    console.log("Hi!", input);
}
```

Im Gegensatz zu den identify-Funktionen, die uns weiter oben im Kapitel begegnet sind, wird der Typparameter in der Funktion logInput nicht weiter verwendet, etwa als Rückgabetyp oder zur Deklaration weiterer Funktionsparameter. Es ist daher wenig sinnvoll, einen Typparameter Input zu deklarieren. Wir können logInput ohne ihn so umformulieren:

```
function logInput(input: string) {
    console.log("Hi!", input);
}
```

Effective TypeScript von Dan Vanderkam (O'Reilly, 2019) enthält mehrere ausgezeichnete Tipps für die Arbeit mit Generics, darunter einen Abschnitt mit dem Titel »The Golden Rule of Generics«. Die Lektüre von *Effective TypeScript* und vor allem des genannten Abschnitts möchte ich Ihnen dringend empfehlen, insbesondere falls Sie viel Zeit damit verbringen, in Ihrem Code mit Generics zu ringen.

Namenskonventionen für Generics

Die übliche Konvention zur Benennung von Typparametern in vielen Programmiersprachen, auch in TypeScript, sieht vor, einen ersten Typparameter standardmäßig mit »T« (für »Type/Typ« oder »Template«) und, falls weitere Typparameter vorhanden sind, diese mit »U«, »V« usw. zu benennen.

Wenn mehr darüber bekannt ist, wie das Typargument verwendet werden soll, geht die Konvention manchmal so weit, dass der erste Buchstabe des Begriffs für diese Art von Verwendung benutzt werden soll: State-Management-Libraries beziehen sich auf einen generischen Zustand möglicherweise als »S« (»State«). »K« und »V« wiederum beziehen sich oft auf Schlüssel (»Keys«) und Werte (»Values«) in Datenstrukturen.

Leider kann die Benennung eines Typarguments mit einem Buchstaben genauso verwirrend sein wie die Benennung einer Funktion oder Variablen mit nur einem Zeichen:

```
// Was um Himmels willen sind L und V?!
function labelBox<L, V>(l: L, v: V) { /* ... */ }
```

Wenn der Zweck eines generischen Typs nicht aus einem einzigen Buchstaben `T` hervorgeht, ist es am besten, Bezeichnungen zu verwenden, die beschreiben, wofür der Typ verwendet wird:

```
// Viel klarer.
function labelBox<Label, Value>(label: Label, value: Value) { /* ... */ }
```

Wenn ein Konstrukt mehrere Typparameter hat oder der Zweck eines einzelnen Typarguments nicht sofort klar ist, sollten Sie zur besseren Lesbarkeit auf jeden Fall vollständige Namen anstelle einzelner Buchstaben verwenden.

Zusammenfassung

In diesem Kapitel haben Sie Klassen, Funktionen, Interfaces und Typaliase »generisch« gemacht, indem Sie ihnen »beigebracht« haben, mit Typparametern zu arbeiten. Es ging um folgende Themen:

- Verwendung von Typparametern zur Darstellung unterschiedlicher Typen bei der Verwendung eines Konstrukts
- Bereitstellung von expliziten oder impliziten Typargumenten beim Aufruf generischer Funktionen
- Verwendung generischer Interfaces zur Darstellung generischer Objekttypen

- Hinzufügen von Typparametern zu Klassen und Auswirkung auf deren Typen
- Hinzufügen von Typparametern zu Typaliasen, insbesondere bei diskriminierten Vereinigungstypen
- Modifizieren generischer Typparameter durch Standardwerte (`=`) und Beschränkungen (`extends`)
- Auf welche Weise Promises und `async`-Funktionen Generics zur Darstellung des asynchronen Datenflusses verwenden
- Best Practices beim Einsatz von Generics, einschließlich einer Goldenen Regel und einem Hinweis auf Namenskonventionen

Damit ist der zweite Teil *Features* dieses Buchs abgeschlossen. Herzlichen Glückwunsch: Sie kennen jetzt alle wichtigen Syntaxelemente und Typechecking-Funktionen des TypeScript-Typsystems und sind damit für die meisten Projekte gerüstet!

Im nächsten Teil *Verwendung* erfahren Sie, wie Sie TypeScript so konfigurieren, dass es in Ihrem Projekt korrekt ausgeführt wird und mit externen Abhängigkeiten interagiert, und wie Sie die Typprüfung und das ausgegebene JavaScript optimieren können. Das sind wichtige Punkte bei der Verwendung von TypeScript in Ihren eigenen Projekten.

Die Syntax von TypeScript bietet noch einige weitere Typoperationen. Für die meisten TypeScript-Projekte ist es nicht nötig, sie vollständig zu verstehen, aber sie sind interessant und es ist hilfreich, sie zu kennen. Dazu komme ich im abschließenden Teil IV, »Zugaben«, als zusätzliches Schmankerl, falls Sie Zeit dafür haben.

Nachdem Sie dieses Kapitel gelesen haben, können Sie das Gelernte auf *https://learningtypescript.com/generics* anwenden und einüben.

Warum sind Entwickler von Generics genervt?

Weil sie immer mit den typischen Argumenten kommen.

TEIL III

Verwendung

KAPITEL 11

Deklarationsdateien

Deklarationsdateien
Enthalten reinen Typsystem-Code
Keine Laufzeitkonstrukte

Es ist großartig, Code in TypeScript zu schreiben, und obwohl Sie möglicherweise nichts anderes tun möchten, müssen Sie in Ihren TypeScript-Projekten auch mit rohen JavaScript-Dateien umgehen können. Viele Pakete sind direkt in JavaScript und nicht in TypeScript geschrieben. Selbst Pakete, die in TypeScript geschrieben wurden, werden als JavaScript-Dateien verteilt.

Außerdem benötigt man eine Möglichkeit, in TypeScript-Projekten die Typformen von umgebungsspezifischen Merkmalen wie globalen Variablen und APIs festzulegen. Ein Projekt, das z.B. in Node.js läuft, hat möglicherweise Zugriff auf integrierte Node-Module, die in Browsern nicht verfügbar sind – und umgekehrt.

TypeScript erlaubt es, Typformen getrennt von deren Implementierung zu deklarieren. Typdeklarationen werden normalerweise in Dateien mit der Endung *.d.ts* vorgenommen, die als *Deklarationsdateien* bezeichnet werden. Solche Deklarationsdateien werden in der Regel entweder innerhalb eines Projekts erstellt und zusammen mit dem kompilierten npm-Paket oder als eigenständiges Paket verteilt, das nur die Typinformationen enthält.

Deklarationsdateien

Eine *.d.ts*-Deklarationsdatei funktioniert prinzipiell ähnlich wie eine *.ts*-Datei, mit der wesentlichen Einschränkung, dass sie keinen Laufzeitcode enthalten darf. *.d.ts*-Dateien enthalten nur Beschreibungen von zur Laufzeit verfügbaren Interfaces, Modulen und generellen Typen. Sie dürfen keinen Laufzeitcode enthalten, der zu JavaScript kompiliert werden könnte.

Genau wie andere TypeScript-Quelldateien können Deklarationsdateien importiert werden.

Die folgende Datei *types.d.ts* exportiert ein Interface Character, das in einer Datei *index.ts* verwendet wird:

```
// types.d.ts
export interface Character {
    catchphrase?: string;
    name: string;
}

// index.ts
import { Character } from "./types";

export const character: Character = {
    catchphrase: "Yee-haw!",
    name: "Sandy Cheeks",
};
```

> Deklarationsdateien schaffen einen sogenannten *ambienten Kontext*: einen Codebereich, in dem nur Typen, aber keine Werte deklariert werden können.

Dieses Kapitel dreht sich vorwiegend um Deklarationsdateien und die darin am häufigsten verwendeten Formen von Typdeklarationen.

Laufzeitwerte deklarieren

Obwohl in Definitionsdateien keine Laufzeitwerte wie Funktionen oder Variablen erzeugt werden dürfen, kann in ihnen dennoch mit dem Schlüsselwort declare über die Existenz dieser Konstrukte informiert werden. Dadurch wird dem Typsystem mitgeteilt, dass durch einen äußeren Einfluss – z.B. durch ein <script>-Tag einer Webseite – ein Wert mit einem bestimmten Namen mit einem bestimmten Typ erzeugt wurde.

Syntaktisch gleicht die Deklaration einer Variablen mit declare der normalen Variablendeklaration, allerdings darf kein Anfangswert festgelegt werden.

Im folgenden Codeausschnitt wird erfolgreich eine Variable declared deklariert. Beim Versuch, einer Variablen initialized einen Anfangswert zuzuweisen, wird hingegen ein Typfehler ausgelöst:

```
// types.d.ts
declare let declared: string; // Ok

declare let initializer: string = "Wanda";
//                                ~~~~~~~
// Error: Initializers are not allowed in ambient contexts.
```

Auch die Deklaration von Funktionen und Klassen ähnelt der normalen syntaktischen Form, jedoch werden hier die Körper der Funktionen bzw. Methoden weggelassen.

Im folgenden Beispiel werden sowohl die Funktion als auch – innerhalb der Klasse `Fairy` – die Methode `canGrantWish` ordnungsgemäß ohne Körper deklariert, Funktion und Methode `grantWish` lösen jedoch beide einen Fehler aus, weil sie verbotenermaßen mit Körper deklariert werden:

```
// fairies.d.ts
declare function canGrantWish(wish: string): boolean; // Ok

declare function grantWish(wish: string) { return true; }
//                                       ~
// Error: An implementation cannot be declared in ambient contexts.

class Fairy {
    canGrantWish(wish: string): boolean; // Ok

    grantWish(wish: string) {
        //                  ~
        // Error: An implementation cannot be declared in ambient contexts.
        return true;
    }
}
```

TypeScripts implizite any-Regeln funktionieren bei Funktionen und Variablen, die in ambienten Kontexten deklariert werden, genauso wie im normalen Quellcode. Da in ambienten Kontexten keine Funktionskörper oder Anfangswerte für Variablen angegeben werden dürfen, sind explizite Typannotationen – auch für Rückgabetypen – im Allgemeinen die einzige Möglichkeit, eine implizite Typisierung als any zu verhindern.

Obwohl Typdeklarationen mit dem Schlüsselwort `declare` am häufigsten in *.d.ts*-Definitionsdateien vorkommen, kann dieses Schlüsselwort auch außerhalb von Deklarationsdateien verwendet werden, beispielsweise in Modulen oder Skriptdateien. Das ist praktisch, wenn eine global verfügbare Variable nur in dieser Datei verwendet werden soll.

Im folgenden Beispiel wird die Variable `myGlobalValue` innerhalb der Datei *index.ts* definiert und kann daher in genau dieser Datei verwendet werden:

```
// index.ts
declare const myGlobalValue: string;

console.log(myGlobalValue); // Ok
```

Obwohl Typformen wie Interfaces in *.d ts*-Definitionsdateien mit und ohne `declare` erlaubt sind, lösen Laufzeitkonstrukte wie Funktionen oder Variablen ohne `declare` einen Typfehler aus:

```
// index.d.ts
interface Writer {} // Ok
declare interface Writer {} // Ok

declare const fullName: string; // Ok: Typ ist der primitive Datentyp string
declare const firstName: "Liz"; // Ok: Typ ist der Literalwert
```

```
const lastName = "Lemon";
// Error: Top-level declarations in .d.ts files must
// start with either a 'declare' or 'export' modifier.
```

Globale Werte

Da TypeScript-Dateien, die keine `import`- oder `export`-Anweisungen enthalten, als *Skripte* und nicht als *Module* behandelt werden, sind in ihnen deklarierte Konstrukte – und damit auch Typen – global verfügbar. Definitionsdateien ohne Importe oder Exporte können dieses Verhalten nutzen, um Typen global zu deklarieren. Globale Definitionsdateien sind besonders nützlich, um globale Typen oder Variablen zu deklarieren, die in allen Dateien einer Anwendung verfügbar sein sollen.

Im folgenden Beispiel wird in einer Datei *globals.d.ts* angegeben, dass eine Variable `const version: string` global existiert. Eine Datei *version.ts* kann dann auf eine globale Variable `version` verweisen, ohne dass sie aus *globals.d.ts* importiert werden muss:

```
// globals.d.ts
declare const version: string;

// version.ts
export function logVersion() {
    console.log(`Version: ${version}`); // Ok
}
```

Global deklarierte Werte kommen am häufigsten in Browseranwendungen vor, die globale Variablen nutzen. Obwohl die meisten modernen Web-Frameworks neuere Techniken wie ECMAScript-Module verwenden, kann es – vor allem in kleineren Projekten – immer noch nützlich sein, Variablen global speichern zu können.

> Wenn Sie feststellen, dass Sie auf globale Typen, die in einer *.d.ts*-Datei deklariert sind, nicht automatisch zugreifen können, überprüfen Sie, dass in dieser Datei nichts importiert und exportiert wird. Schon ein einziger Export führt dazu, dass die gesamte Datei nicht mehr global verfügbar ist!

Verschmelzung globaler Interfaces

Variablen sind nicht die einzigen Globals, die im Typsystem eines TypeScript-Projekts umherschwirren. Viele Typdeklarationen existieren global für globale APIs und Werte. Da Interfaces mit weiteren gleichnamigen Interfaces verschmelzen, wird ein Interface, das in einem globalen Skriptkontext – z.B. in einer *.d.ts*-Deklarationsdatei ohne `import`- oder `export`-Anweisungen – deklariert wird, global erweitert.

Es könnte beispielsweise vorkommen, dass eine Webanwendung, die sich auf eine vom Server gesetzte globale Variable stützt, diese als auf dem globalen Interface `Window` vorhanden deklarieren möchte. Die Verschmelzung von Interfaces würde es einer Datei wie *types/window.d.ts* ermöglichen, eine Variable zu deklarieren, die auf der globalen Variablen `window` vom Typ `Window` existiert:

```
<script type="text/javascript">
window.myVersion = "3.1.1";
</script>

// types/window.d.ts
interface Window {
    myVersion: string;
}

// index.ts
export function logWindowVersion() {
    console.log(`Window version is: ${window.myVersion}`);
    window.alert("Built-in window types still work! Hooray!")
}
```

Globale Augmentationen

Es ist nicht immer machbar, in einer *.d.ts*-Datei, die auch den globalen Bereich erweitern muss, auf `import`- und `export`-Anweisungen zu verzichten, z.B. wenn Ihre globalen Definitionen durch den Import eines an anderer Stelle definierten Typs stark vereinfacht werden. Manchmal sind Typen, die in einer Moduldatei deklariert sind, dafür gedacht, global genutzt zu werden.

Für diese Fälle bietet TypeScript eine Syntax, um einen Codeblock mit `declare global` als global zu deklarieren. Dadurch wird der Inhalt dieses Blocks als in einem globalen Kontext stehend gekennzeichnet, unabhängig vom Kontext seiner Umgebung:

```
// types.d.ts
// (Modul-Kontext)

declare global {
    // (globaler Kontext)
}

// (Modul-Kontext)
```

Hier exportiert eine Datei *types/data.d.ts* ein Interface `Data`, das später sowohl von *types/globals.d.ts* als auch von der Laufzeitdatei *index.ts* importiert wird:

```
// types/data.d.ts
export interface Data {
    version: string;
}
```

Zusätzlich deklariert *types/globals.d.ts* eine Variable des Typs `Data` global in einem `declare global`-Block sowie eine Variable, die nur in dieser Datei verfügbar ist:

```
// types/globals.d.ts
import { Data } from "./data";

declare global {
    const globallyDeclared: Data;
}

declare const locallyDeclared: Data;
```

index.ts hat dann ohne Import Zugriff auf die Variable `globallyDeclared`, muss aber noch `Data` importieren:

```
// index.ts
import { Data } from "./types/data";

function logData(data: Data) { // Ok
    console.log(`Data version is: ${data.version}`);
}

logData(globallyDeclared); // Ok

logData(locallyDeclared);
//      ~~~~~~~~~~~~~~~
// Error: Cannot find name 'locallyDeclared'.
```

Es kann mitunter etwas tricky sein, globale und Moduldeklarationen auf geschickte Art und Weise zu kombinieren. Durch die richtige Verwendung der Schlüsselwörter `declare` und `global` lässt sich beschreiben, welche Typdefinitionen in Projekten global verfügbar sein sollen.

Integrierte Deklarationen

Nachdem Sie jetzt wissen, wie Deklarationen funktionieren, ist es an der Zeit, ihre verborgene Verwendung in TypeScript zu enthüllen: Das Typechecking wird von ihnen angetrieben! Globale Objekte wie `Array`, `Function`, `Map` und `Set` sind Beispiele für Konstrukte, die dem Typsystem bekannt sein müssen, aber nicht in Ihrem Code deklariert werden. Sie werden von der jeweiligen Laufzeitumgebung zur Verfügung gestellt, in der Ihr Code läuft: Deno, Node, einem Webbrowser usw.

Bibliotheks-Deklarationen

Eingebaute globale Objekte wie `Array` und `Function`, die in allen JavaScript-Runtimes existieren, werden in Dateien mit Namen wie *lib.[target].d.ts* deklariert. Dabei bezeichnet *target* die von Ihrem Projekt unterstützte Mindestversion von JavaScript, z.B. ES5, ES2020 oder ESNext.

Die eingebauten Bibliotheksdefinitionsdateien, oft kurz »Lib-Dateien« genannt, sind ziemlich groß, weil sie die Gesamtheit der APIs von JavaScript darstellen. Zum Beispiel werden die Member des eingebauten Typs `Array` durch ein globales Interface `Array` dargestellt, das wie folgt beginnt:

```
// lib.es5.d.ts

interface Array<T> {
    /**
     * Gets or sets the length of the array.
     * This is a number one higher than the highest index in the array.
     */
    length: number;

    // ...
}
```

Lib-Dateien werden als Teil des npm-TypeScript-Pakets verteilt. Sie finden sie innerhalb des Pakets unter Pfaden wie *node_modules/typescript/lib/lib.es5.d.ts*. In IDEs wie VS Code, die ihre eigenen TypeScript-Versionen für die Typprüfung verwenden, können Sie die verwendete Lib-Datei finden, indem Sie mit der rechten Maustaste auf eine integrierte Methode – beispielsweise `forEach` eines Arrays – klicken und einen Befehl wie *Go to Definition* (Abbildung 11-1) wählen bzw. bei einer deutschen Editoroberfläche *Gehe zu Definition*.

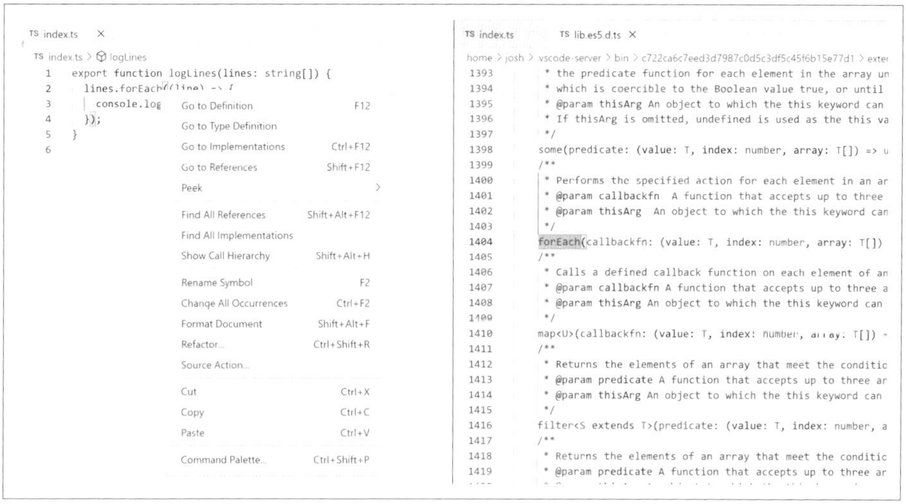

Abbildung 11-1: Links: Sprung zur Definition der Array-Methode forEach; rechts: die geöffnete Deklarationsdatei lib.es5.d.ts

Zielversionen

TypeScript schließt beim Kompilieren standardmäßig die entsprechende Bibliotheksdatei gemäß der Einstellung `target` ein, die TypeScript entweder beim Aufruf von `tsc` auf der Kommandozeile und/oder in der *tsconfig.json* Ihres Projekts mitgeteilt wird (standardmäßig »es5«). Bibliotheksdateien für neuere Versionen von JavaScript bauen mittels Interface-Verschmelzung sukzessive aufeinander auf.

Zum Beispiel sind statische Member von `Number` wie `EPSILON` und `isFinite`, die in ES2015 eingeführt wurden, in *lib.es2015.d.ts* definiert:

```
// lib.es2015.d.ts

interface NumberConstructor {
    /**
     * The value of Number.EPSILON is the difference between 1 and the
     * smallest value greater than 1 that is representable as a Number
     * value, which is approximately:
     * 2.2204460492503130808472633361816 x 10-16.
     */
    readonly EPSILON: number;
```

```
    /**
     * Returns true if passed value is finite.
     * Unlike the global isFinite, Number.isFinite doesn't forcibly
     * convert the parameter to a number. Only finite values of the
     * type number result in true.
     * @param number A numeric value.
     */
    isFinite(number: unknown): boolean;

    // ...
}
```

TypeScript-Projekte enthalten die Lib-Dateien für alle Zielversionen von JavaScript bis »hinauf« zur als target definierten Mindestversion. Ein Projekt mit der Zielversion "es2016" würde beispielsweise *lib.es5.d.ts*, *lib.es2015.d.ts* und *lib.es2016.d.ts* enthalten.

> Sprachmerkmale, die erst in JavaScript-Versionen eingeführt wurden, die neuer als die angegebene Zielversion sind, stehen im Typsystem nicht zur Verfügung. Wenn Ihr target beispielsweise "es5" lautet, werden Sprachmerkmale von ES2015 oder später wie etwa `String.prototype.startsWith` nicht erkannt.

Compileroptionen wie target werden in Kapitel 13, »Konfigurationsoptionen«, detaillierter behandelt.

DOM-Deklarationen

Die am häufigsten referenzierten Typdeklarationen außerhalb des JavaScript-Sprachkerns beziehen sich auf Webbrowser. Webbrowser-Typen, die allgemein als »DOM«-Typen bezeichnet werden, umfassen APIs wie `localStorage` und Typformen wie `HTMLElement`, die hauptsächlich in Webbrowsern verfügbar sind. DOM-Typen werden in einer eigenen Datei namens *lib.dom.d.ts* deklariert, die im selben Verzeichnis wie die anderen *lib.*.d.ts*-Deklarationsdateien liegt.

Globale DOM-Typen werden, wie viele eingebaute Globals, oft durch globale Interfaces beschrieben. Das Interface `Storage` wird beispielsweise für `localStorage` und `sessionStorage` verwendet und beginnt ungefähr so:

```
// lib.dom.d.ts

interface Storage {
    /**
     * Returns the number of key/value pairs.
     */
    readonly length: number;

    /**
     * Removes all key/value pairs, if there are any.
     */
    clear(): void;
```

```
    /**
     * Returns the current value associated with the given key,
     * or null if the given key does not exist.
     */
    getItem(key: string): string | null;

    // ...
}
```

In Projekten, in denen die Compileroption `lib` nicht übersteuert wird, sind die DOM-Typen standardmäßig in TypeScript enthalten. Das kann für Entwickler, die an Projekten arbeiten, die in Nicht-Browser-Umgebungen wie Node ausgeführt werden sollen, manchmal verwirrend sein, denn sie können dadurch fälschlicherweise auf globale APIs wie `document` und `localStorage` zugreifen, die das Typsystem dann für vorhanden hält. Compileroptionen wie `lib` werden in Kapitel 13, »Konfigurationsoptionen«, ausführlicher behandelt.

Moduldeklarationen

Als weitere wichtige Eigenschaft von Deklarationsdateien kann darin die Beschaffenheit von Modulen beschrieben werden. Setzt man die Schlüsselwörter `declare module` vor den als Zeichenkette angegebenen Namen eines Moduls, kann man das Typsystem im Deklarationskörper über den Inhalt dieses Moduls informieren.

Im folgenden Beispiel wird das Modul `"my-example-lib"` in einer Deklarations-Skriptdatei *modules.d.ts* deklariert und in einer *index.ts*-Datei verwendet:

```
// modules.d.ts
declare module "my-example-lib" {
    export const value: string;
}

// index.ts
import { value } from "my-example-lib";

console.log(value); // Ok
```

Sie werden `declare module` in Ihrem eigenen Code nur selten, wenn überhaupt jemals, verwenden müssen. Es wird hauptsächlich bei den Wildcard-Moduldeklarationen des folgenden Abschnitts und mit Paket-Typen verwendet, die später in diesem Kapitel behandelt werden. Außerdem finden Sie in Kapitel 13, »Konfigurationsoptionen«, Informationen zur Compileroption `resolveJsonModule`, die es TypeScript ermöglicht, Importe aus *.json*-Dateien nativ zu erkennen.

Moduldeklarationen mit Platzhaltern

Moduldeklarationen werden häufig verwendet, um Webanwendungen mitzuteilen, dass aus Dateien mit einer bestimmten Nicht-JavaScript-/TypeScript-Dateierweiterung importiert werden kann. Dazu können Moduldeklarationen einen einzelnen Stern als Platzhalter enthalten, um anzuzeigen, dass alle Module, die diesem Muster entsprechen, die gleichen Typen exportieren.

Zum Beispiel unterstützen viele Webprojekte – beispielsweise die in den beliebten React-Startern create-react-app und create-next-app vorkonfigurierten Projektvorlagen – CSS-Module, um Stile aus CSS-Dateien als Objekte zu importieren, die zur Laufzeit verwendet werden können. Dazu können Module mit einem Muster der Form `"*.module.css"` definiert werden, die standardmäßig jeweils ein Objekt des Typs `{ [i: string]: string }` exportieren:

```
// styles.d.ts
declare module "*.module.css" {
    const styles: { [i: string]: string };
    export default styles;
}

// component.ts
import styles from "./styles.module.css";

styles.anyClassName; // Typ: string
```

> Die Verwendung von Wildcard-Modulen zur Darstellung lokaler Dateien ist nicht vollständig typsicher. TypeScript bietet keinen Mechanismus, um sicherzustellen, dass eine zum Pfad des importierten Moduls passende lokale Datei existiert. Einige Projekte verwenden einen Module-Bundler wie Webpack und/oder generieren *.d.ts*-Dateien aus lokalen Dateien, um sicherzustellen, dass die Importe funktionieren.

Typen von Paketen

Nachdem Sie nun erfahren haben, wie man Typinformationen innerhalb eines Projekts deklariert, ist es an der Zeit, sich mit der gegenseitigen Verwendung von Typen zwischen Paketen zu beschäftigen. In TypeScript geschriebene Projekte werden im Allgemeinen noch immer als Pakete mit kompilierten *.js*-Dateien verteilt. Dabei werden normalerweise *.d.ts*-Dateien verwendet, um die im Typsystem von TypeScript eingesetzten Typformen zu deklarieren.

declaration

TypeScript bietet eine Compileroption `declaration`, um neben der JavaScript-Ausgabe auch *.d.ts*-Dateien erstellen zu lassen.

Nehmen wir zum Beispiel die folgende Quelldatei *index.ts*:

```
// index.ts
export const greet = (text: string) => {
    console.log(`Hello, ${text}!`);
};
```

Mit den Compileroptionen `declaration` sowie einer Angabe für `module` von `"es2015"` und einer Zielversionsvorgabe `target` von `"es2015"` würde die folgenden Ausgabe generiert werden:

```
// index.d.ts
export declare const greet: (text: string) => void;

// index.js
export const greet = (text) => {
    console.log(`Hello, ${text}!`);
};
```

Automatisch erzeugte *.d.ts*-Dateien sind die beste Möglichkeit, um die Typdefinitionen eines Projekts den Nutzern bzw. dem konsumierenden Code zur Verfügung zu stellen. Es wird allgemein empfohlen, dass in TypeScript geschriebene Pakete, die *.js*-Dateien ausgeben, auch *.d.ts*-Dateien bündeln sollten.

Compileroptionen wie `declaration` werden in Kapitel 13, »Konfigurationsoptionen«, ausführlicher behandelt.

Typen von Dependency-Paketen

TypeScript ist in der Lage, *.d.ts*-Dateien zu entdecken und zu verwenden, die in den `node_modules`-Abhängigkeiten, den Dependencies eines Projekts, gebündelt sind. Diese Dateien informieren das Typsystem über die Typformen, die von diesem Paket exportiert werden, als ob sie innerhalb desselben Projekts geschrieben oder mit einem `declare`-Modulblock deklariert worden wären.

Ein typisches npm-Modul mit eigenen *.d.ts*-Deklarationsdateien könnte folgende Dateistruktur haben:

```
lib/
    index.js
    index.d.ts
package.json
```

Das allseits beliebte Test-Framework Jest ist beispielsweise in TypeScript geschrieben und stellt seine eigenen gebündelten *.d.ts*-Dateien in seinem `jest`-Paket bereit. Es ist vom Paket `@jest/globals` abhängig, das Funktionen wie `describe` und `it` bereitstellt, die `jest` dann global verfügbar macht:

```
// package.json
{
    "devDependencies": {
        "jest": "^32.1.0"
    }
}

// using-globals.d.ts
describe("MyAPI", () => {
    it("works", () => { /* ... */ });
});

// using-imported.d.ts
import { describe, it } from "@jest/globals";

describe("MyAPI", () => {
    it("works", () => { /* ... */ });
});
```

Wenn wir eine sehr begrenzte Teilmenge der Pakete mit Jest-Typinformationen von Grund auf neu erstellen würden, könnten sie in etwa wie diese Dateien aussehen. Das Paket `@jest/globals` exportiert die Funktionen `describe` und `it`. Das Paket `jest` importiert diese Funktionen dann und erweitert den globalen Geltungsbereich um die Variablen `describe` und `it` vom Typ der entsprechenden Funktion:

```
// node_modules/@jest/globals/index.d.ts
export function describe(name: string, test: () => void): void;
export function it(name: string, test: () => void): void;

// node_modules/jest/index.d.ts
import * as globals from "@jest/globals";

declare global {
    const describe: typeof globals.describe;
    const it: typeof globals.it;
}
```

Diese Struktur ermöglicht es Projekten, die Jest verwenden, auf globale Versionen von `describe` und `it` zu verweisen. Alternativ können Projekte diese Funktionen auch aus dem Paket `@jest/globals` importieren.

Paket-Typen bereitstellen

Wenn Ihr Projekt als npm-Paket verteilt werden und für konsumierenden Code Typen bereitstellen soll, fügen Sie der Datei *package.json* des Pakets ein Feld `"types"` hinzu, um auf die Root-Deklarationsdatei zu verweisen. Das Feld `"types"` funktioniert ähnlich wie das Feld `"main"` und ist oft fast identisch, mit dem Unterschied, dass die dort genannte Datei die Erweiterung *.d.ts* anstelle von *.js* trägt.

In der folgenden Paketdatei `fictional` wird beispielsweise die Laufzeitdatei *./lib/index.js* von der Typdatei *./lib/index.d.ts* begleitet:

```
{
  "author": "Pendant Publishing",
  "main": "./lib/index.js",
  "name": "coffeetable",
  "types": "./lib/index.d.ts",
  "version": "0.5.22",
}
```

TypeScript würde hier konsumierenden Dateien, die etwas aus dem Paket `utilitarian` importieren, den Inhalt von *./lib/index.d.ts* bereitstellen.

> Fehlt das Feld types in der *package.json* eines Pakets, geht TypeScript vom Standardwert *./index.d.ts* aus. Dieses Vorgehen spiegelt das Standardverhalten von npm wider, das bei fehlender Angabe von types davon ausgeht, dass eine Datei namens *./index.js* der Einstiegspunkt `main` eines Pakets ist.

Die meisten mit TypeScript geschriebenen Pakete verwenden die Compileroption `declaration`, um aus den Quelldateien neben der *.js*-Ausgabe auch *.d.ts*-Dateien zu erzeugen. Compileroptionen werden in Kapitel 13, »Konfigurationsoptionen«, behandelt.

DefinitelyTyped

Leider sind nicht alle Projekte in TypeScript geschrieben. Einige bedauernswerte Entwicklerinnen und Entwickler benutzen noch immer einfaches, herkömmliches JavaScript, ohne dass ihnen ein Typechecker zur Seite steht. Entsetzlich.

Unsere eigenen TypeScript-Projekte müssen also irgendwie über die in den Modulen dieser Pakete verwendeten Typformen informiert werden. Das TypeScript-Team und die TypeScript-Community haben ein riesiges Repository namens DefinitelyTyped (*https://github.com/DefinitelyTyped/DefinitelyTyped*) eingerichtet, um von der Community erstellte Definitionen für Pakete zu sammeln. DefinitelyTyped, oder kurz DT, ist eines der aktivsten Repositories auf GitHub. Es enthält Tausende von Paketen mit *.d.ts*-Definitionen sowie Automatismen, um Änderungsvorschläge zu prüfen und Aktualisierungen zu veröffentlichen.

DT-Pakete werden auf npm im Bereich (scope) `@types` unter demselben Namen wie das Paket veröffentlicht, für das sie Typen bereitstellen. Beispielsweise enthält – Stand 2022 – `@types/react` Typdefinitionen für das Paket `react`.

> `@types` werden im Allgemeinen entweder als `dependencies` oder als `devDependencies` installiert, obwohl die Unterscheidung zwischen diesen beiden in den letzten Jahren immer unschärfer geworden ist. Generell gilt, dass Sie `dependencies` verwenden sollten, sofern Ihr Projekt als npm-Paket verteilt werden soll, damit die Konsumenten des Pakets auch die darin verwendeten Typdefinitionen importieren können. Handelt es sich bei Ihrem Projekt dagegen um eine eigenständige Anwendung, die z. B. auf einem Server erstellt und ausgeführt wird, sollten Sie `devDependencies` verwenden, um zu verdeutlichen, dass die Typen nur als Werkzeug während der Entwicklungszeit dienen.

Beispielsweise würde die Datei *package.json* für ein Hilfspaket, das `lodash` benötigt – für das, Stand 2022, ein separates Paket `@types/lodash` existiert – ungefähr folgende Zeilen enthalten:

```
// package.json
{
    "dependencies": {
        "@types/lodash": "^4.14.182",
        "lodash": "^4.17.21",
    }
}
```

Die *package.json* für eine eigenständige Anwendung, die auf React aufbaut, könnte folgende Zeilen enthalten:

```
// package.json
{
    "dependencies": {
        "react": "^18.1.0"
    },
    "devDependencies": {
        "@types/react": "^18.0.9"
    },
}
```

Beachten Sie, dass die Versionsnummern der semantischen Versionierung (»semver«) zwischen `@types/`-Paketen und den Paketen, die sie repräsentieren, nicht unbedingt übereinstimmen müssen. Oft hängen die Pakete mit den Typisierungen eine Patch-Version zurück, wie im React-Beispiel, oder unterscheiden sich in der Minor-Version wie bei Lodash – oder gar in der Hauptversion.

> Da diese Dateien aus der Community stammen, können sie hinter dem Basisprojekt zurückbleiben oder kleine Ungenauigkeiten aufweisen. Wenn Ihr Projekt erfolgreich kompiliert wurde, beim Aufruf von Bibliotheken jedoch Laufzeitfehler gemeldet werden, sollten Sie prüfen, ob sich die Signaturen der aufgerufenen APIs geändert haben. Bei ausgereiften Projekten mit stabilen APIs ist das zwar selten, aber dennoch nicht ungewöhnlich.

Verfügbarkeit von Typinformationen

Die meisten gängigen JavaScript-Pakete werden entweder mit ihren eigenen Typinformationen ausgeliefert oder es sind welche auf DefinitelyTyped verfügbar.

Wenn Sie Typinformationen für ein Paket benötigen, für das es noch keine gibt, haben Sie in der Regel drei Möglichkeiten:

- Senden Sie einen Pull-Request an DefinitelyTyped, um das entsprechende Paket im Bereich `@types/` zu erstellen.
- Verwenden Sie die bereits vorgestellte Syntax `declare module`, um die Typen in Ihrem Projekt zu deklarieren.
- Deaktivieren Sie `noImplicitAny`, wie in Kapitel 13, »Konfigurationsoptionen«, beschrieben – aber beachten Sie auch die dringliche Warnung davor.

Ich würde empfehlen, Typinformationen zu DefinitelyTyped beizusteuern, wenn Sie die Zeit dazu haben. Damit helfen Sie anderen TypeScript-Entwicklern, die dieses Paket ebenfalls verwenden möchten.

> Unter aka.ms/types (*https://aka.ms/types*) können Sie herausfinden, ob ein Paket Typinformationen mitbringt oder diese über ein separates `@types/`-Paket verfügbar sind.

Zusammenfassung

In diesem Kapitel haben Sie Deklarationsdateien und Wertdeklarationen verwendet, um TypeScript über Module und Werte zu informieren, die nicht in Ihrem Quellcode deklariert werden. Wir haben uns mit diesen Themen beschäftigt:

- Erstellen von Deklarationsdateien mit Dateiendung *.d.ts*
- Deklarieren von Typen und Werten mit dem Schlüsselwort `declare`
- Ändern von globalen Typen mithilfe von globalen Werten, globalen Verschmelzungen von Interfaces und globalen Augmentationen

- Konfigurieren und Verwenden von TypeScripts eingebauten Zielversions-, Bibliotheks- und DOM-Deklarationen
- Deklaration von Modultypen, einschließlich der Nutzung von Wildcards für die Modulauswahl
- Wie TypeScript an Typinformationen aus Paketen gelangt
- Verwendung von DefinitelyTyped, um Typinformationen zu Paketen zu bekommen, die keine eigenen Typen enthalten

> Nachdem Sie dieses Kapitel gelesen haben, können Sie das Gelernte auf *https://learningtypescript.com/declaration-files* anwenden und einüben.

Was sagen TypeScript-Typen im amerikanischen Süden?

»Why, I do `declare`!«

KAPITEL 12

IDE-Funktionen verwenden

Programmieren mit einer IDE
Fühlt sich beim ersten Mal an
als hätte man Superkräfte.

Keine populäre Programmiersprache wäre vollständig ohne Syntaxhervorhebung und andere Funktionen integrierter Entwicklungsumgebungen (IDE: Integrated Development Environment), die die Entwicklung in dieser Sprache unterstützen. Eine der größten Stärken von TypeScript besteht darin, dass sein Sprachdienst eine Reihe leistungsstarker Entwicklungshilfen für JavaScript- und TypeScript-Code bietet. In diesem Kapitel stelle ich einige der nützlichsten Hilfen vor.

Ich empfehle Ihnen dringend, diese IDE-Funktionen mit den TypeScript-Projekten auszuprobieren, die Sie parallel zur Lektüre dieses Buchs erstellt haben. Obwohl alle Beispiele und Screenshots in diesem Kapitel aus meinem Lieblingseditor Visual Studio Code – kurz VS Code – stammen, finden Sie die meisten oder sogar alle der in diesem Kapitel vorgestellten Möglichkeiten in allen IDEs mit TypeScript-Unterstützung. Mit Stand 2022 gibt es eine native Unterstützung oder durch Plug-ins realisierte Unterstützung auf jeden Fall in diesen IDEs bzw. Editoren: Atom, Emacs, Vim, Visual Studio und WebStorm.

> In diesem Kapitel stelle ich Ihnen eine Auswahl einiger nützlicher TypeScript-IDE-Funktionen samt der dazugehörigen Tastaturkürzel in VS Code vor. Wenn Sie in TypeScript programmieren, werden Sie nach und nach weitere Funktionen entdecken.

Viele IDE-Features finden Sie im Kontextmenü, das sich mit einem Rechtsklick auf einen Bezeichner im Code öffnet. IDEs wie VS Code zeigen im Allgemeinen im Kontextmenü auch die den Befehlen zugeordneten Tastaturkürzeln an. Wenn Sie sich mit den Shortcuts Ihrer IDE vertraut machen und diese nutzen, werden Sie beim Programmieren und Refaktorieren deutlich schneller sein.

Der folgende Screenshot zeigt die Liste der Befehle und ihrer Tastaturkürzel, die in VS Code für eine Variable im TypeScript-Code angezeigt wird. (Abbildung 12-1).

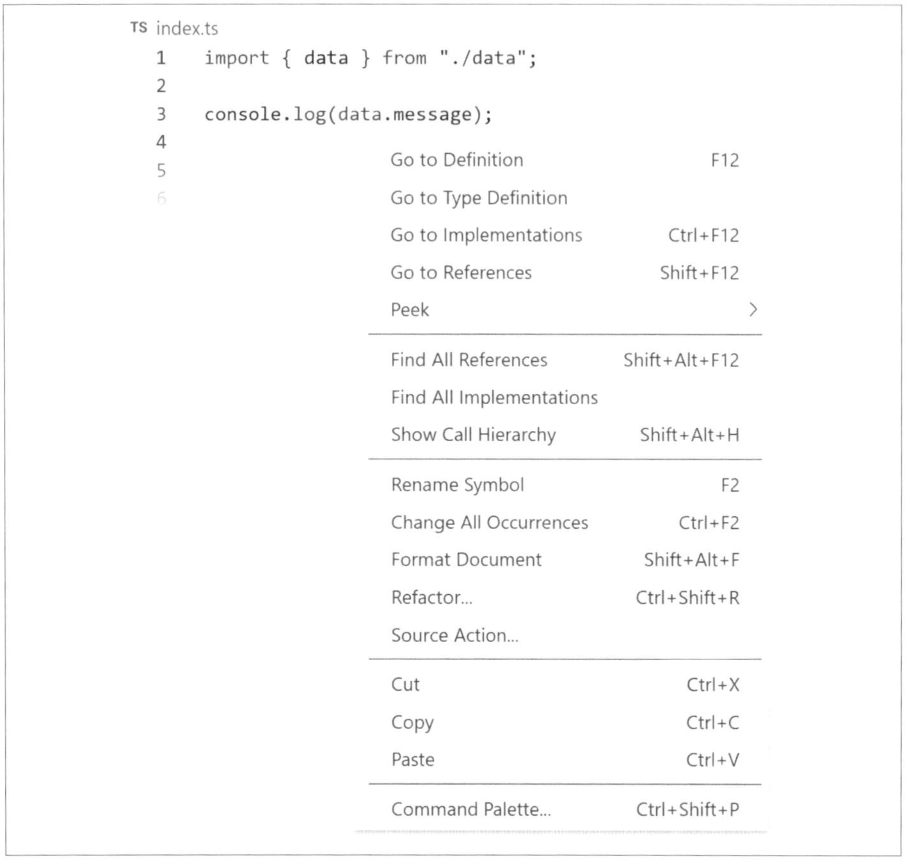

Abbildung 12-1: Eine in VS Code angezeigte Liste von Befehlen im Kontextmenü einer Variablen

> In VS Code wählt man, wie in den meisten Anwendungen, mit den Pfeiltasten nach oben und unten die Optionen eines Menüs aus und startet den markierten Befehl mit der Eingabetaste – oder man nutzt die Maus.

Im Code navigieren

Entwickler verbringen im Allgemeinen viel mehr Zeit damit, Code zu lesen, als ihn aktiv zu schreiben. Tools, die bei der Navigation im Code helfen, sind äußerst nützlich, um diese Zeit des Lesens (und Suchens) zu verkürzen. Viele der vom TypeScript-Sprachdienst bereitgestellten Funktionen sollen dabei helfen, den Code besser zu verstehen, insbesondere um zwischen Typdefinitionen oder Werten im Code und den Stellen, an denen sie verwendet werden, hin- und herzuspringen.

Ich werde die am häufigsten verwendeten Navigationsoptionen aus dem Kontextmenü zusammen mit den entsprechenden VS-Code-Tastaturkürzeln erläutern.

Definitionen suchen

Sie können von einer Referenz zu einer Typdefinition oder einem Wert springen und wieder zu Ihrer ursprüngliche Position im Code zurückkehren. VS Code bietet eine Reihe von Möglichkeiten, um solche Rückverfolgungen durchzuführen:

- `Go to Definition` (F12) navigiert direkt zu der Stelle, an der ein gesuchter Name ursprünglich definiert wurde.
- Cmd (Mac) / Strg (Windows) + Klicken auf einen Namen führt ebenfalls zu einer Definition.
- Mit `Peek` > `Peek Definition` (Option (Mac) / Alt (Windows) + F12) wird stattdessen ein Vorschaufenster mit der Definition angezeigt.

`Go to Type Definition` ist eine spezialisierte Version von `Go to Definition`, die zur Definition des jeweiligen Typs eines Werts führt. Bei einer Instanz einer Klasse oder eines Interface wird die Klasse oder das Interface selbst angezeigt – nicht die Stelle, an der die Instanz definiert wird.

Der Screenshot in Abbildung 12-2 zeigt, wie man mit dem Befehl `Go to Definition` die Definition einer in eine Datei importierten Variablen `data` findet.

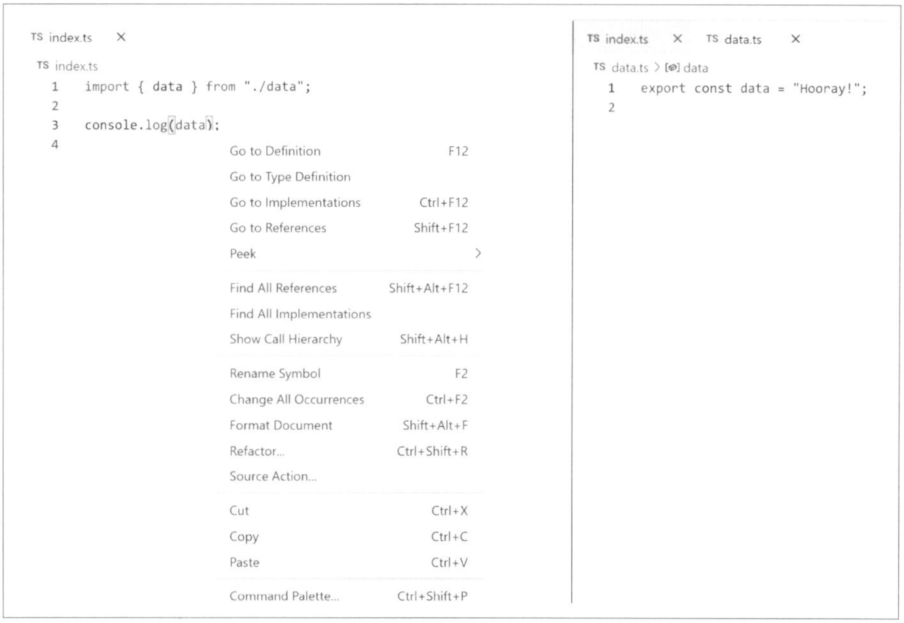

Abbildung 12-2: Links: Sprung zur Definition einer Variablen; rechts: die geöffnete Datei data.ts

Sofern die Definition zu Ihrem eigenen Code gehört, wird der Editor Sie zu dieser Datei führen. Module außerhalb Ihres Codes, wie z.B. npm-Pakete, verwenden stattdessen in der Regel *.d.ts*-Deklarationsdateien.

Verwendungen suchen

Ausgehend von einer Typdefinition oder einem Wert kann TypeScript eine Liste aller darauf verweisenden Referenzen anzeigen, also aller Stellen, an denen die Definition oder der Wert im Projekt verwendet wird. VS Code bietet mehrere Möglichkeiten, sich diese Informatonen anzeigen zu lassen.

`Go to References` (Umschalttaste + F12) zeigt eine Liste von Referenzen auf eine Typdefinition oder einen Wert – beginnend mit der Ausgangsstelle selbst – in einem erweiterbaren Vorschaufenster direkt unter dem mit der rechten Maustaste angeklickten Bezeichner.

In Abbildung 12-3 sehen Sie zum Beispiel das Ergebnis des Befehls `Go to References` für eine Deklaration einer Variablen `data` in einer Datei *data.ts*, das sowohl die Deklaration als auch die Verwendung in einer weiteren Datei *index.ts* zeigt.

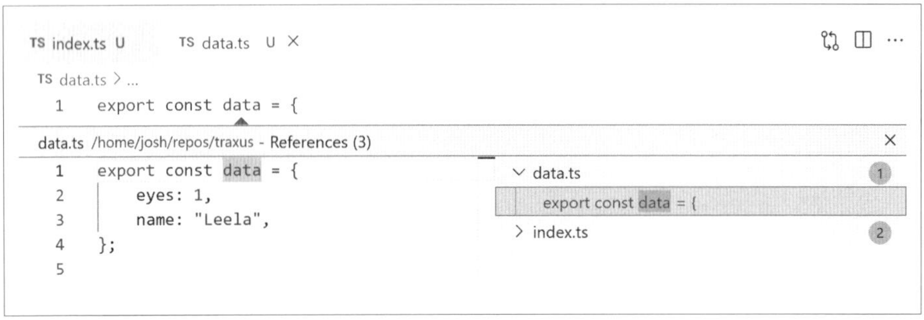

Abbildung 12-3: Vorschaufenster mit Verwendungen einer Variablen

Das Vorschaufenster enthält eine Dateiansicht der referenzierenden Datei. Sie können diese Datei bearbeiten – Code eingeben, Editor-Befehle ausführen usw. –, als ob es sich um eine normal geöffnete Datei handeln würde. Sie können auch innerhalb des Vorschaubereichs einer Datei doppelklicken, um diese zu öffnen.

Wenn Sie in der Liste der Dateinamen auf der rechten Seite des Vorschaufensters auf einen Dateinamen klicken, wird in der Dateivorschau der Inhalt dieser Datei angezeigt. Ein Doppelklick auf eine Zeile einer Datei in der Liste öffnet die Datei und wählt die entsprechenden Referenzen aus.

In Abbildung 12-4 wird auf der rechten Seite von VS Code die Deklaration und Verwendung der Variablen `data` in erweiterter Form gezeigt.

`Find All References` (Option (Mac) / Alt (Windows) + Umschalttaste + F12) zeigt ebenfalls eine Liste mit Referenzen an, allerdings in einer Seitenleiste, die nach der im Code erfolgten Navigation weiterhin sichtbar bleibt. Das ist praktisch, um mehrere Referenzen gleichzeitig zu öffnen oder darauf gleichzeitige Aktionen auszuführen (Abbildung 12-5).

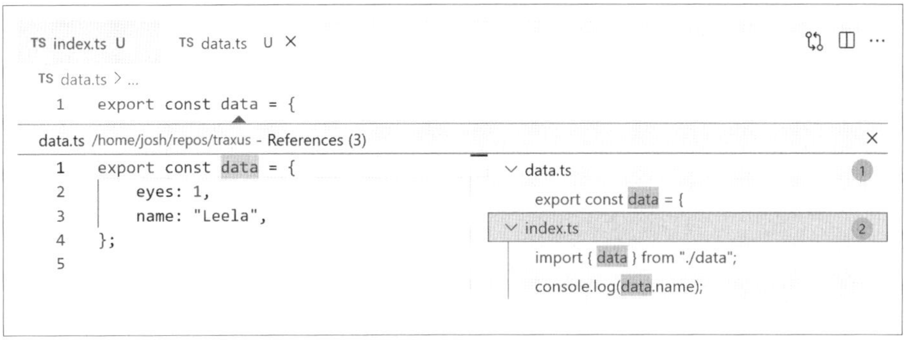

Abbildung 12-4: Vorschaufenster, in dem Referenzen auf eine Variable gezeigt werden

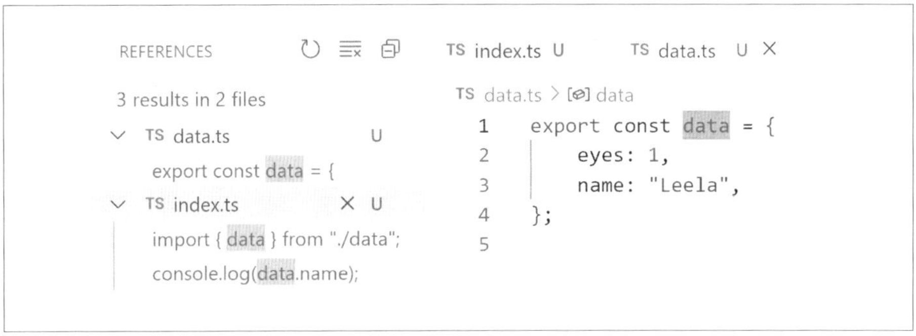

Abbildung 12-5: Anzeige des für eine Variable ausgeführten Befehls Find All References

Implementierungen suchen

`Go to Implementations` (Cmd (Mac) / Strg (Windows) + F12) und `Find All Implementations` sind spezialisierte Versionen von `Go to`/`Find All References` für Interfaces und abstrakte Klassenmethoden. Damit werden im Code alle Implementierungen eines Interface oder einer abstrakten Methode gefunden (Abbildung 12-6).

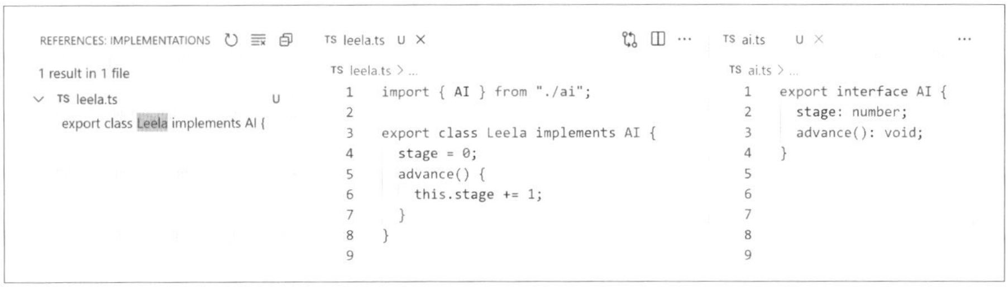

Abbildung 12-6: Ergebnis des Befehls Find All Implementations für ein Interface AI

Diese Befehle sind besonders hilfreich, wenn Sie gezielt danach suchen, wie Werte verwendet werden, die als Klasse oder Interface typisiert wurden. `Find All References` könnte ein zu unübersichtliches Ergebnis liefern, da mit diesem Befehl auch Definitionen der Klasse oder des Interface selbst sowie andere Typverweise auf diese Elemente angezeigt werden.

Code schreiben

IDE-Sprachdienste wie der TypeScript-Dienst von VS Code laufen im Hintergrund des Editors und reagieren auf die in Dateien vorgenommenen Aktionen. Sie erkennen Änderungen an den Dateien während der Eingabe – noch bevor die Änderungen gespeichert werden. Das ermöglicht eine Vielzahl von Funktionen, die bei der Automatisierung gängiger Aufgaben beim Schreiben von TypeScript-Code helfen.

Namen vervollständigen

Editoren können mithilfe von TypeScripts APIs auch Namen vervollständigen, die in derselben Datei vorkommen. Wenn Sie mit der Eingabe eines Bezeichners beginnen, z.B. wenn Sie eine zuvor deklarierte Variable als Funktionsargument bereitstellen, schlagen Editoren, die TypeScript verwenden, zur automatischen Vervollständigung oft eine Liste von Variablen mit passenden Namen vor. Wenn Sie mit der Maus auf einen Namen in der Liste klicken oder einen Vorschlag markieren und die Eingabetaste drücken, wird Ihre noch unvollständige Eingabe zu diesem Namen vervollständigt (Abbildung 12-7).

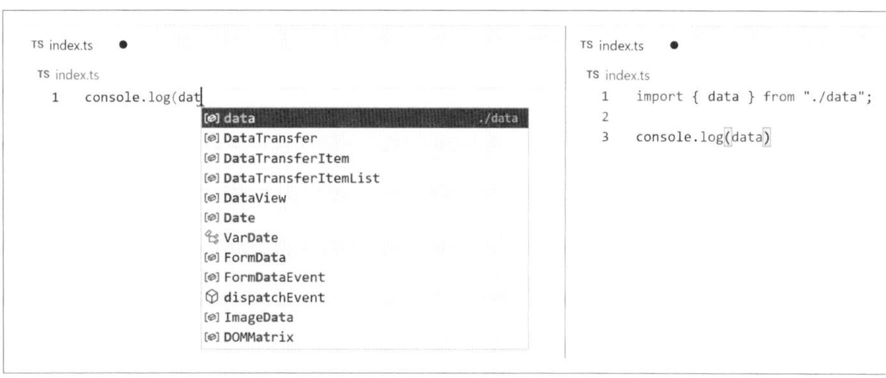

Abbildung 12-7: Links: Autovervollständigung einer als dat eingegebenen Variablen; rechts: das Ergebnis der Autovervollständigung zu einer importierten Variablen data

Automatische Ergänzungen von Importen für Paketabhängigkeiten werden ebenfalls angeboten. Abbildung 12-8 zeigt die Importe und den Modulcode einer TypeScript-Datei, bevor und nachdem `sortBy` aus dem Paket `"lodash"` importiert wurde.

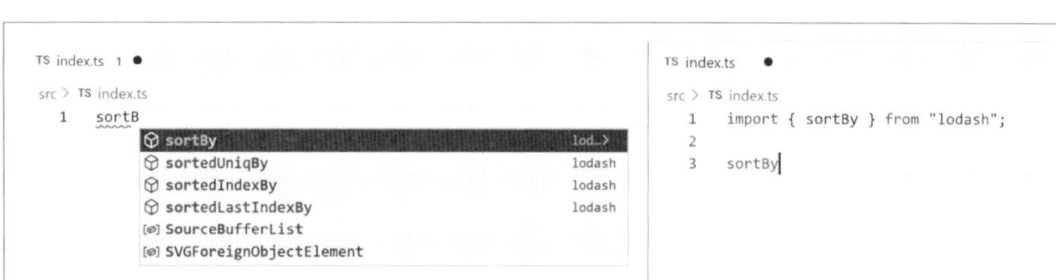

Abbildung 12-8: Links: Autovervollständigung einer Variablen, die als sortB eingegeben wurde; rechts: das Ergebnis der Autovervollständigung einer importierten Variablen sortBy aus lodash

Automatische Importe sind eine meiner Lieblingsfunktionen in TypeScript. Sie beschleunigen den oft mühsamen Prozess, erst herausfinden zu müssen, woher die Importe stammen, und sie dann explizit abzutippen, erheblich.

Wenn Sie beginnen, den Namen einer Eigenschaft eines typisierten Werts einzugeben, bieten TypeScript-gestützte Editoren die automatische Vervollständigung bekannter Eigenschaften des Werts an (Abbildung 12-9).

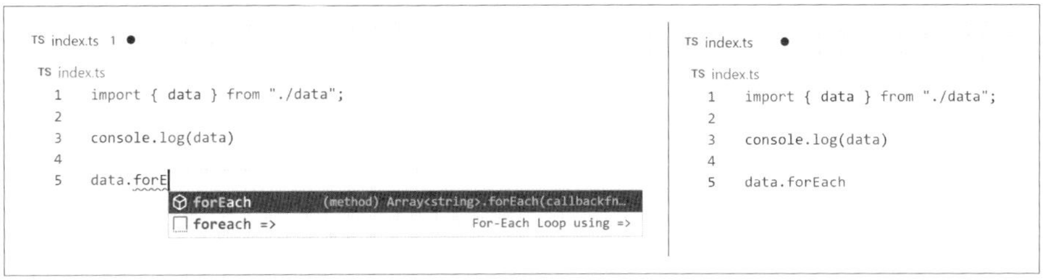

Abbildung 12-9: Links: Vorgeschlagene Autovervollständigung für eine Eigenschaft, die als forE eingegeben wurde; rechts: das Ergebnis der Autovervollständigung zu .forEach

Automatische Import-Updates

Wenn Sie eine Datei umbenennen oder von einem Ordner in einen anderen verschieben, müssen Sie möglicherweise viele Import-Anweisungen für diese Datei aktualisieren. Es kann sein, dass Aktualisierungen sowohl in der Datei selbst als auch in allen Dateien, die aus ihr importieren, vorgenommen werden müssen.

Wenn Sie eine Datei per Drag-and-drop in einen anderen Ordner ziehen oder umbenennen, kann VS Code die Dateipfade für Sie aktualisieren.

Abbildung 12-10 zeigt, wie eine Datei *src/logging.ts* an einen Speicherort *src/shared/logging.ts* verschoben wird und die Datei-Importe entsprechend aktualisiert werden.

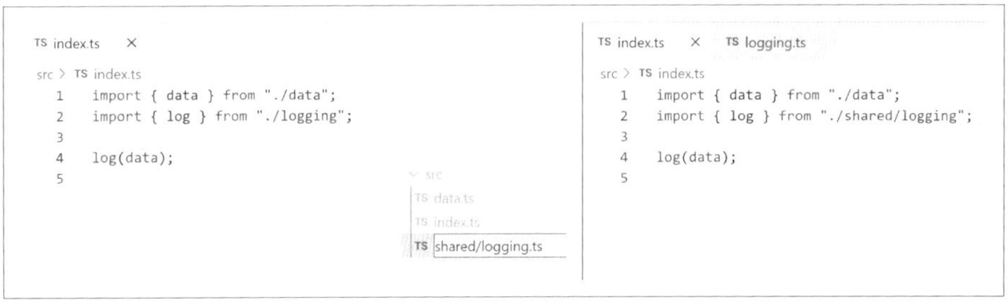

Abbildung 12-10: Links: eine Datei src/index.ts, die aus »./logging« importiert; Mitte: Umbenennung von src/logging.ts in src/shared/logging.ts; rechts: src/index.ts mit einem aktualisierten Importpfad

Bei der gleichzeitigen Bearbeitung mehrerer Dateien bleiben manche Änderungen möglicherweise ungespeichert. Denken Sie daran, alle Dateien zu speichern, in denen Sie Änderungen vorgenommen haben.

Code-Aktionen

Viele der IDE-Dienstprogramme von TypeScript werden als sogenannte Aktionen bereitgestellt. Einige dieser Aktionen ändern nur die aktuell bearbeitete Datei, während andere mehrere Dateien gleichzeitig ändern können. Diese Code-Aktionen bieten eine großartige Möglichkeit, um vielfältige manuelle Aufgaben beim Codieren für Sie zu übernehmen, beispielsweise die Ermittlung von Importpfaden und allgemeine Refaktorierungen.

Code-Aktionen werden, sofern vorhanden, in den Editoren meist durch eine Art Symbol dargestellt. VS Code zeigt zum Beispiel eine anklickbare Glühbirne neben dem Textcursor an, wenn mindestens eine Code-Aktion verfügbar ist (Abbildung 12-11).

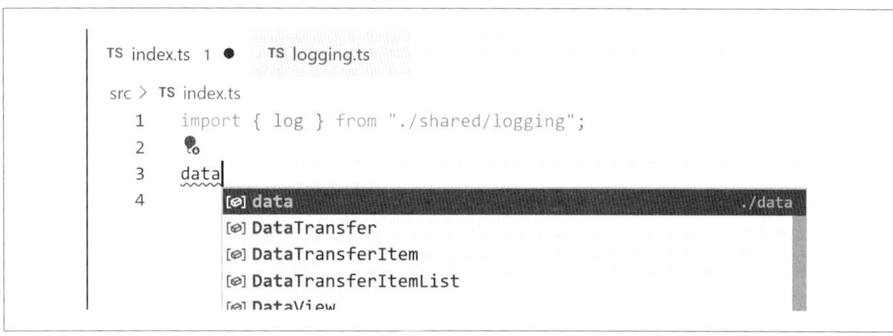

Abbildung 12-11: Glühbirnen-Symbol neben einem Namen, der einen Typfehler verursacht, um auf verfügbare Code-Aktionen hinzuweisen

Editoren stellen normalerweise Tastenkombinationen zur Verfügung, um ein Menü mit Code-Aktionen oder ein entsprechendes Äquivalent aufzurufen, mit dem die in diesem Kapitel beschriebenen Aktionen auch ohne Mauseinsatz ausgelöst werden können. Das Standard-Tastaturkürzel von VS Code zum Öffnen des Menüs mit Code-Aktionen ist Cmd + `.` für Macs und Strg + `.` für Linux/Windows. Mit den Pfeilen nach oben und nach unten werden die Menüoptionen ausgewählt, und mit der Eingabetaste wird eine markierte Aktion ausgeführt.

Diese Code-Aktionen – insbesondere Umbenennungen und Refaktorierungen – sind besonders leistungsfähig, weil sie vom TypeScript-Typesystem unterstützt werden. Wenn eine Aktion auf einen Typ angewendet wird, versteht TypeScript, welche Werte über alle Dateien hinweg von diesem Typ sind, und kann dann auf diese Werte alle erforderlichen Änderungen anwenden.

Umbenennen

Einen bereits existierenden Namen z. B. einer Funktion, eines Interface oder einer Variablen manuell ändern zu müssen, kann mühsam sein. TypeScript kann eine solche Umbenennung durchführen, bei der zugleich alle Referenzen auf diesen Namen aktualisiert werden.

Die Option `Rename Symbol` (F2) im Kontextmenü öffnet ein Textfeld, in dem Sie einen neuen Namen eingeben können. Würden Sie beispielsweise eine Funktion umbenennen, würde der neu eingegebene Name – nach der Bestätigung per Eingabetaste – auch in allen Funktionsaufrufen geändert (Abbildung 12-12).

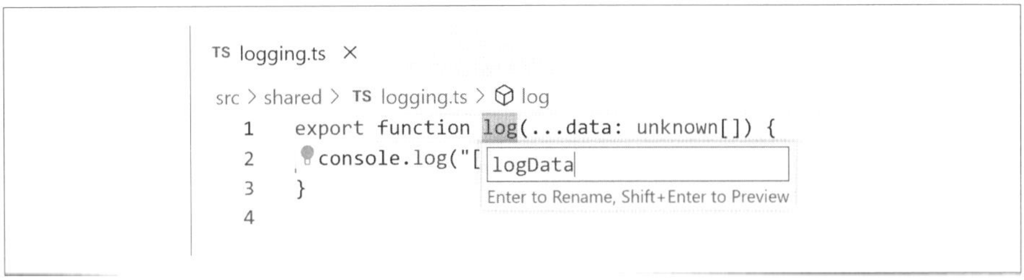

Abbildung 12-12: Eingabefeld zur Umbenennung einer Funktion log in »logData«

Wenn Sie vor einer Umbenennung deren Auswirkungen sehen möchten, können Sie mit Umschalt + Eingabe ein Vorschaufenster öffnen, das alle geplanten Textänderungen dieser Refaktorierung auflistet (Abbildung 12-13).

Abbildung 12-13: Refaktorierungsvorschau für die Umbenennung einer Funktion log in »logData« mit geplanten Änderungen in zwei Dateien

Nicht genutzten Code entfernen

Viele IDEs ändern auf subtile Weise das visuelle Erscheinungsbild von unbenutztem Code, etwa importierten Werten und Variablen, auf die nie verwiesen wird. VS Code zum Beispiel reduziert dazu die Deckkraft von ungenutztem Code um etwa ein Drittel.

TypeScript bietet Code-Aktionen zum Löschen von unbenutztem Code an. Abbildung 12-14 zeigt, wie man mit TypeScript eine ungenutzte `import`-Anweisung entfernen kann.

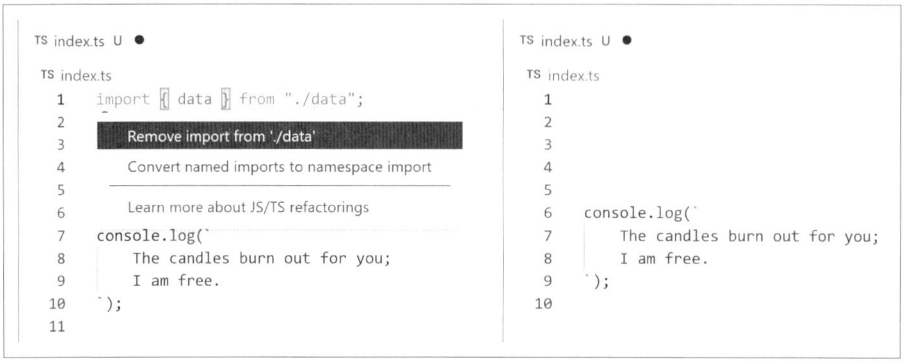

Abbildung 12-14: Links: Öffnen des Refaktorierungsmenüs einer unbenutzten import-Anweisung; rechts: Ergebnis, nachdem der ungenutzte Code von TypeScript entfernt wurde

Weitere Quick-Fixes

Viele TypeScript-Fehlermeldungen beziehen sich auf Codeprobleme, die schnell behoben werden können, z. B. kleinere Tippfehler in Schlüsselwörtern oder Variablennamen. Andere nützliche Quick-Fixes:

- Deklarieren einer fehlenden Eigenschaft einer Klasse oder eines Interface
- Korrektur eines falsch eingegebenen Feldnamens
- Ergänzen fehlender Eigenschaften einer als Typ deklarierten Variablen

Ich empfehle, sich die Liste mit Quick-Fixes anzuschauen, falls Sie eine Ihnen unbekannte Fehlermeldung entdecken. Man weiß nie genau, welche nützlichen Hilfen TypeScript zur Verfügung stellt, um das Problem zu lösen!

Refaktorieren

Der TypeScript-Sprachdienst bietet eine Fülle von praktischen Codeänderungen für verschiedene Codestrukturen. Bei manchen Änderungen geht es um so einfache Dinge wie das Verschieben von Codezeilen, während bei anderen so komplexe Vorgänge wie die Erstellung neuer Funktionen für Sie übernommen werden.

Wenn Sie einen Codebereich ausgewählt haben, zeigt VS Code neben Ihrer Auswahl ein Glühbirnensymbol an. Klicken Sie darauf, um die Liste der verfügbaren Refaktorierungen anzuzeigen.

Abbildung 12-15 zeigt, wie ein Inline-Array-Literal in eine `const`-Variable extrahiert wird.

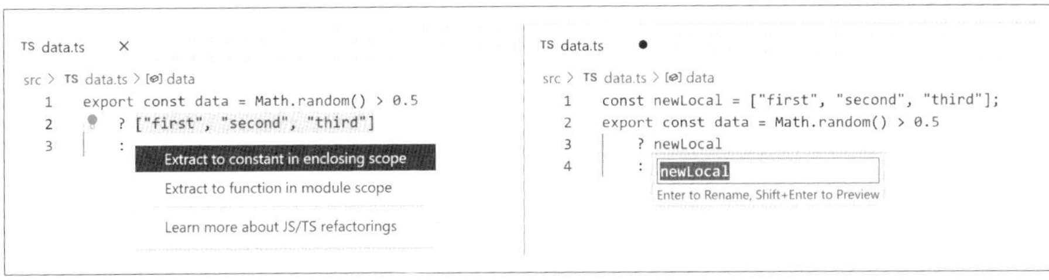

Abbildung 12-15: Links: Auswahl eines Array-Literals und Öffnen des Refaktorierungsmenüs; rechts: Extrahieren in eine konstante Variable

Effektiv mit Fehlern umgehen

Fehlermeldungen zu lesen und auf sie zu reagieren, ist tägliches Brot beim Programmieren. Als Entwickler wird man, unabhängig von den eigenen TypeScript-Kenntnissen, beim Codieren ständig eine Fülle von TypeScript-Compilerfehlern auslösen. Verschiedene IDE-Werkzeuge können Ihnen helfen, effektiver mit Compilerfehlern umzugehen und dadurch viel produktiver mit TypeScript arbeiten zu können.

Fehler des Sprachdiensts

Editoren weisen auf alle vom TypeScript-Sprachdienst gemeldeten Fehler durch eine rote Unterschlängelung des problematischen Codes hin. Wenn Sie die Maus über den markierten Bereich bewegen, öffnet sich dort ein Fenster mit der Fehlermeldung (Abbildung 12-16).

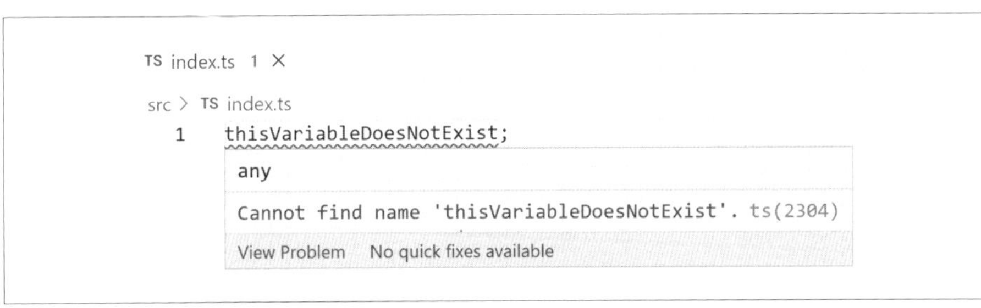

Abbildung 12-16: Fehlerinformation zu einer nicht vorhandenen Variablen

Der Link `View Problem` unten links im Kontext-Fehlerfenster öffnet eine Inline-Anzeige der Meldung, die unterhalb der Zeile, die das beanstandete Problem enthält und vor den nachfolgenden Zeilen eingefügt wird (Abbildung 12-17).

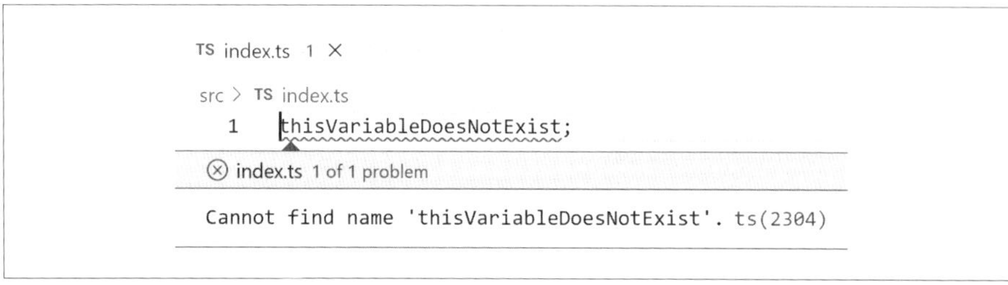

Abbildung 12-17: Inline-Anzeige des Fehlers wegen einer nicht vorhandenen Variablen

Liegen in einer Quelldatei mehrere Probleme vor, können Sie mit Auf- und Abwärtspfeilen zwischen diesen wechseln. Mit den Tastenkombinationen F8 und Umschalten + F8 können Sie sich vorwärts und rückwärts durch die inline angezeigten Fehlermeldungen bewegen (Abbildung 12-18).

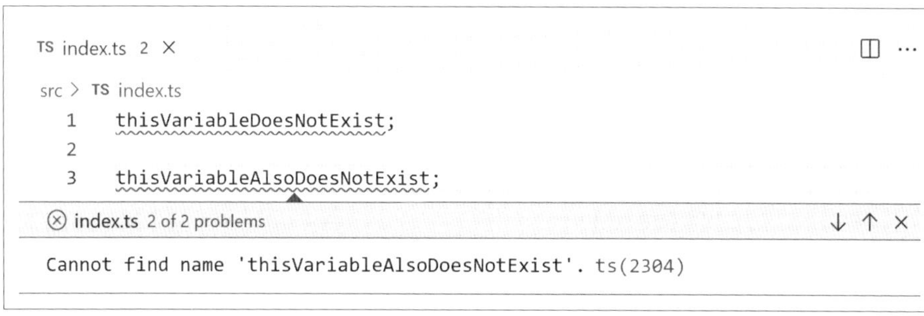

Abbildung 12-18: Eines von zwei Inline-Fenstern, die sich jeweils auf nicht existierende Variablen beziehen

Registerkarte Problems

Im Panel-Bereich von VS Code gibt es eine Registerkarte `Problems`, in der – wie der Name schon vermuten lässt – alle in Ihrem Arbeitsbereich aktuell vorhandenen Probleme aufgelistet werden. Dazu gehören auch Fehler, die vom TypeScript-Sprachdienst gemeldet werden. Abbildung 12-19 zeigt diese Registerkarte, die aktuell zwei Probleme einer TypeScript-Datei meldet.

Abbildung 12-19: Registerkarte Problems zeigt zwei in einer Datei vorhandene Fehler.

Wenn Sie in dieser Registerkarte auf einen Fehler klicken, wird der Textcursor auf die entsprechende Zeile und Spalte der Datei gesetzt.

Beachten Sie, dass VS Code nur Probleme für aktuell geöffnete Dateien meldet. Wenn Sie mit einer in Echtzeit aktualisierten Liste aller TypeScript-Compilerfehler arbeiten möchten, müssen Sie den Compiler in einem Terminal ausführen.

Compiler im Terminal nutzen

Ich empfehle, den TypeScript-Compiler in einem Terminal im Überwachungsmodus (mehr dazu in Kapitel 13, »Konfigurationsoptionen«) auszuführen, während Sie an einem TypeScript-Projekt arbeiten. Auf diese Weise erhalten Sie eine in Echtzeit aktualisierte Liste aller Probleme – nicht nur solcher, die in Dateien auftreten.

In VS Code können Sie dazu das Terminal-Panel öffnen und `tsc -w` ausführen (oder `tsc -b -w`, falls Sie Projektreferenzen verwenden, die in Kapitel 13, »Konfigurationsoptionen«, behandelt werden). Sie sollten nun in einer Terminalanzeige alle in Ihrem Projekt vorliegenden TypeScript-Probleme sehen (Abbildung 12-20).

Abbildung 12-20: Ausführung von tsc -w in einem Terminal

Wenn Sie bei gedrückter Taste Cmd (Mac) oder Strg (Windows) auf einen Dateinamen klicken, wird der Textcursor auf die entsprechende Zeile und Spalte der Datei gesetzt.

> In VS Code können Sie die Konfigurationsdatei *launch.json* benutzen, um ein Terminal mit dem im Überwachungsmodus betriebenen TypeScript-Compiler für Sie zu öffnen. Unter code.visualstudio.com/docs/editor/tasks (*https://code.visualstudio.com/docs/editor/tasks*) finden Sie eine vollständige Referenz zu VS-Code-Tasks, mit denen externe Hilfsprogramme gestartet werden können.

Typen verstehen

Manchmal werden Sie Informationen über einen nicht direkt offensichtlichen Typ brauchen. Bewegen Sie dann einfach den Mauszeiger über den Namen, um in einem Fenster den Typ angezeigt zu bekommen.

Abbildung 12-21 zeigt eine solche Hover-Infobox für eine Variable.

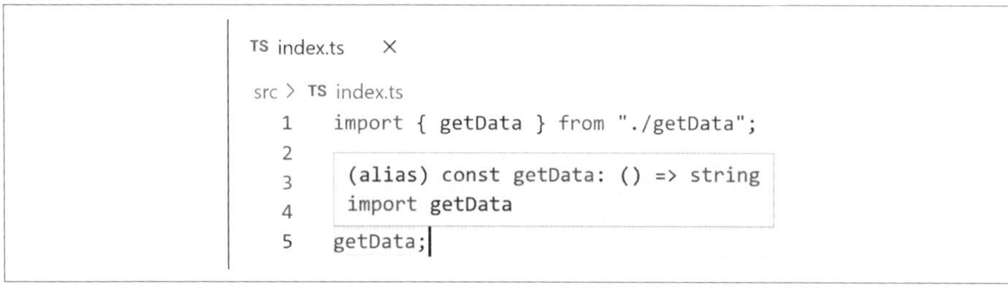

Abbildung 12-21: Hover-Infobox zu einer Variablen

Wenn Sie dabei gleichzeitig die Strg-Taste drücken, wird auch die Stelle angezeigt, an der der Name deklariert wird.

Abbildung 12-22 zeigt eine solche erweiterte Hover-Infobox für dieselbe Variable wie zuvor.

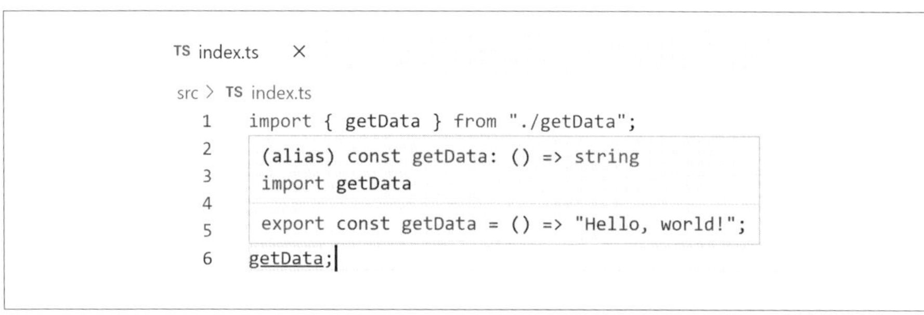

Abbildung 12-22: Erweiterte Hover-Infobox zu einer Variablen

Hover-Infoboxen sind auch für Typen verfügbar, z.B. für Typaliase. Abbildung 12-23 zeigt die Hover-Infoxbox für einen `keyof typeof`-Typ, um die entsprechende Vereinigung von String-Literalen zu sehen.

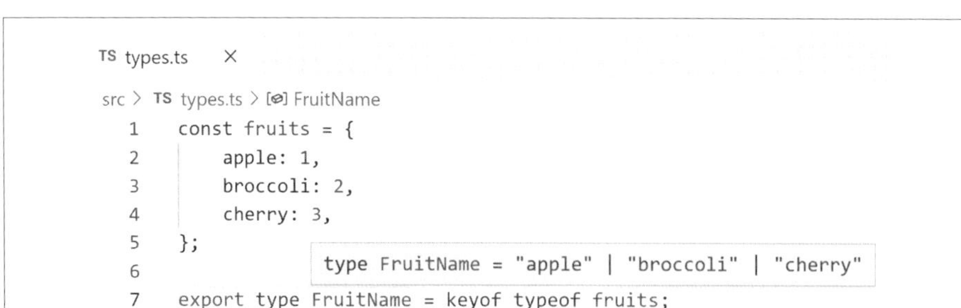

Abbildung 12-23: Erweiterte Hover-Infobox zu einem Typ

Eine Strategie, die mir hilft, Komponenten komplexer Typen zu verstehen, besteht darin, einen Typalias zu erstellen, der nur eine Komponente des Typs repräsentiert. Sie können dann den Mauszeiger auf diesen Typalias bewegen, um zu sehen, wie das Ergebnis aussieht.

Für den Typ `FruitsType` aus dem vorherigen Beispiel könnte man durch ein Refactoring dessen Bestandteil `typeof fruits` in einen separaten Intermediärtyp extrahieren. Für diesen Intermediärtyp kann man dann in der Hover-Infobox die Typinformationen anzeigen lassen (Abbildung 12-24).

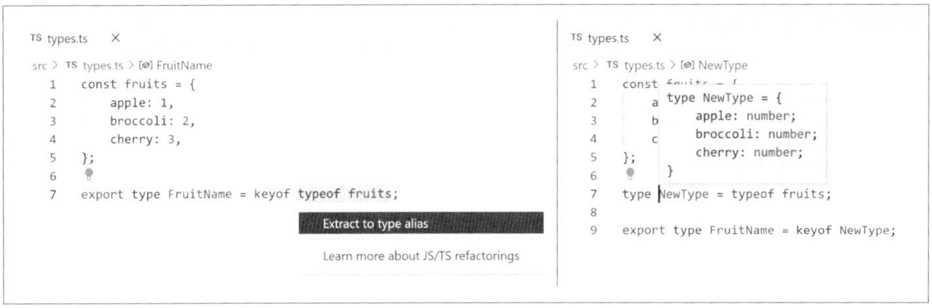

Abbildung 12-24: Links: Extraktion eines Bestandteils des Typs FruitsType; rechts: Mauszeiger über den extrahierten Typ bewegen

Diese Strategie mit einem zwischengeschalteten Intermediärtyp ist besonders nützlich für die Fehlersuche bei den in Kapitel 15, »Typoperationen«, beschriebenen Typoperationen.

Zusammenfassung

In diesem Kapitel haben Sie am Beispiel von VS Code die IDE-Integrationen von TypeScript kennengelernt, die Ihnen dabei helfen, besseren TypeScript-Code zu schreiben. Dabei ging es um folgende Themen:

- Kontextmenüs zu Typen und Werten öffnen, um die verfügbaren Befehle aufzulisten
- Navigieren im Code: nach Definitionen, Verweisen und Implementierungen suchen
- Automatisiertes Schreiben von Code durch Namensvervollständigung und automatische Importe
- Weitere Code-Aktionen, einschließlich Umbenennung und Refaktorierung
- Strategien, um Fehler des Sprachdiensts anzuzeigen und zu verstehen
- Strategien, um Typen zu verstehen

Nachdem Sie dieses Kapitel gelesen haben, können Sie das Gelernte auf *https://learningtypescript.com/using-ide-features* anwenden und einüben.

Was sagen verliebte IDEs einander?

»Du vervollständigst mich!«

KAPITEL 13

Konfigurationsoptionen

Compileroptionen:
Typen und Module und – oh je!
`tsc` *dir den Weg.*

TypeScript ist hochgradig konfigurierbar und lässt sich an alle gängigen JavaScript-Nutzungsmuster anpassen. Es kann für eine große Bandbreite von Projekten eingesetzt werden, die sich von solchen mit Legacy-Browser-Code bis hin zu Projekten für modernste Serverumgebungen erstreckt.

Ein Großteil der Konfigurierbarkeit von TypeScript ergibt sich aus der Fülle von über 100 Konfigurationsoptionen, die auf zwei Wegen festgelegt werden können:

- über Befehlszeilen-Flags beim Aufruf von `tsc` in einer Kommandozeile
- über TypeScript-Konfigurationsdateien (»TSConfig«)

Dieses Kapitel stellt keine vollständige Referenz aller Konfigurationsoptionen dar. Betrachten Sie es als eine Einführung in die gängigsten Optionen, die Sie am ehesten verwenden werden. Ich habe nur solche Optionen berücksichtigt, die besonders nützlich sind und häufig in Projektkonfigurationen verwendet werden. Die Kurzadresse aka.ms/tsc (*https://aka.ms/tsc*) führt Sie zu einer vollständigen Übersicht aller Compileroptionen.

tsc-Optionen

In Kapitel 1, »Von JavaScript zu TypeScript«, haben Sie bereits den Befehl `tsc index.ts` verwendet, um eine Datei namens *index.ts* zu kompilieren. Die meisten Konfigurationsoptionen von TypeScript können dem Befehl `tsc` als mit zwei Bindestrichen `--` eingeleitete Flags angehängt werden.

Um beispielsweise mit `tsc` auf einer Datei *index.ts* eine Typprüfung auszuführen, ohne dass dabei eine JavaScript-Datei *index.js* erzeugt werden soll, übergeben Sie das Flag `--noEmit`:

```
tsc index.ts --noEmit
```

Mit `tsc --help` erhalten Sie eine Liste mit häufig verwendeten Kommandozeilen-Flags. Eine vollständige Liste aller `tsc`-Konfigurationsoptionen (der Übersicht auf aka.ms/tsc (*https://aka.ms/tsc*) entsprechend) können Sie sich mit `tsc --all` anzeigen lassen.

Pretty-Mode

`tsc` kann seine Ausgabe in einem aufgehübschten »Pretty«-Mode vornehmen. Die Verwendung unterschiedlicher Farben und zusätzlicher Abstände führt zu einem besser lesbaren Ergebnis. Sofern das Ausgabegerät farbigen Text unterstützt, wird standardmäßig dieser Modus gewählt.

Abbildung 13-1 zeigt – im gedruckten Buch allerdings nur in Schwarz-Weiß – ein Beispiel dafür, wie `tsc` in einer Datei aufgespürte Typfehler ausgibt.

```
~/learningtypescript$ tsc index.ts
index.ts:1:12 - error TS2322: Type 'string' is not assignable to type 'number'.

1 export let notNumeric: number = "Gotcha!";
             ~~~~~~~~~~

index.ts:3:12 - error TS2322: Type 'number' is not assignable to type 'string'.

3 export let notString: string = 1337;
             ~~~~~~~~~


Found 2 errors in the same file, starting at: index.ts:1
```

Abbildung 13-1: tsc meldet zwei Fehler, die mit blauen Dateinamen, gelben Zeilen- und Spaltennummern und roter Unterschlängelung dargestellt werden.

Mit `--pretty false` können Sie TypeScript auch anweisen, ein kompakteres, ungefärbtes Format zu verwenden (Abbildung 13-2).

```
~/learningtypescript$ tsc index.ts --pretty false
index.ts(1,12): error TS2322: Type 'string' is not assignable to type 'number'.
index.ts(3,12): error TS2322: Type 'number' is not assignable to type 'string'.
```

Abbildung 13-2: tsc meldet zwei Fehler – ohne zusätzliche Aufhübschung.

Watch-Mode

Ich verwende `tsc` am liebsten im Watch-Mode, der mit dem Flag `-w`/`--watch` aufgerufen wird. In diesem Überwachungsmodus wird TypeScript nach einer ausgeführten Aufgabe nicht beendet, sondern läuft auf unbestimmte Zeit weiter und aktualisiert Ihr Terminal kontinuierlich mit einer Echtzeitliste aller auftretenden Fehler.

Abbildung 13-3 zeigt die Ausgabe von tsc, wenn der Compiler im Watch-Mode ausgeführt wird.

```
[8:48:40 AM] Starting compilation in watch mode...

index.ts:1:12 - error TS2322: Type 'string' is not assignable to type 'number'.

1 export let notNumeric: number = "Gotcha!";
             ~~~~~~~~~~

index.ts:3:12 - error TS2322: Type 'number' is not assignable to type 'string'.

3 export let notString: string = 1337;
             ~~~~~~~~~

[8:48:41 AM] Found 2 errors. Watching for file changes.
```

Abbildung 13-3: tsc meldet zwei Fehler im Überwachungsmodus.

Abbildung 13-4 zeigt die veränderte Konsolenausgabe, sobald die beiden gemeldeten Fehler korrigiert wurden.

```
[8:49:18 AM] File change detected. Starting incremental compilation...

[8:49:18 AM] Found 0 errors. Watching for file changes.
```

Abbildung 13-4: tsc findet keine Fehler mehr.

Der Watch-Mode ist besonders hilfreich, wenn Sie an umfangreichen Änderungen, oder Refaktorierungen arbeiten, die viele Dateien gleichzeitig betreffen. Sie können dann die von TypeScript gefundenen Typfehler als eine Art Checkliste benutzen, die Sie darüber informiert, was alles noch korrigiert werden muss.

TSConfig-Dateien

Anstatt immer alle Dateinamen und Konfigurationsoptionen an `tsc` zu übergeben, können die meisten Optionen eines Projekts auch in einer Datei namens *tsconfig.json* (kurz: »TSConfig«) angegeben werden.

Das Vorhandensein einer solchen Datei kennzeichnet ein Verzeichnis als Stammverzeichnis eines TypeScript-Projekts. Wird in diesem Verzeichnis `tsc` ausgeführt, werden alle in der Datei *tsconfig.json* vorhandenen Konfigurationsoptionen eingelesen.

Soll `tsc` stattdessen eine andere TSConfig-Datei verwenden, können Sie mit dem Flag `-p`/`--project` einen Pfad mit einer abweichenden Verzeichnis- oder Dateiangabe übergeben:

```
tsc -p path/to/tsconfig.json
```

Für TypeScript-Projekte wird generell dringend empfohlen, TSConfig-Dateien zu verwenden, wann immer dies möglich ist. IDEs wie VS Code berücksichtigen diese Konfigurationsdateien, sofern die IDE über IntelliSense-Funktionen verfügt.

Unter aka.ms/tsconfig.json (*https://aka.ms/tsconfig.json*) finden Sie eine vollständige Liste der in TSConfig-Dateien verfügbaren Konfigurationsoptionen.

> Selbst wenn Sie für bestimmte Optionen in Ihrer *tsconfig.json* keine Angabe gemacht haben, müssen Sie sich keine Sorgen machen, dass sich die Standardeinstellung von TypeScript plötzlich ändern und die Kompilierungseinstellungen Ihres Projekts beeinträchtigen könnte. Das kommt fast nie vor – und wenn doch, allenfalls bei einem Update der Hauptversion von TypeScript, wobei Sie dann in den Versionshinweisen auch entsprechende Erläuterungen dazu finden würden.

tsc --init

Mit dem Flag `--init` können Sie eine neue *tsconfig.json*-Datei erstellen. Eine solche neu erstellte Konfigurationsdatei enthält einen Link zur entsprechenden Dokumentation sowie die meisten zulässigen Konfigurationsoptionen mit einzeiligen Kommentaren, die deren Verwendung kurz beschreiben.

Die Ausführung des Befehls

```
tsc --init
```

erzeugt also eine vollständig kommentierte Datei *tsconfig.json*:

```
{
  "compilerOptions": {
    /* Visit https://aka.ms/tsconfig.json to read more about this file */
    // ...
  }
}
```

Ich empfehle Ihnen, bei Ihren ersten TypeScript-Projekten die Konfigurationsdatei jeweils mit `tsc --init` anzulegen. Die Standardwerte eignen sich für die meisten Projekte, und die Kommentare zu den einzelnen Optionen erleichtern deren Verständnis.

Kommandozeile oder Konfigurationsdatei?

Eine TSConfig-Datei, die mit `tsc --init` erstellt wurde, enthält ein Objekt `"compilerOptions"` mit allen Konfigurationsoptionen. Die meisten Optionen, die sowohl als Optionen des `tsc`-Befehls als auch in TSConfig-Dateien verfügbar sind, fallen in eine von zwei Kategorien:

Compiler
: Wie die Dateien des Projekts von TypeScript kompiliert und/oder typgeprüft werden sollen

Datei
: Für welche Dateien TypeScript ausgeführt werden soll und für welche nicht

Weitere Einstellungen wie z.B. Projektreferenzen, die nicht in eine dieser beiden Kategorien fallen und über die wir später sprechen, sind im Allgemeinen nur in TSConfig-Dateien verfügbar.

Einstellungen, die tsc beim Aufruf auf der Kommandozeile übergeben werden, beispielsweise einmalige Änderung für einen Continuous-Integration- oder Production-Build, überschreiben im Allgemeinen die in einer TSConfig-Datei angegebenen Werte. Da IDEs TypeScript-Einstellungen normalerweise aus der *tsconfig.json* des Projektverzeichnisses einlesen, sollte man die meisten Konfigurationsoptionen auch tatsächlich in dieser Datei ablegen.

Dateien einschließen

Standardmäßig berücksichtigt `tsc` alle nicht versteckten *.ts*-Dateien (also solche, deren Namen nicht mit einem `.` beginnen) im aktuellen Verzeichnis und in allen Unterverzeichnissen, wobei versteckte Verzeichnisse und Verzeichnisse namens *node_modules* ignoriert werden. In der Konfiguration kann die Liste der einzuschließenden Dateien angepasst werden.

include

Meistens gibt man die zu berücksichtigenden Dateien in einer Eigenschaft `"include"` auf der obersten Ebene einer *tsconfig.json* an. Diese Eigenschaft erlaubt als Wert ein Array von Strings, die beschreiben, welche Verzeichnisse und/oder Dateien in die TypeScript-Kompilierung einbezogen werden sollen.

Zum Beispiel schließt die folgende Konfigurationsdatei rekursiv alle TypeScript-Quelldateien in einem Verzeichnis *src/* relativ zur *tsconfig.json* ein:

```
{
  "include": ["src"]
}
```

In den `include`-Strings können globale Platzhalter verwendet werden, um eine feinere Kontrolle über die einzuschließenden Dateien auszuüben:

- `*` steht für kein oder eine beliebige Anzahl von Zeichen (außer Verzeichnistrennzeichen).
- `?` steht für ein beliebiges Zeichen (mit Ausnahme von Verzeichnistrennzeichen).
- `**/` steht für eine beliebige Verschachtelungstiefe.

Die folgende Konfigurationsdatei beschränkt die zu berücksichtigenden Dateien auf *.d.ts*-Dateien, die sich in einem beliebig tief verschachtelten Unterverzeichnis des Verzeichnisses *typings/* befinden, sowie Dateien mit mindestens zwei Zeichen im Namen vor einer beliebigen Erweiterung, die sich in einem beliebig tief verschachtelten Unterverzeichnis des Verzeichnisses *src/* befinden:

```
{
  "include": [
    "typings/**/*.d.ts",
    "src/**/*??.*"
  ]
}
```

Für die meisten Projekte reicht im Allgemeinen eine einfache `include`-Angabe wie `["src"]`.

exclude

Die `include`-Liste der einzuschließenden Dateien eines Projekts enthält bisweilen Dateien, die von TypeScript nicht kompiliert werden sollen. Deshalb können Pfade, die explizit ausgeklammert werden sollen, in einer auf oberster Ebene angesiedelten Eigenschaft `"exclude"` angegeben werden. Analog zu `include` erlaubt diese Eigenschaft als Wert ein Array von Strings, die Verzeichnisse und/oder Dateien beschreiben, die von TypeScript nicht kompiliert werden sollen.

Die folgende Konfigurationsdatei umfasst alle Dateien in *src/* mit Ausnahme derjenigen in einem verschachtelten Verzeichnis *external/* und einem Verzeichnis *node_modules*:

```
{
  "exclude": ["**/external", "node_modules"],
  "include": ["src"]
}
```

Standardmäßig (also ohne eigene Angabe) hat `exclude` den Wert `["node_modules", "bower_components", "jspm_packages"]`, um zu vermeiden, dass der TypeScript-Compiler auf kompilierten Bibliotheksdateien von Drittanbietern ausgeführt wird.

> Wenn Sie die Vorgabe durch Ihre eigene `exclude`-Liste überschreiben, müssen Sie normalerweise `"bower_components"` oder `"jspm_packages"` nicht hinzufügen. In den meisten JavaScript-Projekten werden Node-Module innerhalb des Projekts ausschließlich in `"node_modules"` installiert.

Denken Sie daran, dass `exclude` nur dazu dient, Dateien aus der mit `include` definierten Liste zu entfernen. TypeScript wird auf jeder Datei ausgeführt, die in einer per `include` eingeschlossenen Datei importiert wird, selbst wenn die importierte Datei explizit den Kriterien von `exclude` entspricht.

Alternative Dateiendungen

TypeScript ist standardmäßig in der Lage, Dateien mit der Erweiterung *.ts* einzulesen. Einige Projekte erfordern jedoch das Einlesen von Dateien mit anderen Erweiterungen, z. B. wenn JSX-Syntax für UI-Bibliotheken wie React oder JSON-Module zum Einsatz kommen.

JSX-Syntax

JSX-Syntax wie `<Component />` wird häufig in UI-Bibliotheken wie Preact und React verwendet. Die JSX-Syntax ist technisch gesehen kein JavaScript. Wie die Typdefinitionen von TypeScript stellt es eine Erweiterung der JavaScript-Syntax dar, die sich zu normalem JavaScript kompilieren lässt:

```
const MyComponent = () => {
  // Äquivalent zu:
  //   return React.createElement("div", null, "Hello, world!");
  return <div>Hello, world!</div>;
};
```

Um die JSX-Syntax in einer Datei verwenden zu können, müssen Sie zwei Dinge tun:

- Aktivieren Sie in der Konfiguration die Compileroption "jsx".
- Geben Sie der Datei die Erweiterung *.tsx*.

jsx

Der Wert für die Compileroption "jsx" regelt, wie TypeScript JavaScript-Code für *.tsx*-Dateien ausgibt. In Projekten wird meist einer der drei Werte aus Tabelle 13-1 genutzt.

Tabelle 13-1: Ein- und Ausgaben je nach verwendeter JSX-Compileroption

Wert	Input-Code	Output-Code	Erweiterung der Ausgabedatei
"preserve"	`<div />`	`<div />`	.jsx
"react"	`<div />`	`React.createElement("div")`	.js
"react-native"	`<div />`	`<div />`	.js

Werte für jsx können als Flag beim Aufruf von tsc gesetzt und/oder in einer TS-Config-Datei definiert werden.

```
tsc --jsx preserve
```

```
{
  "compilerOptions": {
    "jsx": "preserve"
  }
}
```

Wenn Sie den in TypeScript eingebauten Transpiler nicht direkt verwenden (also den Code beispielsweise mit einem separaten Tool wie Babel transpilieren), können Sie höchstwahrscheinlich jeden der zulässigen Werte für "jsx" verwenden. Die meisten Webanwendungen, die auf modernen Frameworks wie Next.js oder Remix basieren, kommen mit der Konfigurations- und Kompilierungssyntax von React zurecht. Wenn Sie eines dieser Frameworks verwenden, müssen Sie den integrierten Transpiler von TypeScript wahrscheinlich nicht direkt konfigurieren.

Generische Pfeilfunktionen in .tsx-Dateien

In Kapitel 10, »Generics«, hatte ich erwähnt, dass die Syntax für generische Pfeilfunktionen mit der JSX-Syntax kollidiert. Der Versuch, ein Typargument `<T>` für eine Pfeilfunktion in einer *.tsx*-Datei zu verwenden, löst einen Syntaxfehler aus, weil diese Angabe als öffnendes Tag erkannt wird, für das kein schließendes Tag existiert:

```
const identity = <T>(input: T) => input;
//                ~~~
// Error: JSX element 'T' has no corresponding closing tag.
```

Um diese syntaktische Zweideutigkeit zu umgehen, können Sie dem Typargument eine Einschränkung `= unknown` hinzufügen. Da als Vorgabewert bei Typargumenten sowieso `unknown` verwendet wird, ändert sich dadurch am Verhalten des Codes nichts. Es weist nur darauf hin, dass TypeScript die Angabe als Typargument verstehen soll, nicht als JSX-Element:

```
const identity = <T = unknown>(input: T) => input; // Ok
```

resolveJsonModule

TypeScript erlaubt das Einlesen von *.json*-Dateien, wenn die Compileroption `resolveJsonModule` auf `true` gesetzt ist. In diesem Fall kann aus *.json*-Dateien genauso importiert werden, als seien sie *.ts*-Dateien, die ein Objekt exportieren. TypeScript leitet den Typ dieses Objekts ab, als wäre es eine `const`-Variable.

Für JSON-Dateien, die ein Objekt enthalten, können destrukturierende Importe verwendet werden. Im folgenden Beispiel wird in einer Datei *activist.json* eine Zeichenkette `"activist"` definiert, die in einer zweiten Datei *usesActivist.ts* importiert wird:

```
// activist.json
{
  "activist": "Mary Astell"
}

// usesActivist.ts
import { activist } from "./activist.json";

// Protokolliert: "Mary Astell"
console.log(activist);
```

Ist die Compileroption `esModuleInterop` aktiviert, die später in diesem Kapitel behandelt wird, können auch Standardimporte verwendet werden:

```
// useActivist.ts
import data from "./activist.json";
```

Für JSON-Dateien, die andere Literaltypen wie Arrays oder Zahlen enthalten, müssen Sie die Importsyntax `* as` verwenden. Im folgenden Beispiel wird in einer Datei *activists.json* ein Zeichenketten-Array definiert, das in einer zweiten Datei *useActivists.ts* importiert wird:

```
// activists.json
[
  "Ida B. Wells",
  "Sojourner Truth",
```

```
    "Tawakkul Karmān"
]

// useActivists.ts
import * as activists from "./activists.json";

// Protokolliert: "3 activists"
console.log(`${activists.length} activists`);
```

Ausgabe von JavaScript

Obwohl das Aufkommen dedizierter Compilertools wie Babel die Rolle von TypeScript in einigen Projekten auf die reine Typprüfung reduziert hat, verlassen sich Entwickler in vielen Projekten noch immer auf TypeScript, um TypeScript-Syntax zu JavaScript zu kompilieren. Es kann in Projekten sehr nützlich sein, wenn nur eine einzelne Abhängigkeit von `typescript` besteht und man den `tsc`-Befehl verwenden kann, um das äquivalente JavaScript auszugeben.

outDir

Standardmäßig erzeugt TypeScript Ausgabedateien im gleichen Verzeichnis wie die entsprechenden Quelldateien. Wenn Sie beispielsweise `tsc` in einem Verzeichnis ausführen, das *fruits/apple.ts* und *vegetables/zucchini.ts* enthält, erhalten Sie die Ausgabedateien *fruits/apple.js* und *vegetables/zucchini.js*:

```
fruits/
  apple.js
  apple.ts
vegetables/
  zucchini.js
  zucchini.ts
```

Manchmal ist es jedoch von Vorteil, die Ausgabedateien in einem anderen Ordner abzulegen. In vielen Node-Projekten werden transformierte Ausgaben beispielsweise in einem Verzeichnis *dist* oder *lib* gespeichert.

Mit der Compileroption `outDir` können Sie ein anderes Stammverzeichnis für die resultierenden Ausgabedateien festlegen. Bei der Ausgabe wird dabei die relative Verzeichnisstruktur der Eingabedateien übernommen.

Wenn Sie z. B. `tsc --outDir dist` auf das Verzeichnis aus dem vorherigen Beispiel anwenden, werden die Ausgaben in einem Ordner *dist/* abgelegt:

```
dist/
  fruits/
    apple.js
  vegetables/
    zucchini.js
fruits/
  apple.ts
vegetables/
  zucchini.ts
```

TypeScript legt das Stammverzeichnis für die Ausgabedateien fest, indem es den längsten gemeinsamen Unterpfad aller Quelldateien (mit Ausnahme von *.d.ts*-Deklarationsdateien) bestimmt. Das bedeutet, dass bei Projekten, bei denen sich alle Quelldateien in einem einzigen Verzeichnis befinden, dieses Verzeichnis als Stammverzeichnis betrachtet wird.

Wenn beispielsweise alle Quelldateien in einem Verzeichnis *src/* stehen und der Compiler mit dem Flag `--outDir lib` aufgerufen wird, würde beispielsweise anstelle einer Datei *lib/src/fruits/apple.js* eine Ausgabedatei *lib/fruits/apple.js* erstellt werden:

```
lib/
  fruits/
    apple.js
  vegetables/
    zucchini.js
src/
  fruits/
    apple.ts
  vegetables/
    zucchini.ts
```

Es existiert auch eine Compileroption `rootDir`, um das Stammverzeichnis explizit anzugeben, aber das ist selten notwendig bzw. wird selten mit anderen Werten als `.` oder `src` verwendet.

target

TypeScript kann JavaScript produzieren und ausgeben, das selbst in so alten Umgebungen wie ES3 (von circa 1999!) lauffähig ist. Die meisten Umgebungen unterstützen die Sprachmerkmale neuerer JavaScript-Versionen.

Mit der Compileroption `target` kann man angeben, welches Kompatibilitätsniveau bei der Transpilierung in JavaScript-Code erreicht werden soll. Weil ohne Angabe für `target` aus Gründen der Abwärtskompatibilität standardmäßig `"es3"` angenommen wird und `tsc --init` standardmäßig `"es2016"` verwendet, ist es generell ratsam, die neueste JavaScript-Version anzugeben, die auf Ihrer Zielplattform einsetzbar ist. Die Unterstützung neuerer JavaScript-Funktionen in älteren Umgebungen führt dazu, dass umfangreicherer JavaScript-Code erzeugt werden muss, was zu etwas größeren Dateien und einer etwas schlechteren Laufzeitleistung führt. Deshalb sollte man die älteste für die Zielplattform notwendige Version wählen, aber auch keine ältere.

> Mit Stand 2022 unterstützen alle im letzten Jahr erschienenen Versionen aller Browser, die von mehr als 0,1 % der weltweiten Nutzer eingesetzt wurden, mindestens ECMAScript 2019 und fast den gesamten Sprachumfang von ECMAScript 2020-2021, während die LTS-Versionen von Node.js ECMAScript 2021 komplett unterstützen. Es gibt kaum einen Grund, als `target` nicht mindestens `"es2019"` anzugeben.

Nehmen Sie zum Beispiel den folgenden TypeScript-Quelltext, der die `const`-Variablen (ES2015) und einen Nullish-Coalescing-Operator `??` (ES2020) enthält:

```
function defaultNameAndLog(nameMaybe: string | undefined) {
  const name = nameMaybe ?? "anonymous";
  console.log("From", nameMaybe, "to", name);
  return name;
}
```

Wird `tsc --target es2020` verwendet (oder sogar eine neuere Version angegeben), gehören sowohl `const` als auch `??` zu den unterstützten Sprachmerkmalen, sodass TypeScript beim Kompilieren nur das `: string | undefined` entfernen müsste:

```
function defaultNameAndLog(nameMaybe) {
  const name = nameMaybe ?? "anonymous";
  console.log("From", nameMaybe, "to", name);
  return name;
}
```

Mit `tsc --target es2015` bis `tsc --target es2019` würde der Nullish-Coalescing-Operator `??` zu seinem Äquivalent in älteren Versionen von JavaScript herunterkompiliert werden:

```
function defaultNameAndLog(nameMaybe) {
    const name = nameMaybe !== null && nameMaybe !== void 0
      ? nameMaybe
      : "anonymous";
    console.log("From", nameMaybe, "to", name);
    return name;
}
```

Bei `tsc --target es3` oder `tsc --target es5` müsste das `const` zusätzlich in sein Äquivalent `var` umgewandelt werden:

```
function defaultNameAndLog(nameMaybe) {
    var name = nameMaybe !== null && nameMaybe !== void 0
      ? nameMaybe
      : "anonymous";
    console.log("From", nameMaybe, "to", name);
    return name;
}
```

Bei der Compileroption `target` sollten Sie eine Version angeben, die der ältesten Umgebung entspricht, in der Ihr Code noch laufen können muss (aber auch keine ältere). Damit stellen Sie sicher, dass der Code in moderner, kompakter Syntax ausgegeben wird, die aber weiterhin ohne Syntaxfehler ausgeführt werden kann.

Ausgabe von Deklarationsdateien

In Kapitel 11, »Deklarationsdateien«, ging es darum, wie *.d.ts*-Deklarationsdateien als Teil eines Pakets distribuiert werden können, um konsumierendem Code Typinformationen bereitzustellen. Die meisten Pakete verwenden die Compileroption `declaration`, um auf der Basis der Quelldateien *.d.ts*-Dateien zu erzeugen:

```
tsc --declaration
```

```
{
  "compilerOptions": {
    "declaration": true
  }
}
```

.d.ts-Ausgabedateien werden nach denselben Regeln wie *.js*-Dateien erstellt, wobei ebenfalls die Option `outDir` berücksichtigt wird.

Wenn Sie zum Beispiel in einem Verzeichnis, das *fruits/apple.ts* und *vegetables/zucchini.ts* enthält, `tsc --declaration` ausführen, werden zusammen mit den *.js*-Ausgabedateien auch die Deklarationsdateien *fruits/apple.d.ts* und *vegetables/zucchini.d.ts* erzeugt:

```
fruits/
  apple.d.ts
  apple.js
  apple.ts
vegetables/
  zucchini.d.ts
  zucchini.js
  zucchini.ts
```

emitDeclarationOnly

Als Ergänzung der Compileroption `declaration` weist `emitDeclarationOnly` TypeScript an, ausschließlich die Deklarationsdateien auszugeben, aber keine *.js*/*.jsx*-Dateien zu erzeugen. Das ist in Projekten hilfreich, bei denen die JavaScript-Ausgabe durch ein externes Tool erfolgt, aber dennoch durch TypeScript Definitionsdateien erstellt werden sollen:

```
tsc --emitDeclarationOnly
```

```
{
  "compilerOptions": {
    "emitDeclarationOnly": true
  }
}
```

Wenn `emitDeclarationOnly` verwendet wird, muss zugleich auch entweder `declaration` oder die Compileroption `composite`, die später in diesem Kapitel behandelt wird, eingesetzt werden.

Wenn Sie zum Beispiel in einem Verzeichnis, das *fruits/apple.ts* und *vegetables/zucchini.ts* enthält, `tsc --declaration --emitDeclarationOnly` ausführen, werden ausschließlich die Deklarationsdateien *fruits/apple.d.ts* und *vegetables/zucchini.d.ts* erzeugt:

```
fruits/
  apple.d.ts
  apple.ts
vegetables/
  zucchini.d.ts
  zucchini.ts
```

Sourcemaps

Sourcemaps (Quellzuordnungsdateien)stellen eine Verbindung zwischen dem Inhalt der Ausgabedateien und den ursprünglichen Quelldateien her. Dadurch kann in Entwicklerwerkzeugen wie Debuggern der ursprüngliche Quellcode angezeigt werden, während man durch die Ausgabedatei navigiert. Sie sind besonders nützlich für visuelle Debugger, wie sie in den browserinternen Entwicklungswerkzeugen und in IDEs verwendet werden, um während des Debuggens den Inhalt der Quelldateien sehen zu können. TypeScript bietet die Möglichkeit, zusätzlich zu den Ausgabedateien auch Sourcemaps zu erstellen.

sourceMap

Mit TypeScripts Compileroption `sourceMap` können Sie zusätzlich zu den resultierenden *.js*- bzw. *.jsx*-Dateien. *.js.map*- bzw. *.jsx.map*-Sourcemaps erzeugen. Die Sourcemaps erhalten standardmäßig denselben Namen wie die entsprechende JavaScript-Ausgabedatei und werden im selben Verzeichnis abgelegt.

Wenn Sie zum Beispiel in einem Verzeichnis, das *fruits/apple.ts* und *vegetables/zucchini.ts* enthält, `tsc -- sourceMap` ausführen, werden zusammen mit den *.js*-Ausgabedateien auch die Deklarationsdateien *fruits/apple.js.map* und *vegetables/zucchini.js.map* erzeugt:

```
fruits/
  apple.js
  apple.js.map
  apple.ts
vegetables/
  zucchini.js
  zucchini.js.map
  zucchini.ts
```

declarationMap

TypeScript kann auch Sourcemaps für *.d.ts*-Deklarationsdateien erzeugen. Mit der Compileroption `declarationMap` kann man für jede *.d.ts*-Datei eine *.d.ts.map*-Sourcemap erstellen lassen, die auf die ursprüngliche Quelltextdatei verweist. Mithilfe von Sourcemaps für Deklarationsdateien können IDEs wie VS Code zur ursprünglichen Quelldatei navigieren, wenn Editor-Funktionen wie `Go to Definition` verwendet werden.

> `declarationMap` ist besonders nützlich bei der Arbeit mit Projektreferenzen, die am Ende dieses Kapitels behandelt werden.

Wenn Sie zum Beispiel `tsc --declaration --declarationMap` in einem Verzeichnis ausführen, das *fruits/apple.ts* und *vegetables/zucchini.ts* enthält, werden neben den *.d.ts*- und *.js*-Ausgabedateien auch die Sourcemaps *fruits/apple.d.ts.map* und *vegetables/zucchini.d.ts.map* erzeugt:

```
fruits/
  apple.d.ts
  apple.d.ts.map
  apple.js
  apple.ts
vegetables/
  zucchini.d.ts
  zucchini.d.ts.map
  zucchini.js
  zucchini.ts
```

noEmit

In Projekten, die sich vollständig anderer Werkzeuge bedienen, um kompiliertes JavaScript zu erstellen, kann TypeScript angewiesen werden, die Ausgabe von Dateien komplett zu überspringen. Mit der Compileroption `noEmit` weist man TypeScript an, nur als Typechecker zu fungieren.

Bei keinem der vorherigen Beispiele würde die Ausführung von `tsc --noEmit` irgendwelche neuen Dateien erzeugen. TypeScript würde ausschließlich die gefundenen Syntax- bzw. Typfehler melden.

Typechecking

Die meisten Konfigurationsoptionen von TypeScript beziehen sich auf die Steuerung des Typecheckers. Sie können die Typprüfung sanft und nachsichtig konfigurieren, sodass sie sich nur dann beschwert, wenn sie sich eines Fehlers völlig sicher ist, oder aber hart und streng, sodass nahezu der gesamte Code gut typisiert sein muss.

lib

Beginnen wir mit der Option `lib`, mit der angegeben wird, welche globalen APIs TypeScript in der Laufzeitumgebung als vorhanden voraussetzt. Die Option wird als ein Array von Strings angegeben, das standardmäßig den Wert der Compileroption `target` sowie `dom` enthält, um Browsertypen einzuschließen.

Normalerweise wird man `lib` nur anpassen wollen, um gegebenenfalls die Einbindung von `dom` in einem Projekt zu entfernen, das nicht im Browser ausgeführt wird:

```
tsc --lib es2020
```

```
{
  "compilerOptions": {
    "lib": ["es2020"]
  }
}
```

Bei einem Projekt, das Polyfills verwendet, um neuere JavaScript-APIs zu unterstützen, kann `lib` alternativ `dom` und eine beliebige ECMAScript-Version enthalten:

```
tsc --lib dom,es2021
```

```
{
  "compilerOptions": {
    "lib": ["dom", "es2021"]
  }
}
```

Seien Sie vorsichtig, wenn Sie `lib` modifizieren, ohne die richtigen Runtime-Polyfills bereitzustellen. Bei einem Projekt mit einer `lib`-Angabe von `es2021`, das aber auf einer Plattform läuft, die maximal die Version ES2020 unterstützt, tauchen zwar möglicherweise keine Fehler bei der Typprüfung auf. Versucht man aber, zur Laufzeit APIs zu verwenden, die in ES2021 oder später definiert wurden, wie z.B. `String.replaceAll`, werden Fehler ausgelöst:

```
const value = "a b c";

value.replaceAll(" ", ", ");
// Nicht erkannter TypeError: value.replaceAll ist keine Funktion
```

> Die Compileroption `lib` gibt an, welche integrierten APIs verfügbar sind, während die Compileroption `target` beschreibt, welche Sprachmerkmale unterstützt werden.

skipLibCheck

TypeScript bietet eine Compileroption `skipLibCheck`, um in Deklarationsdateien, die nicht explizit zum eigenen Quellcode gehören, auf eine Typprüfung zu verzichten. Das kann für Anwendungen nützlich sein, die viele Abhängigkeiten haben, die sich möglicherweise auf unterschiedliche, widersprüchliche Definitionen in gemeinsam genutzten Bibliotheken stützen:

```
tsc --skipLibCheck
```

```
{
  "compilerOptions": {
    "skipLibCheck": true
  }
}
```

Indem es den Gesamtumfang an Typprüfungen reduziert, lässt sich mit `skipLibCheck` die Performance von TypeScript verbessern. Deshalb ist es im Allgemeinen eine gute Idee, diese Option bei den meisten Projekten zu aktivieren.

strict-Mode

Die meisten Compileroptionen im Bereich Typechecking betreffen den sogenannten *strict-Mode*. Alle Optionen, die sich auf die Striktheit (strictness) beziehen, sind standardmäßig auf `false` eingestellt. Werden sie aktiviert, weisen sie den Typechecker an, einige zusätzliche Prüfungen durchzuführen.

Ich behandle die am häufigsten verwendeten Optionen zur Striktheit in alphabetischer Reihenfolge. Besonders hilfreich und wirkungsvoll bei der Durchsetzung von typsicherem Code sind dabei die Optionen `noImplicitAny` und `strictNullChecks`.

Mit der Option `strict` können Sie sämtliche Prüfungen des strict-Mode aktivieren:

```
tsc --strict
```

```
{
  "compilerOptions": {
    "strict": true
  }
}
```

Um einzelne Prüfungen dabei auszulassen, können Sie `strict` aktivieren und zusätzlich bestimmte Prüfungen explizit deaktivieren. Die folgende Konfiguration aktiviert zum Beispiel alle strikten Prüfungen mit Ausnahme von `noImplicitAny`:

```
tsc --strict --noImplicitAny false
```

```
{
  "compilerOptions": {
    "noImplicitAny": false,
    "strict": true
  }
}
```

In künftigen Versionen von TypeScript werden möglicherweise weitere strikte Typprüfungen (und Compileroptionen) eingeführt, die bei aktivierter Option `strict` erfolgen. Bei der Verwendung von `strict` können daher nach einer Aktualisierung der TypeScript-Version neue Fehlermeldungen auftauchen. Unerwünschte Prüfungen können Sie jederzeit in Ihrer TSConfig deaktivieren.

noImplicitAny

Kann TypeScript den Typ eines Parameters oder einer Eigenschaft nicht ableiten, dann wird vom Typ `any` ausgegangen. Es empfiehlt sich im Allgemeinen, diese implizit abgeleiteten *any*-Typen im Code nicht zuzulassen, da dieser Typ viele Typprüfungen umgehen kann.

Die Compileroption `noImplicitAny` veranlasst TypeScript, eine Fehlermeldung auszugeben, wenn es auf ein implizites `any` zurückgreifen muss.

Zum Beispiel würde der folgende Funktionsparameter ohne Typdeklaration in diesem Fall einen Typfehler auslösen:

```
const logMessage = (message) => {
  //                ~~~~~~~
  // Error: Parameter 'message' implicitly has an 'any' type.
  console.log(`Message: ${message}!`);
};
```

In den meisten Fällen kann ein solcher Fehler beseitigt werden, indem man an der beanstandeten Stelle eine Typanmerkung hinzufügt:

```
const logMessage = (message: string) => { // Ok
  console.log(`Message: ${message}!`);
}
```

Oder, im Falle von Funktionsparametern, indem man die übergeordnete Funktion an eine Stelle setzt, die den Typ der Funktion angibt:

```
type LogsMessage = (message: string) => void;

const logMessage: LogsMessage = (message) => { // Ok
  console.log(`Message: ${message}!`);
}
```

> `noImplicitAny` ist ein ausgezeichnetes Flag, um die Typsicherheit in einem Projekt zu gewährleisten. Ich empfehle dringend, diese Option in allen Projekten zu nutzen, die vollständig in TypeScript geschrieben sind. Befindet sich ein Projekt jedoch noch im Übergang von JavaScript zu TypeScript, ist es möglicherweise einfacher, zunächst alle Dateien nach TypeScript zu konvertieren.

strictBindCallApply

Als TypeScript zum ersten Mal veröffentlicht wurde, verfügte es nicht über ausreichend umfangreiche Merkmale des Typsystems, um die eingebauten Funktionsmethoden `Function.apply`, `Function.bind` und `Function.call` darstellen zu können. Deshalb wurde für ihre Argumentliste standardmäßig `any` verwendet. Das ist nicht besonders typsicher!

Ohne `strictBindCallApply` enthalten die folgenden Varianten von `getLength` alle `any` in ihren Typen:

```
function getLength(text: string, trim?: boolean) {
  return trim ? text.trim().length : text.length;
}

// Funktionstyp: (thisArg: Function, argArray?: any) => any
getLength.apply;

// Rückgabetyp: any
getLength.bind(undefined, "abc123");

// Rückgabetyp: any
getLength.call(undefined, "abc123", true);
```

Da TypeScripts Typsystem heutzutage leistungsfähig genug ist, um die generischen Restargumente dieser Funktionen darzustellen, erlaubt TypeScript die Verwendung restriktiverer Typen.

Die Aktivierung von `strictBindCallApply` ermöglicht viel präzisere Typen für die `getLength`-Varianten:

```
function getLength(text: string, trim?: boolean) {
  return trim ? text.trim().length : text;
}

// Funktionstyp:
// (thisArg: typeof getLength, args: [text: string, trim?: boolean]) => number;
getLength.apply;

// Rückgabetyp: (trim?: boolean) => number
getLength.bind(undefined, "abc123");

// Rückgabetyp: number
getLength.call(undefined, "abc123", true);
```

Es gilt als Best Practice in TypeScript, `strictBindCallApply` zu aktivieren. Die verbesserte Typprüfung für eingebaute Funktionsmethoden trägt dazu bei, die Typsicherheit von Projekten zu verbessern, in denen sie zum Einsatz kommen.

strictFunctionTypes

Die Compileroption `strictFunctionTypes` bewirkt, dass die Typen von Funktionsparametern etwas strenger geprüft werden. Ein Funktionstyp wird nur als einem anderen Funktionstyp zuweisbar betrachtet, sofern seine Parameter Subtypen der Parameter dieses anderen Typs sind.

Als konkretes Beispiel empfängt die Funktion `checkOnNumber` eine Funktion, die in der Lage sein sollte, einen Typ `number | string` zu empfangen, der aber eine Funktion `stringContainsA` übergeben wird, die nur einen Parameter vom Typ `string` erlaubt. Die Standard-Typprüfung von TypeScript würde das zulassen – zur Laufzeit würde das Programm aber beim Versuch, `.match()` für eine `number` aufzurufen, abstürzen:

```
function checkOnNumber(containsA: (input: number | string) => boolean) {
  return containsA(1337);
}

function stringContainsA(input: string) {
  return !!input.match(/a/i);
}

checkOnNumber(stringContainsA);
```

Mit `strictFunctionTypes` würde `checkOnNumber(stringContainsA)` dagegen bereits einen Fehler bei der Typprüfung verursachen:

```
// Argument of type '(input: string) => boolean' is not assignable
// to parameter of type '(input: string | number) => boolean'.
//   Types of parameters 'input' and 'input' are incompatible.
//     Type 'string | number' is not assignable to type 'string'.
//       Type 'number' is not assignable to type 'string'.
checkOnNumber(stringContainsA);
```

> Technisch betrachtet verändern sich die Funktionsparameter von *bivariant* zu *kontravariant*. Weitere Informationen zu diesem Unterschied finden Sie in den Versionshinweisen zu TypeScript 2.6 (*https://www.typescriptlang.org/docs/handbook/release-notes/typescript-2-6.html*).

strictNullChecks

In Kapitel 3, »Vereinigungs- und Literaltypen«, habe ich den in manchen Programmiersprachen angelegten Milliarden-Dollar-Fehler diskutiert: die erlaubte Zuweisung von leeren Typen wie `null` und `undefined` an nicht-leere Typen. Wenn Sie das Flag `strictNullChecks` deaktivieren, wird vereinfacht ausgedrückt jedem Typ in Ihrem Code `null | undefined` hinzugefügt, wodurch jeder Variablen Werte vom Typ `null` oder `undefined` zugewiesen werden können.

Nur wenn `strictNullChecks` aktiviert ist, würde der folgende Codeausschnitt bei der Zuweisung von `null` an einen Wert vom Typ `string` einen Typfehler verursachen:

```
let value: string;

value = "abc123"; // Immer ok

value = null;
// Mit aktivierter Option strictNullChecks:
// Error: Type 'null' is not assignable to type 'string'.
```

Es empfiehlt sich als Best Practice, `strictNullChecks` zu aktivieren. Auf diese Weise lassen sich Abstürze vermeiden und der Milliarden-Dollar-Fehler umgehen.

Weitere Einzelheiten finden Sie in Kapitel 3, »Vereinigungs- und Literaltypen«.

strictPropertyInitialization

Bereits in Kapitel 8, »Klassen«, habe ich die strikte Initialisierungsprüfung in Klassen besprochen, mit der sichergestellt wird, dass im Klassenkonstruktor für alle Eigenschaften einer Klasse eine Zuweisung erfolgt. Das Flag `strictPropertyInitialization` führt dazu, dass TypeScript einen Typfehler meldet, wenn Klasseneigenschaften im Konstruktor nicht initialisiert werden.

Als Best Practice gilt es, `strictPropertyInitialization` zu aktivieren. Auf diese Weise lassen sich Abstürze aufgrund von Fehlern in der Klasseninitialisierungslogik vermeiden. Weitere Einzelheiten finden Sie in Kapitel 8, »Klassen«.

useUnknownInCatchVariables

Die Fehlerbehandlung stellt in jeder Sprache ein inhärent unsicheres Konzept dar. Theoretisch kann jede Funktion eine beliebige Anzahl von Fehlern auslösen, z.B. bei Grenzfällen wie dem Lesen von Eigenschaften von `undefined` oder benutzerdefinierten `throw`-Anweisungen. Tatsächlich gibt es nicht einmal eine Garantie dafür, dass ein ausgelöster Fehler überhaupt eine Instanz der Klasse `Error` ist, da im Code mit `throw xy` etwas völlig Beliebiges definiert werden kann.

Daher ordnet TypeScript Fehlern standardmäßig den Typ any zu. Das erlaubt Flexibilität in der Fehlerbehandlung, allerdings auf Kosten der Typsicherheit, die beim Typ any reduziert ist.

Im folgenden Beispiel ist der Fehler error als any typisiert, weil TypeScript nicht wissen kann, wie die von someExternalFunction() möglicherweise ausgelösten Fehler beschaffen sein könnten:

```
try {
  someExternalFunction();
} catch (error) {
  error; // Default-Typ: any
}
```

Wie bei den meisten Verwendungen von any wäre es technisch sinnvoller, Fehler stattdessen als unknown zu behandeln, auch wenn dafür oft explizite Typzusicherungen oder Typeinschränkungen erforderlich sind. In der Fehlerdefinition eines catch-Blocks dürfen die Typen any oder unknown annotiert werden.

Die folgende Korrektur des vorherigen Beispiels fügt dem Fehler error eine explizite Angabe : unknown hinzu, um ihn in den Typ unknown umzuwandeln:

```
try {
  someExternalFunction();
} catch (error: unknown) {
  error; // Typ: unknown
}
```

Das Flag useUnknownInCatchVariables führt dazu, dass TypeScript Fehler in catch-Klauseln standardmäßig als vom Typ unknown betrachtet. Bei aktivierter Option useUnknownInCatchVariables wäre der Fehlertyp in beiden Beispielvarianten unkown.

useUnknownInCatchVariables sollte deshalb aktiviert werden, da man nicht immer sicher davon ausgehen kann, dass Fehler einen bestimmten Typ haben.

Module

Die verschiedenen Systeme für den Export und Import von Modulinhalten – AMD, CommonJS, ECMAScript usw. – machen JavaScript in Hinsicht auf das Modulhandling zu einer der unübersichtlichsten aller modernen Programmiersprachen. JavaScript ist insofern relativ ungewöhnlich, als dass die Art und Weise, wie Dateien gegenseitige Inhalte importieren, oft von Frameworks wie Webpack gesteuert wird, die von Benutzern geschrieben wurden. TypeScript gibt sein Bestes, um Konfigurationsoptionen bereitzustellen, die die meisten vernünftigen in »Userland« eingesetzten Modulkonfigurationen abbilden.

Die meisten neuen TypeScript-Projekte nutzen die standardisierte Modulsyntax von ECMAScript. ECMAScript-Module importieren einen Wert (value) aus einem anderen Modul ("my-example-lib") und exportieren einen eigenen Wert (logValue) in dieser Weise:

```
import { value } from "my-example-lib";

export const logValue = () => console.log(value);
```

module

In TypeScript kann mit der Compileroption `module` festgelegt werden, welches Modulsystem im transpilierten Code verwendet werden soll. Beim Schreiben von Quellcode mit ECMAScript-Modulen kann TypeScript die `export`- und `import`-Anweisungen anhand der `module`-Option in ein anderes Modulsystem transpilieren.

Dass ein in ECMAScript geschriebenes Projekt in Form von CommonJS-Modulen ausgegeben werden soll, kann in der Kommandozeile so festgelegt werden:

```
tsc --module commonjs
```

Und in einer TSConfig so:

```
{
  "compilerOptions": {
    "module": "commonjs"
  }
}
```

Der vorherige Codeausschnitt würde ungefähr so ausgegeben werden:

```
const my_example_lib = require("my-example-lib");
exports.logValue = () => console.log(my_example_lib.value);
```

Wenn Ihre Compileroption `target` den Wert `"es3"` oder `"es5"` hat, wird `module` standardmäßig auf `"commonjs"` gesetzt. In allen anderen Fällen wird `module` standardmäßig auf `"es2015"` gesetzt, damit Code in Form von ECMAScript-Modulen erzeugt wird.

moduleResolution

Modulauflösung ist der Prozess, durch den der importierte Pfad in einem Import auf ein Modul abgebildet wird. TypeScript bietet eine Option `moduleResolution`, mit der Sie die Logik für diesen Prozess festlegen können. In der Regel werden Sie eine von zwei Logikstrategien anwenden:

- `node`: das Verhalten von CommonJS-Resolvern wie dem traditionellen Node.js
- `nodenext`: Ausrichtung an dem für ECMAScript-Module spezifizierten Verhalten

Die beiden Strategien ähneln einander. In den meisten Projekte können beide verwendet werden, ohne dass man einen Unterschied bemerkt. Mehr zu den Feinheiten der Modulauflösung finden Sie auf *https://www.typescriptlang.org/docs/handbook/module-resolution.html*.

> `moduleResolution` ändert nichts daran, wie TypeScript Code ausgibt. Er wird nur verwendet, um die Laufzeitumgebung zu beschreiben, in der Ihr Code ausgeführt werden soll.

Die Compileroption `moduleResolution` kann sowohl mit dem folgenden CLI-Befehl als auch in Form des JSON-Beispiels angegeben werden:

```
tsc --moduleResolution nodenext
```

```
{
  "compilerOptions": {
    "moduleResolution": "nodenext"
  }
}
```

> Aus Gründen der Abwärtskompatibilität nutzt TypeScript für `module Resolution` ohne weitere Angabe standardmäßig den Wert `classic`, der in älteren Projekten verwendet wurde. Diese klassische Strategie ist für ein modernes Projekt ungeeignet.

Interoperabilität mit CommonJS

Bei der Arbeit mit JavaScript-Modulen gibt es einen Unterschied zwischen dem »Default«-Export eines Moduls und seiner »Namespace«-Ausgabe. Der *Default*-Export eines Moduls ist die Eigenschaft `.default` seines exportierten Objekts. Der *Namespace*-Export eines Moduls ist das exportierte Objekt selbst.

Tabelle 13-2 fasst die Unterschiede zwischen Standard- und Namespace-Exporten und -Importen zusammen.

Tabelle 13-2: Export- und Importformen von CommonJS- und ECMAScript-Modulen

Syntaxbereich	**CommonJS**	**ECMAScript-Module**
Default-Export	`module.exports.default = value;`	`export default value;`
Default-Import	`const { default: value } = require("...");`	`import value from "...";`
Namespace-Export	`module.exports = value;`	Nicht unterstützt
Namespace-Import	`const value = require("...");`	`import * as value from "...";`

TypeScripts Typsystem entwickelt sein Verständnis von Dateiimporten und -exporten gemäß der ECMAScript-Variante. Wenn Ihr Projekt, wie in den meisten Fällen, von npm-Paketen abhängt, ist es wahrscheinlich, dass einige dieser Abhängigkeiten noch als CommonJS-Module vorliegen. Obwohl einige Pakete, die den ECMAScript-Modulregeln folgen, auf die Angabe eines Default-Exports verzichten, bevorzugen viele Entwickler die prägnanteren Default-Importe gegenüber Importen im Namespace-Stil. TypeScript enthält einige Compileroptionen, die die Interoperabilität zwischen den unterschiedlichen Modulformaten verbessern.

esModuleInterop

Die Konfigurationsoption `esModuleInterop` fügt dem von TypeScript ausgegebenen JavaScript-Code ein wenig Logik hinzu, wenn `module` nicht auf ein ECMAScript-Modulformat wie `"es2015"` oder `"esnext"` eingestellt ist. Diese zusätzliche Logik ermöglicht es ECMAScript-Modulen, auch von Modulen zu importieren, die nicht den ECMAScript-Regeln zu Default- oder Namespace-Importen entsprechen.

Häufig wird `esModuleInterop` wegen Paketen wie `"react"` aktiviert, die keinen Default-Export angeben. Wenn ein Modul einen Default-Import aus dem `"react"`-Paket versucht, würde TypeScript ohne aktive Option `esModuleInterop` einen Typfehler melden:

```
import React from "react";
//     ~~~~~
// Module '"file:///node_modules/@types/react/index"' can
// only be default-imported using the 'esModuleInterop' flag.
```

Beachten Sie, dass `esModuleInterop` ausschließlich den Umgang des ausgegebenen JavaScript-Codes mit Importen ändert. Die folgende Konfigurationsoption `allowSyntheticDefaultImports` informiert das Typsystem über die Import-Interoperabilität.

allowSyntheticDefaultImports

Die Compileroption `allowSyntheticDefaultImports` teilt dem Typsystem mit, dass ECMAScript-Module Default-Importe aus Dateien mit ansonsten inkompatiblen CommonJS-Namespace-Exporten vornehmen dürfen.

Der Standardwert dieser Option lautet nur dann `true`, wenn eine der folgenden Bedingungen erfüllt ist:

- `module` hat den Wert `system` (ein älteres, selten verwendetes Modulformat, das in diesem Buch nicht behandelt wird).
- `esModuleInterop` ist `true` und `module` ist kein ECMAScript-Modulformat wie `"es2015"` oder `"esnext"`.

Mit anderen Worten: Wenn `esModuleInterop` aktiviert ist, `module` aber auf `"esnext"` steht, geht TypeScript davon aus, dass der ausgegebene kompilierte JavaScript-Code keine Interoperabilitäts-Helfer für Importe verwendet. Es würde für einen Default-Import aus Paketen wie `"react"` einen Typfehler melden:

```
import React from "react";
// Module '"file:///node_modules/@types/react/index"' can only be
// default-imported using the 'allowSyntheticDefaultImports' flag`.
```

isolatedModules

Externe Transpiler wie Babel, die jeweils nur mit einer Datei arbeiten, können keine Typsystem-Informationen verwenden, um JavaScript zu erzeugen. Infolgedessen werden TypeScript-Sprachmerkmale, die sich zur Ausgabe von JavaScript auf Typinformationen stützen, von diesen Transpilern im Allgemeinen nicht unterstützt. Durch die Aktivierung der Compileroption `isolatedModules` wird TypeScript angewiesen, einen Fehler zu melden, sobald es auf ein Sprachmerkmal stößt, das in diesen Transpilern wahrscheinlich Probleme verursachen wird:

- Const-Enums, die in Kapitel 14, »Syntaxerweiterungen«, behandelt werden
- Skriptdateien (nicht-modulare Dateien)
- Für sich stehende Typexporte, die in Kapitel 14, »Syntaxerweiterungen«, behandelt werden

Ich empfehle generell, `isolatedModules` zu aktivieren, wenn Sie in einem Projekt zur Transpilierung in JavaScript ein anderes Tool als TypeScript verwenden.

JavaScript

Obwohl TypeScript eine wunderbare Sprache ist und ich hoffe, dass Sie immer gerne in ihr programmieren werden, bedeutet das nicht, dass Sie ihren gesamten Code in TypeScript schreiben müssen. Obwohl TypeScript standardmäßig Dateien mit einer *.js*- oder *.jsx*-Erweiterung ignoriert, kann es mit den Compileroptionen `allowJs` und/oder `checkJs` JavaScript-Dateien lesen, kompilieren und diese sogar – in begrenztem Umfang – einer Typprüfung unterziehen.

> Eine gängige Strategie für die Konvertierung eines bestehenden JavaScript-Projekts nach TypeScript besteht darin, sich zunächst auf einige wenige Dateien zu beschränken. Im Laufe der Zeit können weitere Dateien hinzugefügt werden, bis irgendwann alle JavaScript-Dateien konvertiert wurden. Sie müssen erst dann vollständig auf TypeScript umsteigen, wenn Sie wirklich dazu bereit sind!

allowJs

Mit der Compileroption `allowJs` können in JavaScript-Dateien deklarierte Konstrukte bei der Typprüfung von TypeScript-Dateien mit berücksichtigt werden. Zusammen mit der Compileroption `jsx` können auch *.jsx*-Dateien hinzugezogen werden.

Nehmen wir zum Beispiel die folgende Datei *index.ts*, die einen Wert `value` importiert, der in einer Datei *values.js* deklariert wird:

```
// index.ts
import { value } from "./values";

console.log(`Quote: '${value.toUpperCase()}'`);
```

```
// values.js
export const value = "We cannot succeed when half of us are held back.";
```

Ohne die Aktivierung von `allowJs` hätte die `import`-Anweisung keinen bekannten Typ. Sie wäre standardmäßig implizit vom Typ `any` oder würde einen Typfehler wie »Could not find a declaration file for module `"./values"`.« auslösen.

`allowJs` fügt außerdem der Liste der Dateien, die gemäß ECMAScript-Zielversion kompiliert und als JavaScript ausgegeben werden, alle JavaScript-Dateien hinzu. Wenn die entsprechenden Optionen aktiviert sind, werden auch Sourcemaps und Deklarationsdateien erzeugt:

```
tsc --allowJs
```

```
{
  "compilerOptions": {
    "allowJs": true
  }
}
```

Bei aktiviertem `allowJs` wäre der importierte Wert `value` vom Typ `string`. Es würden keine Typfehler gemeldet.

checkJs

TypeScript kann nicht nur JavaScript-Dateien bei der Typprüfung von TypeScript-Dateien mit berücksichtigen, es kann sogar JavaScript-Dateien typisieren. Die Aktivierung der Compileroption `checkJs` hat zwei Auswirkungen:

- Für `allowJs` wird als Wert standardmäßig `true` angenommen, falls dies nicht bereits so konfiguriert ist.
- Für *.js*-und *.jsx*-Dateien wird die Typprüfung aktiviert.

Wenn Sie `checkJs` aktivieren, behandelt TypeScript JavaScript-Dateien so, als seien es TypeScript-Dateien – allerdings ohne TypeScript-spezifische Syntax. Nicht übereinstimmende Typen, falsch geschriebene Variablennamen usw. führen zu Typfehlern, wie sie normalerweise in einer TypeScript-Datei auftreten würden:

```
tsc --checkJs
```

```
{
  "compilerOptions": {
    "checkJs": true
  }
}
```

Wäre `checkJs` aktiviert, würde die folgende JavaScript-Datei eine Beschwerde wegen eines falschen Variablennamens verursachen:

```
// index.js
let myQuote = "Each person must live their life as a model for others.";

console.log(quote);
//          ~~~~~
// Error: Cannot find name 'quote'. Did you mean 'myQuote'?
```

Ohne Aktivierung von `checkJs` hätte TypeScript diesen vermutlichen Fehler nicht moniert.

@ts-check

Alternativ kann `checkJs` für einzelne Dateien aktiviert werden, indem am Anfang der Datei ein `// @ts-check`-Kommentar hinzugefügt wird. Dadurch wird die Option `checkJs` nur für genau diese eine JavaScript-Datei aktiviert:

```
// index.js
// @ts-check
```

```
let myQuote = "Each person must live their life as a model for others.";

console.log(quote);
//          ~~~~~
// Error: Cannot find name 'quote'. Did you mean 'myQuote'?
```

JSDoc-Unterstützung

Da JavaScript nicht über die reichhaltige Typsyntax von TypeScript verfügt, sind die Typen von Werten, die in JavaScript-Dateien deklariert werden, oft nicht so präzise wie solche, die in TypeScript-Dateien deklariert werden. Während TypeScript beispielsweise den Wert eines Objekts ableiten kann, das als Variable in einer JavaScript-Datei deklariert ist, gibt es in JavaScript keine native Möglichkeit, in dieser Datei zu deklarieren, dass der Wert einem bestimmten Interface entspricht.

Ich habe bereits in Kapitel 1, »Von JavaScript zu TypeScript«, erwähnt, dass der Community-Standard JSDoc einige Möglichkeiten eröffnet, Typen in Kommentaren zu beschreiben. Sind `allowJs` und/oder `checkJs` aktiviert, wertet TypeScript alle im Code vorhandenen JSDoc-Definitionen aus.

Im folgenden Codeausschnitt wird beispielsweise in JSDoc deklariert, dass die Funktion `sentenceCase` als Parameter einen `string` empfängt. TypeScript kann anhand dieser Information ableiten, dass die Funktion auch einen Wert des Typs `string` zurückgibt. Bei aktiviertem `checkJs` würde TypeScript deshalb einen Typfehler melden, wenn stattdessen ein `string[]` übergeben wird:

```
// index.js

/**
 * @param {string} text
 */
function sentenceCase(text) {
    return `${text[0].toUpperCase()} ${text.slice(1)}.`;
}

sentenceCase("hello world");// Ok

sentenceCase(["hello", "world"]);
//           ~~~~~~~~~~~~~~~~~~
// Error: Argument of type 'string[]' is not
// assignable to parameter of type 'string'.
```

Die JSDoc-Unterstützung von TypeScript ist hilfreich, wenn man in Projekten, bei denen nicht genug Zeit zur Verfügung steht oder es an der entsprechenden Vertrautheit der Entwickler fehlt, schrittweise Typprüfungen hinzufügen und sukzessive auf TypeScript umstellen möchte.

> Die vollständige Liste der unterstützten JSDoc-Syntax finden Sie auf der Seite *https://www.typescriptlang.org/docs/handbook/jsdoc-supported-types.html*.

Konfigurationserweiterungen

Wenn Sie viele TypeScript-Projekte entwickeln, werden Sie wahrscheinlich feststellen, dass Sie immer wieder dieselben Projekteinstellungen vornehmen. Obwohl man in TypeScript keine Konfigurationsdateien in JavaScript schreiben und mit `import` oder `require` einbinden kann, bietet es einen Mechanismus, um eine TSConfig-Datei um Konfigurationswerte aus einer anderen Konfigurationsdatei zu »erweitern« bzw. diese zu kopieren.

extends

Eine TSConfig kann auf einer anderen TSConfig aufbauen, indem es diese mit der Konfigurationsoption `extends` erweitert. `extends` enthält einen Pfad zu einer anderen TSConfig-Datei und sorgt dafür, dass alle Einstellungen aus dieser Datei übernommen werden. Es verhält sich so ähnlich wie das Schlüsselwort `extends` bei Klassen: Eine Option, die in der abgeleiteten Konfiguration deklariert wird, hat Vorrang vor einer gleichnamigen Option der Basiskonfiguration.

In vielen Repositories, die mehrere TSConfigs enthalten (beispielsweise Monorepos, die mehrere *packages/**-Verzeichnisse enthalten), gilt eine Konvention, gemäß der *tsconfig.json*-Dateien eine Basiskonfiguration namens *tsconfig.base.json* erweitern:

```
// tsconfig.base.json
{
  "compilerOptions": {
    "strict": true
  }
}

// packages/core/tsconfig.json
{
  "extends": "../../tsconfig.base.json",
  "includes": ["src"]
}
```

Beachten Sie, dass die `compilerOptions` rekursiv berücksichtigt werden. Jede Compileroption einer Basis-TSConfig wird in eine abgeleitete TSConfig übernommen, es sei denn, in der abgeleiteten TSConfig wird diese spezifische Option überschrieben.

Würde im vorherigen Beispiel in der abgeleiteten TSConfig die Option `allowJs` aktiviert werden, würde diese abgeleitete Konfigurationsdatei zusätzlich auch die Option `compilerOptions.strict` aus der Basis-TSConfig mit Wert `true` enthalten:

```
// packages/js/tsconfig.json
{
  "extends": "../../tsconfig.base.json",
  "compilerOptions": {
    "allowJs": true
  },
  "includes": ["src"]
}
```

Module erweitern

Die Eigenschaft `extends` kann auf zwei unterschiedliche Weisen auf JavaScript-Importe verweisen:

Absolut
: Beginnend mit `@` oder einem Buchstaben

Relativ
: Ein lokaler Dateipfad, der mit `.` beginnt

Wenn ein `extends` einen absoluten Pfad enthält, bedeutet das, dass die TSConfig eines npm-Moduls erweitert werden soll. TypeScript wird anhand des normalen Node-Modulauflösungssystems ein Paket suchen, das dem angegebenen Namen entspricht. Wenn die `package.json` eines solchermaßen gefundenen Pakets ein Feld `"tsconfig"` mit einer relativen Pfadangabe enthält, wird die dortige TSConfig-Datei verwendet. Andernfalls wird die Datei *tsconfig.json* des Pakets verwendet.

Viele Unternehmen und Organisationen verwenden npm-Pakete, um TypeScript-Compileroptionen über Repositories hinweg und/oder innerhalb von Monorepos zu standardisieren. Die folgenden TSConfig-Dateien zeigen, wie Sie die Konfiguration in einem Monorepo einer Beispielorganisation `@my-org` einrichten könnten. Für *packages/js* muss die Compileroption `allowJs` angegeben werden, während in *packages/ts* keine Compileroptionen geändert werden müssen:

```
// packages/tsconfig.json
{
  "compilerOptions": {
    "strict": true
  }
}

// packages/js/tsconfig.json
{
  "extends": "@my-org/tsconfig",
  "compilerOptions": {
    "allowJs": true
  },
  "includes": ["src"]
}

// packages/ts/tsconfig.json
{
  "extends": "@my-org/tsconfig",
  "includes": ["src"]
}
```

Basiskonfigurationsdateien

Anstatt eigene Konfigurationen von Grund auf neu zu erstellen, können Sie mit einer vorgefertigten »Basis«-TSConfig-Datei beginnen, die auf eine bestimmte Laufzeitumgebung zugeschnitten ist. Diese vorgefertigten Konfigurationsbasen sind in der npm-Registry unter *@tsconfig/* verfügbar, etwa unter *@tsconfig/recommended* oder *@tsconfig/node16*.

Um beispielsweise die empfohlene TSConfig-Basis für deno zu installieren:

```
npm install --save-dev @tsconfig/deno
# or
yarn add --dev @tsconfig/deno
```

Sobald ein Konfigurationsbasispaket installiert ist, kann es wie jede andere Konfigurationserweiterung referenziert werden:

```
{
    "extends": "@tsconfig/deno/tsconfig.json"
}
```

Die vollständige Liste der TSConfig-Basen finden Sie unter *https://github.com/tsconfig/bases*.

> Es ist im Allgemeinen empfehlenswert, wenn Sie wissen, welche TypeScript-Konfigurationsoptionen in Ihrer Datei verwendet werden, selbst wenn Sie die Optionen nicht verändern.

Projektreferenzen

Die in den bisherigen Beispielen gezeigten Konfigurationsdateien verwalteten jeweils alle Quelldateien eines Projekts. Bei größeren Projekten kann es aber durchaus sinnvoll sein, für verschiedene Bereiche oder Komponenten eines Projekts unterschiedliche Konfigurationsdateien zu verwenden. TypeScript ermöglicht es, ein System von »Projektreferenzen« zu definieren, um Builds für mehrere Projekte gemeinsam durchführen zu können. Projektreferenzen einzurichten, ist etwas aufwendiger als die Verwendung einer einzelnen TSConfig-Datei, bietet aber einige wichtige Vorteile:

- Sie können für bestimmte Bereiche des Codes unterschiedliche Compileroptionen festlegen.
- TypeScript kann Build-Outputs einzelner Projekte zwischenspeichern, was bei umfangreichen Projekten oft zu deutlich schnelleren Build-Zeiten führt.
- Projektreferenzen etablieren einen »Abhängigkeitsbaum« (dependency tree), der es nur bestimmten Projekten erlaubt, Dateien aus bestimmten anderen Projekten zu importieren. Das kann die Strukturierung diskreter Codebereiche erleichtern.

> Projektreferenzen werden im Allgemeinen in größeren Projekten verwendet, in denen es mehrere klar unterschiedene Codebereiche gibt, wie z. B. bei Monorepos oder modularen Komponentensystemen. In kleineren Projekten, die nur eine übersichtliche Menge von Dateien umfassen, ergibt ihr Einsatz wenig Sinn.

Die folgenden drei Abschnitte beschreiben, welche Projekteinstellungen nötig sind, um Projektreferenzen nutzen zu können:

- Die Option `composite` erzwingt bestimmte Einschränkungen, durch die Build-Tools schnell feststellen können, ob bereits ein aktueller Build vorliegt.
- Die Eigenschaft `references` in einer TSConfig gibt an, auf welche TSConfigs mit aktivierter Option *composite* sie sich stützt.
- Der Build-Mode verwendet die Referenzen aus TSConfigs mit aktivierter Option *composite*, um die Erstellung ihrer Ausgabedateien zu organisieren.

composite

In TypeScript kann für ein Projekt optional mithilfe der Konfigurationsoption `composite` angegeben werden, dass die Eingaben und Ausgaben des Dateisystems bestimmten Beschränkungen unterliegen, die Build-Tools dabei helfen festzustellen, ob der Build-Output eines Projekts dem aktuellen Stand des Build-Inputs entspricht. Wenn `composite` den Wert `true` hat:

- zeigt die Eigenschaft `rootDir`, sofern nicht bereits explizit festgelegt, standardmäßig auf das Verzeichnis, das die TSConfig-Datei enthält.
- müssen alle Implementierungsdateien mit einem Include-Muster übereinstimmen oder im Array `files` aufgeführt sein.
- muss die Option `declaration` aktiviert sein.

Der folgende Konfigurationsausschnitt erfüllt alle Bedingungen für die Aktivierung des `composite`-Modus in einem Verzeichnis *core/*:

```
// core/tsconfig.json
{
  "compilerOptions": {
    "declaration": true,
  "composite": true
  }
}
```

Diese Änderungen helfen TypeScript, dafür zu sorgen, dass für alle Eingabedateien des Projekts eine passende *.d.ts*-Datei erstellt wird. Die Option `composite` kommt normalerweise vor allem in Kombination mit der folgenden Konfigurationsoption `references` zum Einsatz.

references

Mit der Option `references` wird für ein TypeScript-Projekt angezeigt, dass es auf den Build-Output eines `composite`-Projekts angewiesen ist. Der Import von Modulen aus einem referenzierten Projekt wird im Typsystem als Import aus dessen *.d.ts*-Deklarationsdatei(en) betrachtet.

Der folgende Ausschnitt aus einer Konfigurationsdatei im Verzeichnis *shell/* referenziert ein Verzeichnis *core/*:

```
// shell/tsconfig.json
{
  "references": [
    { "path": "../core" }
  ]
}
```

> Die Konfigurationsoption `references` wird bei der Erweiterung einer als Ausgangsbasis dienenden TSConfig zu einer abgeleiteten TSConfig (mittels `extends`) nicht übernommen.

Die Option `references` ist normalerweise vor allem in Kombination mit dem im Folgenden beschriebenen Build-Mode hilfreich.

Build-Mode

Sobald für einen Codebereich die Verwendung von Projektreferenzen eingerichtet wurde, kann man `tsc` mithilfe des CLI-Flags `-b`/`--b` in seinem alternativen »Build«-Mode betreiben. Im Build-Mode koordiniert `tsc` den Build aller Projekte, indem bei einem Build nur diejenigen Projekte berücksichtigt werden, deren Quelldateien seit dem letzten Build geändert wurden.

Genauer gesagt läuft der TypeScript-Build-Mode wie folgt ab:

1. Die in einer TSConfig referenzierten Projekte werden gesucht.
2. Es wird überprüft, ob die referenzierten Projekte jeweils auf dem neuesten Stand sind.
3. Für veraltete Projekte wird in der richtigen Reihenfolge ein Build durchgeführt.
4. Der Build der TSConfig aus 1. wird ausgeführt, falls sich die Datei oder eine ihrer Abhängigkeiten geändert hat.

Dass der Build-Mode bereits aktuelle Projekte beim Build nicht erneut erstellen muss, kann die Build-Performance deutlich verbessern.

Build-Koordination

Ein gängiges Muster bei der Einrichtung von TypeScript-Projektreferenzen in einem Repository besteht darin, auf der obersten Ebene eine *tsconfig.json* mit einem leeren `files`-Array und Referenzen auf alle Projekte des Repositorys anzulegen. Die Root-TSConfig veranlasst TypeScript nicht dazu, irgendwelche Dateien zu erstellen. Sie dient lediglich dazu, TypeScript mitzuteilen, dass es je nach Bedarf einen Build für referenzierte Projekte durchführen soll.

Die folgende Datei *tsconfig.json* legt beispielsweise fest, dass ein Build für die Projekte *packages/core* und *packages/shell* erfolgen soll:

```
// tsconfig.json
{
  "files": [],
```

```
  "references": [
    { "path": "./packages/core" },
    { "path": "./packages/shell" }
  ]
}
```

Ich persönlich lege gerne in meinen eigenen `package.json`-Dateien ein Skript mit dem Namen `build` oder `compile` an, das `tsc -b` ausführt:

```
// package.json
{
  "scripts": {
    "build": "tsc -b"
  }
}
```

Optionen für den Build-Mode

Der Build-Mode unterstützt einige spezifische CLI-Optionen:

- `--clean`: löscht den bestehenden Build-Output der angegebenen Projekte (kann mit `-dry` kombiniert werden)
- `--dry`: zeigt, was gemacht werden würde, führt den Build aber nicht aus
- `--force`: verhält sich so, als ob alle Projekte veraltet wären
- `-w`/`--watch`: ähnelt TypeScripts Watch-Mode

Da der Build-Mode den Watch-Mode unterstützt, kann man mit einem Befehl wie `tsc -b -w` schnell eine aktuelle Liste aller Compilerfehler eines großen Projekts erzeugen.

Zusammenfassung

In diesem Kapitel haben Sie die wichtigsten Konfigurationsoptionen von TypeScript kennengelernt. Dabei haben wir uns mit folgenden Themen beschäftigt:

- Verwendung von `tsc`, einschließlich des Pretty- und Watch-Mode
- Verwendung von TSConfig-Dateien, einschließlich der Erstellung einer Konfigurationsdatei mit `tsc --init`
- Festlegung der Dateien, die von TypeScript beim Kompilieren einbezogen werden
- Zulassen von JSX-Syntax in *.tsx*-Dateien und/oder JSON-Syntax in *.json*-Dateien
- Ändern des Verzeichnisses, der ECMAScript-Zielversion, der Deklarationsdatei sowie die zusätzliche Ausgaben von Sourcemaps
- Ändern der bei der Kompilierung verwendeten Typen integrierter Bibliotheken
- strict-Mode und nützliche Striktheits-Flags wie `noImplicitAny` und `strictNullChecks`
- Unterstützung verschiedener Modulsysteme und Änderung des Vorgehens bei der Modulauflösung

- Zulassen der Einbeziehung von JavaScript-Dateien und deren optionaler Typprüfung
- Verwendung von `extends` zur Übernahme von Optionen aus anderen Konfigurationsdateien
- Verwendung von Projektreferenzen und des Build-Mode zur Organisation von Multi-TSConfig-Builds

> Nachdem Sie dieses Kapitel gelesen haben, können Sie das Gelernte auf *https://learningtypescript.com/configuration-options* anwenden und einüben.

Was ist die bevorzugte Compileroption des typischen Preußen?

`strict`.

TEIL IV

Zugaben

JavaScript gibt es nun schon seit einigen Jahrzehnten – und es wurden schon viele merkwürdige Dinge damit angestellt. All diese seltsamen Dinge müssen mit TypeScripts Syntax und Typsystem darstellbar sein, damit auch wirklich jeder JavaScript-Entwickler mit der Sprache arbeiten kann. Infolgedessen gibt es einige Bereiche in TypeScript, die in alltäglichem Code nur selten vorkommen, für die Arbeit mit bestimmten Arten von Projekten aber relevant oder sogar unverzichtbar sind.

Ich betrachte diese Teile der Sprache als »Zugaben«, da man komplett ohne sie auskommen und als TypeScript-Entwickler trotzdem erfolgreich und produktiv sein kann. Ich hoffe, dass Sie die logischen Typen, die gegen Ende des folgenden Abschnitts vorgestellt werden, nicht sehr oft verwenden müssen – wenn überhaupt jemals.

KAPITEL 14

Syntaxerweiterungen

»TypeScript fügt JavaScript
zur Laufzeit nicht hinzu.«
... war das gelogen?!

Zu der Zeit, als TypeScript im Jahr 2012 zum ersten Mal veröffentlicht wurde, wuchs die Komplexität von Webanwendungen schneller, als in JavaScript entsprechende Funktionen hinzugefügt wurden, um diese zunehmende Komplexität zu unterstützen. Die damals beliebteste JavaScript-Sprachvariante, CoffeeScript, hatte sich durch die Einführung neuer und aufregender syntaktischer Konstrukte, die es in JavaScript nicht gab, einen Namen gemacht.

Heutzutage wird die Erweiterung der JavaScript-Syntax durch neue Laufzeitmerkmale, die spezifisch zu einer Sprache gehören, die wie TypeScript eine Obermenge von JavaScript darstellt, aus mehreren Gründen als schlechte Vorgehensweise angesehen:

- Im Vordergrund steht dabei die Gefahr, dass Laufzeit-Syntaxerweiterungen mit künftigen Sprachmerkmalen in neueren Versionen von JavaScript in Konflikt geraten könnten.
- Programmierern, die die Sprache lernen, wird es erschwert, genau zu verstehen, wo JavaScript aufhört und andere Sprachen beginnen.
- Laufzeitmerkmale erhöhen die Komplexität von Transpilern, die Code, der in einer Sprache, die eine Obermenge von JavaScript ist, geschrieben wurde, in reines JavaScript übersetzen.

Allerdings muss ich Ihnen schweren Herzens und mit größtem Bedauern mitteilen, dass die frühen TypeScript-Entwickler drei Syntaxerweiterungen für JavaScript in TypeScript eingebracht haben:

- Klassen – deren Implementierung allerdings später an die ratifizierte JavaScript-Spezifikation angepasst wurde
- Enums – ein einfacher syntaktischer Zucker: Enums ähneln einem einfachen Objekt mit Schlüsseln und Werten
- Namensräume – eine Lösung zur Strukturierung und Anordnung von Code, die aus der Zeit vor der Einführung moderner Module stammt

Diese »Erbsünde«, was Laufzeit-Syntaxerweiterungen von JavaScript angeht, wurde glücklicherweise seit den Anfangsjahren von TypeScript nicht mehr wiederholt. Seitdem werden neue Laufzeit-Syntaxkonstrukte der Sprache erst dann hinzugefügt, wenn diese den Ratifizierungsprozess so weit durchlaufen haben, dass sie tatsächlich in JavaScript aufgenommen werden.

Klassen sehen in TypeScript fast genauso aus wie in JavaScript und verhalten sich auch so (puh!), mit Ausnahme eines bestimmten Verhaltens, das über die (nicht in diesem Buch behandelte) Konfigurationsoption `useDefineForClassFields` gesteuert wird, und Parametereigenschaften (um die es im nächsten Abschnitt geht). Enums werden in einigen Projekten noch verwendet, weil sie gelegentlich von Nutzen sind. Namensräume werden in neueren Projekten praktisch nicht mehr verwendet.

In TypeScript wurde auch ein experimenteller Vorschlag für JavaScript-»Dekoratoren« aufgenommen, auf den ich ebenfalls eingehen werde.

Parametereigenschaften in Klassen

Ich empfehle, in Klassen keine Parametereigenschaften zu verwenden, es sei denn, Sie arbeiten an einem Projekt, das in hohem Maße Klassen oder ein Framework nutzt, das davon profitieren würde.

In JavaScript-Klassen will man häufig in einem Konstruktor einen Parameter entgegennehmen und ihn sofort einer Klasseneigenschaft zuweisen.

Die folgende Klasse `Engineer` empfängt einen einzelnen Parameter `area` vom Typ `string` und weist ihn sofort einer Eigenschaft `area` zu, ebenfalls vom Typ `string`:

```
class Engineer {
    readonly area: string;

    constructor(area: string) {
        this.area = area;
        console.log(`I work in the ${area} area.`);
    }
}

// Typ: string
new Engineer("mechanical").area;
```

TypeScript enthält eine Kurzsyntax, um solche »Parametereigenschaften« zu deklarieren: Eigenschaften, die am Anfang eines Klassenkonstruktors einer Member-Eigenschaft des gleichen Typs zugewiesen werden. Indem man vor einem Konstruktorparameter `readonly` und/oder einen der Sichtbarkeits-Modifier – `public`, `protected` oder `private` – verwendet, teilt man TypeScript mit, dass auch eine Eigenschaft desselben Namens und Typs deklariert werden soll.

Die vorherige Beispielklasse `Engineer` könnte in TypeScript mithilfe einer Parametereigenschaft für `area` so umgeschrieben werden:

```
class Engineer {
    constructor(readonly area: string) {
        console.log(`I work in the ${area} area.`);
    }
}

// Typ: string
new Engineer("mechanical").area;
```

Parametereigenschaften werden gleich zu Beginn des Klassenkonstruktors zugewiesen (oder nach dem Aufruf von `super()`, sofern die Klasse von einer Basisklasse abgeleitet wird). Sie können gemeinsam mit anderen Parametern und/oder Eigenschaften einer Klasse verwendet werden.

In der folgenden Klasse `NamedEngineer` werden eine reguläre Eigenschaft `fullName`, ein regulärer Parameter `name` und eine Parametereigenschaft `area` deklariert:

```
class NamedEngineer {
    fullName: string;

    constructor(
        name: string,
        public area: string,
    ) {
        this.fullName = `${name}, ${area} engineer`;
    }
}
```

Das Äquivalent ohne Parametereigenschaften sieht ähnlich aus, enthält aber zwei Zeilen zusätzlichen Code für die explizite Zuweisung von `area`:

```
class NamedEngineer {
    fullName: string;
    area: string;

    constructor(
        name: string,
        area: string,
    ) {
        this.area = area;
        this.fullName = `${name}, ${area} engineer`;
    }
}
```

Parametereigenschaften sind in der TypeScript-Gemeinschaft ein gelegentlich umstrittenes Thema. In den meisten Projekten wird kategorisch vermieden, sie zu verwenden, da sie eine Erweiterung der Laufzeitsyntax darstellen und daher die eingangs erwähnten Nachteile mit sich bringen. Sie können zudem nicht zusammen mit der neueren Syntax # für private Klassenfelder verwendet werden.

Andererseits sind sie in Projekten ganz praktisch, bei denen die Erstellung von Klassen im Vordergrund steht. Parametereigenschaften sind eine bequeme Lösung, um den Namen und den Typ der Eigenschaft nicht zweimal angeben zu müssen, wie es TypeScript, nicht JavaScript, inhärent verlangt.

Experimentelle Dekoratoren

> Ich empfehle, Dekoratoren möglichst nicht zu verwenden, bevor eine ECMAScript-Version mit Dekoratorensyntax ratifiziert ist. Falls Sie mit einer Version eines Frameworks wie Angular oder NestJS arbeiten, das die Verwendung von TypeScript-Dekoratoren empfiehlt, finden Sie in der Dokumentation des Frameworks eine entsprechende Anleitung.

In vielen anderen Sprachen, die Klassen enthalten, kann man diese Klassen und/oder ihre Member mit einer Art von Laufzeitlogik versehen, um sie zu modifizieren. *Dekoratorfunktionen* bzw. *Dekoratoren* sind ein Vorschlag für JavaScript, um das Annotieren von Klassen und Membern zu ermöglichen, indem man ihnen ein `@`, gefolgt vom Namen einer Funktion, voranstellt.

Der folgende Codeausschnitt zeigt beispielsweise die Syntax, um die Klasse `MyClass` mit einem Dekorator auszustatten:

```
@myDecorator
class MyClass { /* ... */ }
```

Dekoratoren sind bisher noch nicht für ECMAScript ratifiziert worden, mit Versionsstand 4.7.2 unterstützt TypeScript sie daher auch noch nicht standardmäßig. TypeScript enthält jedoch eine Compileroption `experimentalDecorators`, die es ermöglicht, eine alte experimentelle Version von Dekoratoren zu verwenden. Die Option kann, wie andere Compileroptionen auch, auf der Kommandozeile als Flag an `tsc` übergeben oder – wie hier – in einer TSConfig-Datei aktiviert werden:

```
{
    "compilerOptions": {
        "experimentalDecorators": true
    }
}
```

Jeder Dekorator wird einmal ausgeführt, sobald die Entität, die er dekoriert, erstellt wird. Jede Dekoratorvariante empfängt einen anderen Satz von Argumenten, die die Entität – Accessor, Klasse, Methode, Parameter oder Eigenschaft – beschreiben, die er dekoriert.

Zum Beispiel empfängt der folgende Dekorator `logOnCall`, der auf einer Methode der Klasse `Greeter` verwendet wird, die Klasse `Greeter` selbst, den Schlüssel der Eigenschaft (`"greet"`) und ein Objekt `descriptor`, das die Eigenschaft beschreibt. Die Erweiterung von `descriptor.value` um eine zusätzliche Konsolenausgabe, die vor dem Aufruf der ursprünglichen Methode greet der Klasse `Greeter` stattfindet, stellt die »Dekoration« der greet-Methode dar:

```
function logOnCall(target: any, key: string, descriptor: PropertyDescriptor) {
    const original = descriptor.value;
    console.log("[logOnCall] I am decorating", target.constructor.name);

    descriptor.value = function (...args: unknown[]) {
        console.log(`[descriptor.value] Calling '${key}' with:`, ...args);
```

```
        return original.call(this, ...args);
    }
}

class Greeter {
    @logOnCall
    greet(message: string) {
        console.log(`[greet] Hello, ${message}!`);
    }
}

new Greeter().greet("you");
// Ausgabe in Konsole:
// "[logOnCall] I am decorating", "Greeter"
// "[descriptor.value] Calling 'greet' with:", "you"
// "[greet] Hello, you!"
```

Ich werde auf die weiteren Feinheiten und Besonderheiten, die bei den alten `experimentalDecorators` für jeden der möglichen Dekoratortypen gelten, nicht weiter eingehen. TypeScripts Dekorator-Unterstützung ist experimentell und stimmt nicht mit den neuesten Entwürfen des ECMAScript-Proposal überein. Insbesondere das Schreiben eigener Dekoratoren ist in einem TypeScript-Projekt selten gerechtfertigt.

Enums

> Ich empfehle, keine Enums zu verwenden – es sei denn, es geht um eine Reihe von Literalen, die oft wiederholt werden, alle durch einen gemeinsamen Namen beschrieben werden können und deren Verwendung den Code deutlich lesbarer machen würde.

Die meisten Programmiersprachen enthalten das Konzept einer Aufzählung (Enum), um einen Satz verwandter Werte darzustellen. Enums kann man sich als eine Sammlung literaler Werte vorstellen, die jeweils mit einem eigenen, benutzerfreundlichen Namen gemeinsam in einem Objekt gespeichert werden.

JavaScript enthält keine Enum-Syntax, da an ihrer Stelle herkömmliche Objekte verwendet werden können. HTTP-Statuscodes können beispielsweise als Zahlen gespeichert und verwendet werden, aber viele Entwickler finden es besser, sie unter einem gut verständlichen Namen, der als Schlüssel dient, in einem Objekt abzulegen:

```
const StatusCodes = {
    InternalServerError: 500,
    NotFound: 404,
    Ok: 200,
    // ...
} as const;

StatusCodes.InternalServerError; // 500
```

Dass es im Typsystem von TypeScript keine wirklich gut geeignete Möglichkeit gibt, um darzustellen, dass ein Wert einem der in einem Enum definierten Werte entsprechen muss, macht die ganze Sache etwas knifflig. Eine gängige Methode besteht darin, eine Typangabe mithilfe der Typ-Modifier `keyof` und `typeof` zu formulieren, die in Kapitel 9, »Typ-Modifier«, besprochen wurden, was jedoch die Eingabe eines ziemlich langen syntaktischen Ausdrucks erfordert.

Der folgende Typ `StatusCodeValue` verwendet den Wert `StatusCodes` aus dem vorherigen Beispiel, um einen Vereinigungstyp seiner möglichen Statuscode-Zahlwerte zu erstellen:

```
// Typ: 200 | 404 | 500
type StatusCodeValue = (typeof StatusCodes)[keyof typeof StatusCodes];

let statusCodeValue: StatusCodeValue;

statusCodeValue = 200; // Ok

statusCodeValue = -1;
// Error: Type '-1' is not assignable to type 'StatusCodeValue'.
```

TypeScript bietet eine `enum`-Syntax, um ein Objekt mit Literalwerten der Typen `number` oder `string` zu erzeugen. Nach dem Schlüsselwort `enum` folgt der Name eines Objekts – üblicherweise in PascalCase – und darauffolgend ein Objekt ({}), in dem kommagetrennt die Schlüssel aufgezählt werden. Jedem Schlüssel kann optional mit einem `=` ein Anfangswert zugewiesen werden.

Das vorherige Objekt `StatusCodes` sähe als Enum so aus:

```
enum StatusCode {
    InternalServerError = 500,
    NotFound = 404,
    Ok = 200,
}

StatusCode.InternalServerError; // 500
```

Wie bei Klassennamen kann ein Enum-Name wie `StatusCode` als Typname in einer Typannotation verwendet werden. Hier kann die Variable `statusCode` vom Typ `StatusCode` mit dem Wert `StatusCode.Ok` oder einem Zahlenwert belegt werden:

```
let statusCode: StatusCode;

statusCode = StatusCode.Ok; // Ok
statusCode = 200; // Ok
```

> TypeScript erlaubt es bequemerweise, einem numerischen Enum-Wert eine beliebige Zahl zuzuweisen, was aber auf Kosten der Typsicherheit geht. Im vorherigen Codeausschnitt wäre auch `statusCode = -1` zulässig gewesen.

Enums werden bei der Ausgabe von JavaScript zu einem äquivalenten Objekt kompiliert. Jedes Member wird zu einem Objektmemberschlüssel mit dem entsprechenden Wert und umgekehrt.

Das zuvor gezeigte Enum `StatusCode` würde etwa folgendes JavaScript erzeugen:

```
var StatusCode;
(function (StatusCode) {
    StatusCode[StatusCode["InternalServerError"] = 500] = "InternalServerError";
    StatusCode[StatusCode["NotFound"] = 404] = "NotFound";
    StatusCode[StatusCode["Ok"] = 200] = "Ok";
})(StatusCode || (StatusCode = {}));
```

Enums sind ein in der TypeScript-Community etwas umstrittenes Thema. Einerseits verstoßen sie gegen das allgemeine Mantra von TypeScript, JavaScript keine neuen Laufzeitsyntaxkonstrukte hinzuzufügen. Außerdem stellen sie eine neue, nicht zu JavaScript gehörende Syntax dar, die Entwickler lernen müssen. Und schließlich besitzen sie ein paar Eigenheiten in Bezug auf Optionen wie `preserveConstEnums` (dazu kommen wir später in diesem Kapitel).

Andererseits sind sie sehr nützlich, wenn es darum geht, bekannte Wertemengen explizit zu deklarieren. Enums werden sowohl in den Quellcode-Repositories von TypeScript als auch von VS Code ausgiebig verwendet!

Automatische Zuordnung numerischer Werte

Enum-Member benötigen keinen expliziten Anfangswert. Werden keine Werte angegeben, ordnet TypeScript dem ersten Schlüssel den Wert `0` zu und inkrementiert die Werte für jeden weiteren Schlüssel um `1`. Wenn es nur darum geht, dass Enum-Membern eindeutige Werte zugewiesen werden sollen, kann man getrost TypeScript die Wertzuordung überlassen.

Im folgenden Enum `VisualTheme` legt TypeScript alle Werte fest, wozu es drei Ganzzahlen verwendet:

```
enum VisualTheme {
    Dark, // 0
    Light, // 1
    System, // 2
}
```

Das ausgegebene JavaScript sieht genauso aus, als ob die Werte explizit gesetzt worden wären:

```
var VisualTheme;
(function (VisualTheme) {
    VisualTheme[VisualTheme["Dark"] = 0] = "Dark";
    VisualTheme[VisualTheme["Light"] = 1] = "Light";
    VisualTheme[VisualTheme["System"] = 2] = "System";
})(VisualTheme || (VisualTheme = {}));
```

Bei Enums mit numerischen Werten sind alle Member, denen kein expliziter Wert zugeordnet wurde, um `1` größer als der vorherige Wert.

Im folgenden Enum `Direction` kommt es beispielsweise nur darauf an, dass das Element `Top` den Wert `1` hat und die übrigen Werte positive Ganzzahlen sind:

```
enum Direction {
  Top = 1,
  Right,
  Bottom,
  Left,
}
```

In der JavaScript-Ausgabe bekämen die verbleibenden Member die expliziten Werte 2, 3 und 4:

```
var Direction;
(function (Direction) {
    Direction[Direction["Top"] = 1] = "Top";
    Direction[Direction["Right"] = 2] = "Right";
    Direction[Direction["Bottom"] = 3] = "Bottom";
    Direction[Direction["Left"] = 4] = "Left";
})(Direction || (Direction = {}));
```

> Wenn Sie die Reihenfolge der Schlüssel in einem Enum ändern, ändert sich bei automatischer Zuordnung auch der zugewiesene Wert. Wenn Sie diese Werte irgendwo speichern, z. B. in einer Datenbank, sollten Sie darauf achten, weder die Reihenfolge der Aufzählung zu ändern noch einen Eintrag zu entfernen. Ihre Daten könnten dadurch korrumpiert (bzw. deren Bedeutung verändert) werden, weil die gespeicherte Zahl nicht mehr dem entspricht, was Ihr Code erwartet.

Enums mit String-Werten

In Enums können den Membern auch Zeichenketten anstelle von Zahlen als Wert zugeordnet werden.

Diese Aufzählung `LoadStyle` enthält benutzerfreundliche Zeichenketten als Werte:

```
enum LoadStyle {
    AsNeeded = "as-needed",
    Eager = "eager",
}
```

Die JavaScript-Ausgabe für Enums mit String-Werten sieht strukturell genauso aus wie diejenige von Enums mit numerischen Member-Werten:

```
var LoadStyle;
(function (LoadStyle) {
    LoadStyle["AsNeeded"] = "as-needed";
    LoadStyle["Eager"] = "eager";
})(LoadStyle || (LoadStyle = {}));
```

Enums mit Zeichenketten als Werten sind praktisch, um gemeinsam genutzte Konstanten mit gut lesbaren Aliasen zu versehen. Anstatt einen Vereinigungstyp von String-Literalen zu verwenden, ermöglichen Enums mit String-Werten leistungsfähigere Autovervollständigungen und Umbenennungen dieser Eigenschaften – wie in Kapitel 12, »IDE-Funktionen verwenden«, beschrieben.

Für Member ohne Wertzuordnung können String-Werte allerdings nicht automatisch von TypeScript berechnet werden. Nur Aufzählungselemente, die auf ein Element mit einem numerischen Wert folgen, können automatische Werte erhalten.

TypeScript könnte im folgenden Enum dem Member `ImplicitNumber` den impliziten Wert `9001` zuweisen, da direkt davor die Zahl `9000` zugeordnet wurde, beim Member `NotAllowed` würde allerdings ein Fehler ausgelöst, da es auf ein Member `AnotherString` mit einer Zeichenkette als Wert folgt:

```
enum Wat {
    FirstString = "first",
    SomeNumber = 9000,
    ImplicitNumber, // Ok (Wert 9001)
    AnotherString = "another",

    NotAllowed,
    // Error: Enum member must have initializer.
}
```

> Theoretisch könnte man eine Aufzählung definieren, die sowohl numerische als auch Zeichenkettenwerte enthält. In der Praxis wäre dieses Enum aber vermutlich unnötig verwirrend, sodass Sie auf solch einen Mix besser verzichten.

Const-Enums

Da für Enums ein Laufzeitobjekt benötigt wird, erzeugt ihre Verwendung mehr Code als die übliche alternative Strategie, bei der Vereinigungen von Literalwerten zum Einsatz kommen. Stellt man einem Enum den Modifikator `const` voran, wird TypeScript angwiesen, im kompilierten JavaScript-Code die Objektdefinition und Lookups von Eigenschaften wegzulassen.

Ein Member des folgenden Enums `DisplayHint` wird als Wert für eine Variable `displayHint` verwendet:

```
const enum DisplayHint {
    Opaque = 0,
    Semitransparent,
    Transparent,
}

let displayHint = DisplayHint.Transparent;
```

Im ausgegebenen JavaScript-Code würde die Enum-Deklaration gänzlich fehlen und die Memberbezeichnung nur in einem Kommentar vermerken:

```
let displayHint = 2 /* DisplayHint.Transparent */;
```

Für Projekte, bei denen es dennoch wünschenswert ist, auch im JavaScript-Code Enum-Objektdefinitionen zu erstellen, gibt es eine Compileroption `preserveConstEnums`, die die Enum-Deklaration vollständig in den kompilierten Code übernimmt. Werte würden immer noch direkt als Literale erstellt und nicht durch einen Zugriff auf das Enum-Objekt.

In der kompilierten JavaScript-Version des vorherigen Codeausschnitts würde jedoch weiterhin kein Lookup der Eigenschaft vorgenommen werden:

```
var DisplayHint;
(function (DisplayHint) {
    DisplayHint[DisplayHint["Opaque"] = 0] = "Opaque";
    DisplayHint[DisplayHint["Semitransparent"] = 1] = "Semitransparent";
    DisplayHint[DisplayHint["Transparent"] = 2] = "Transparent";
})(DisplayHint || (DisplayHint = {}));

let displayHint = 2 /* Transparent */;
```

Mit `preserveConstEnums` kann die Größe des emittierten JavaScript-Codes reduziert werden, allerdings wird dies nicht bei allen Möglichkeiten, TypeScript-Code zu transpilieren, unterstützt. In Kapitel 13, »Konfigurationsoptionen«, finden Sie weitere Informationen zur Compileroption `isolatedModules` und die Frage, wann `const`-Enums möglicherweise nicht unterstützt werden.

Namensräume

> Solange Sie nicht gerade Typdefinitionen für ein existierendes Paket verfassen, die auf DefinitelyTyped veröffentlicht werden, sollten Sie die Finger von Namensräumen (Namespaces) lassen. Namespaces passen nicht zur modernen Modul-Semantik von JavaScript. Ihre automatischen Memberzuweisungen können den Code unübersichtlich machen. Ich erwähne sie nur, weil Sie möglicherweise in *.d.ts*-Dateien mit Namensräumen konfrontiert werden.

Vor der Ratifizierung von ECMAScript-Modulen war es für Webanwendungen nicht ungewöhnlich, einen Großteil ihres Ausgabecodes in einer einzigen Datei zu bündeln, die dann en bloc vom Browser geladen wurde. In diesen riesigen Einzeldateien wurden oft globale Variablen erstellt, um Verweise auf wichtige Werte aus verschiedenen Bereichen des Projekts zu speichern. Es war einfacher, diese eine Datei in Webseiten einzubinden, als einen alten Modul-Loader wie RequireJS einzurichten – und diese Strategie führte oft auch zu einem performanteren Ladeverhalten, da viele Server noch kein HTTP/2-Download-Streaming unterstützten. Projekte, die so konzipiert sind, dass sie eine einzige Datei ausgeben, benötigen eine Möglichkeit, Codebereiche und die erwähnten globalen Variablen zu organisieren.

TypeScript bot mit dem Konzept der »internen Module«, die jetzt als Namespaces bezeichnet werden, eine Lösung dafür. Ein *Namespace* oder *Namensraum* ist ein global verfügbares Objekt mit »exportierten« Inhalten, die als Member dieses Objekts aufgerufen werden können. Namensräume werden mit dem Schlüsselwort `namespace`, gefolgt von einem Codeblock in geschweiften Klammern, definiert. Alles innerhalb dieses Namespace-Blocks wird innerhalb einer Closure ausgewertet.

Im folgenden Namensraum `Randomized` wird eine Variable `value` erzeugt und intern verwendet:

```
namespace Randomized {
    const value = Math.random();
    console.log(`My value is ${value}`);
}
```

Im emittierten JavaScript wird ein Objekt Randomized erstellt und der Inhalt des Blocks innerhalb einer Funktion ausgewertet, sodass die Variable value außerhalb des Namensraums nicht verfügbar ist:

```
var Randomized;
(function (Randomized) {
    const value = Math.random();
    console.log(`My value is ${value}`);
})(Randomized || (Randomized = {}));
```

Namensräume und das Schlüsselwort namespace wurden in TypeScript ursprünglich »modules« bzw. »module« genannt. Das war im Nachhinein angesichts des späteren Aufstiegs moderner Modul-Loader und ECMAScript-Module eine bedauerliche Entscheidung. Das Schlüsselwort module findet sich gelegentlich noch in sehr alten Projekten, kann – und sollte – aber problemlos durch namespace ersetzt werden.

Namespace-Exporte

Namespaces waren vor allem deshalb nützlich, weil mit ihrer Hilfe Inhalte als Member des Namespace-Objekts »exportiert« werden konnten. Andere Codebereiche können sich dadurch anhand des Namens auf ein solches Member beziehen.

Hier exportiert ein Namensraum Settings die Werte describe, name und version, die innerhalb und außerhalb des Namensraums verwendet werden:

```
namespace Settings {
  export const name = "My Application";
  export const version = "1.2.3";

  export function describe() {
    return `${Settings.name} at version ${Settings.version}`;
  }

  console.log("Initializing", describe());
}

console.log("Initialized", Settings.describe());
```

Die JavaScript-Ausgabe zeigt, dass die Werte sowohl bei der internen als auch bei der externen Verwendung immer als Member von Settings (z. B. Settings.name) referenziert werden:

```
var Settings;
(function (Settings) {
    Settings.name = "My Application";
    Settings.version = "1.2.3";
    function describe() {
        return `${Settings.name} at version ${Settings.version}`;
    }
    Settings.describe = describe;
    console.log("Initializing", describe());
})(Settings || (Settings = {}));
console.log("Initialized", Settings.describe());
```

Aufgrund der Verwendung einer var-Variablen für das Ausgabeobjekt und die Bezugnahme auf exportierte Inhalte als Member solcher Objekte funktionieren Namespaces grundsätzlich sehr gut, wenn sie sich über mehrere Dateien erstrecken. Der vorherige Namensraum Settings könnte über mehrere Dateien hinweg umgeschrieben werden:

```
// settings/constants.ts
namespace Settings {
  export const name = "My Application";
  export const version = "1.2.3";
}

// settings/describe.ts
namespace Settings {
    export function describe() {
        return `${Settings.name} at version ${Settings.version}`;
    }

    console.log("Initializing", describe());
}

// index.ts
console.log("Initialized", Settings.describe());
```

Die aneinandergereihte (concatenated) JavaScript-Ausgabe würde ungefähr so aussehen:

```
// settings/constants.js
var Settings;
(function (Settings) {
    Settings.name = "My Application";
    Settings.version = "1.2.3";
})(Settings || (Settings = {}));
// settings/describe.js
(function (Settings) {
    function describe() {
        return `${Settings.name} at version ${Settings.version}`;
    }
    Settings.describe = describe;
    console.log("Initialized", describe());
})(Settings || (Settings = {}));
console.log("Initialized", Settings.describe());
```

Unabhängig davon, ob der Namensraum in einer einzelnen Datei oder in mehreren Dateien deklariert wird: Das Ausgabeobjekt zur Laufzeit ist ein Objekt mit drei Schlüsseln – und sähe ungefähr so aus:

```
const Settings = {
    describe: function describe() {
        return `${Settings.name} at version ${Settings.version}`;
    },
    name: "My Application",
    version: "1.2.3",
};
```

Das Hauptmerkmal bei der Verwendung eines Namespace besteht darin, dass er auf verschiedene Dateien aufgeteilt werden kann und die Member weiterhin anhand der Bezeichnung des Namespace aufeinander verweisen können.

Verschachtelte Namensräume

Namensräume können unendlich »verschachtelt« werden, indem entweder ein Namensraum aus einem anderen exportiert oder die Verschachtelungsebene durch Punkte im Namen angegeben wird.

Die beiden folgenden Namespace-Deklarationen würden sich identisch verhalten:

```
namespace Root.Nested {
    export const value1 = true;
}

namespace Root {
    export namespace Nested {
        export const value2 = true;
    }
}
```

Beide werden zu strukturell identischem Code kompiliert:

```
(function (Root) {
    let Nested;
    (function (Nested) {
        Nested.value2 = true;
    })(Nested || (Nested = {}));
})(Root || (Root = {}));
```

Verschachtelte Namensräume sind ein praktisches Mittel, um innerhalb größerer Projekte, die mithilfe von Namespaces organisiert sind, eine bessere Abgrenzung unterschiedlicher Abschnitte zu erreichen. Oft haben sich Entwickler dafür entschieden, einen Root-Namensraum mit der Bezeichnung ihres Projekts – vielleicht innerhalb eines größeren Namensraums für ihr Unternehmen und/oder ihre Organisation – und untergeordnete Namensräume für die Hauptbereiche des Projekts zu verwenden.

Namensräume in Typdefinitionen

Das einzig Gute an Namespaces – und der einzige Grund, warum ich mich entschieden habe, sie in dieses Buch aufzunehmen – besteht darin, dass sie für DefinitelyTyped-Typdefinitionen nützlich sein können. Viele JavaScript-Bibliotheken – vor allem ältere Webanwendungen wie jQuery – sind so konzipiert, dass sie in Webbrowsern mit einem herkömmlichen, nicht modularen `<script>`-Tag eingebunden werden. Ihre Typisierung muss darauf hinweisen, dass sie eine globale Variable erzeugen, die dem gesamten Code zur Verfügung steht – eine Struktur, die perfekt durch Namensräume erfasst wird.

Darüber hinaus sind viele browserfähige JavaScript-Bibliotheken so eingerichtet, dass sie sowohl in modernere Modulsysteme importiert werden können als auch einen globalen Namespace erzeugen. In TypeScript darf eine Modul-Typdefinition ein `export as namespace` enthalten, gefolgt von einem globalen Namen, um anzuzeigen, dass das Modul auch global unter diesem Namen verfügbar ist.

Beispielsweise exportiert die folgende Deklarationsdatei eines Moduls einen Wert `value` und ist global verfügbar:

```
// node_modules/@types/my-example-lib/index.d.ts
export const value: number;
export as namespace libExample;
```

Das Typsystem würde erkennen, dass sowohl `import("my-example-lib")` als auch `window.libExample` das Modul zurückgeben würden, mit einer Eigenschaft `value` vom Typ `number`:

```
// src/index.ts
import * as libExample from "my-example-lib"; // Ok
const value = window.libExample.value; // Ok
```

Geben Sie Modulen den Vorzug vor Namensräumen

Die Dateien *settings/constants.ts* und *settings/describe.ts* aus dem vorherigen Beispiel könnten ohne die Verwendung von Namespaces gemäß moderner Standards für den Umgang mit ECMAScript-Modulen wie folgend umgeschrieben werden:

```
// settings/constants.ts
export const name = "My Application";
export const version = "1.2.3";

// settings/describe.ts
import { name, version } from "./constants";

export function describe() {
    return `${name} at version ${version}`;
}

console.log("Initializing", describe());

// index.ts
import { describe } from "./settings/describe";

console.log("Initialized", describe());
```

TypeScript-Code, der mit Namespaces strukturiert ist, kann in modernen Buildern wie Webpack nicht so einfach einem Tree Shaking unterzogen werden (um ungenutzte Dateien zu entfernen), da Namespaces implizite und nicht explizit deklarierte Verbindungen zwischen Dateien herstellen, anders als ECMAScript-Module es tun. Generell wird dringend empfohlen, Laufzeitcode mit ECMAScript-Modulen und nicht mit TypeScript-Namespaces zu schreiben.

> TypeScript – Stand 2022 – ist selbst in Namensräumen organisiert, aber das TypeScript-Team arbeitet an der Umstellung auf Module. Wer weiß, vielleicht ist die Umstellung bereits abgeschlossen, wenn Sie dies lesen! Daumen drücken![1]

1 Das Daumendrücken hat geholfen, die Migration ist im März 2023 abgeschlossen worden: *https://devblogs.microsoft.com/typescript/typescripts-migration-to-modules/*

Type-Only-Importe und -Exporte

Ich möchte dieses Kapitel mit einer positiven Bemerkung beenden. Eine letzte Gruppe von Syntaxerweiterungen, die Type-Only-Importe und -Exporte, können wirklich nützlich sein, ohne dass sie die Komplexität des ausgegebenen JavaScript-Codes erhöhen.

TypeScripts Transpiler entfernt dabei Werte, die nur im Typsystem verwendet und zur Laufzeit nicht benötigt werden, aus Importen und Exporten.

In der folgenden Datei *index.ts* werden beispielsweise eine Variable `action` und ein Typ `ActivistArea` erstellt und später mit einer eigenständigen Export-Deklaration exportiert. Beim Kompilieren nach *index.js* würde der Transpiler erkennen, dass er `ActivistArea` aus dieser eigenständigen Export-Deklaration entfernen muss:

```
// index.ts
const action = { area: "people", name: "Bella Abzug", role: "politician" };

type ActivistArea = "nature" | "people";

export { action, ActivistArea };
```

```
// index.js
const action = { area: "people", name: "Bella Abzug", role: "politician" };

export { action };
```

Um re-exportierte Typen wie `ActivistArea` zu entfernen, werden Kenntnisse des TypeScript-Typsystems benötigt. Transpiler wie Babel, die einzelne Dateien verarbeiten, haben keinen Zugriff auf das TypeScript-Typsystem und können deshalb nicht wissen, ob ein bestimmter Name nur innerhalb des Typsystems verwendet wird. Die Compileroption `isolatedModules`, die in Kapitel 13, »Konfigurationsoptionen«, behandelt wird, hilft sicherzustellen, dass Code mit anderen Tools als TypeScript transpiliert werden kann.

TypeScript erlaubt in `export`-und `import`-Deklarationen das Hinzufügen des Modifikators `type` vor einzelnen importierten Namen oder dem gesamten `{...}`-Objekt. Das zeigt an, dass die Importe und Exporte nur innerhalb des Typsystems verwendet werden sollen. Auch der Default-Import eines Pakets kann mit `type` gekennzeichnet werden.

Im folgenden Beispiel werden bei der Transpilierung von *index.ts* zu *index.js* nur der Import und Export von `value` beibehalten:

```
// index.ts
import { type TypeOne, value } from "my-example-types";
import type { TypeTwo } from "my-example-types";
import type DefaultType from "my-example-types";

export { type TypeOne, value };
export type { DefaultType, TypeTwo };
```

```
// index.js
import { value } from "my-example-types";

export { value };
```

Manche TypeScript-Entwickler bevorzugen sogar die Verwendung von Type-Only-Importen, um deutlicher zu machen, welche Importe nur als Typen verwendet werden. Wenn ein Import als »type-only« markiert ist, führt der Versuch, ihn als Laufzeitwert zu verwenden, zu einem TypeScript-Fehler.

Im folgenden Beispiel wird `ClassOne` normal importiert und kann zur Laufzeit verwendet werden, `ClassTwo` jedoch nicht, da es als Typ importiert wird:

```
import { ClassOne, type ClassTwo } from "my-example-types";

new ClassOne(); // Ok

new ClassTwo();
//  ~~~~~~~~
// Error: 'ClassTwo' cannot be used as a value
// because it was imported using 'import type'.
```

Anstatt die Komplexität des emittierten JavaScript zu erhöhen, wird durch Type-Only-Importe und -Exporte für andere Transpiler als TypeScript deutlich, ob und welche Codeabschnitte entfernt werden können. Die meisten TypeScript-Entwickler stehen dieser Erweiterung daher nicht mit der gleichen Abneigung gegenüber wie den zuvor beschriebenen Syntaxerweiterungen.

Zusammenfassung

In diesem Kapitel haben Sie mit einigen der in TypeScript enthaltenen JavaScript-Syntaxerweiterungen gearbeitet. Themen dieses Kapites waren:

- Deklaration von Parametereigenschaften in Klassenkonstruktoren
- Verwendung von Dekoratoren zur Erweiterung von Klassen und ihrer Felder
- Darstellung von Wertmengen mit Enums (Aufzählungen)
- Verwendung von Namensräumen, zur Organisation von Typdefinitionen oder um dateiübergreifende Gruppierungen zu erzeugen
- Type-Only-Importe und -Exporte

Nachdem Sie dieses Kapitel gelesen haben, können Sie das Gelernte auf *https://learningtypescript.com/syntax-extensions* anwenden und einüben.

Wie nennt man die Kosten für die Unterstützung von veralteten JavaScript-Erweiterungen in TypeScript?

»Sin-tax« (»Sündensteuer«)

KAPITEL 15

Typoperationen

Bedingungen, Abbildungen:
Mit großer Macht über Typen
kommt große Verwirrung

TypeScript gibt uns unglaubliche Möglichkeiten, um innerhalb des Typsystems Typen zu definieren. Selbst die logischen Modifikatoren aus Kapitel 10, »Generics«, verblassen im Vergleich zu den Möglichkeiten der in diesem Kapitel vorgestellten Typoperationen. Nach Abschluss dieses Kapitels werden Sie in der Lage sein, Typen auf der Grundlage anderer Typen anzupassen, zu filtern und zu kombinieren –, und bekommen damit leistungsfähige Möglichkeiten an die Hand, Typen innerhalb des Typsystems darzustellen.

> Die meisten dieser ausgefallenen Typoperationen sollten Sie nicht zu häufig einsetzen. Es ist wichtig, ihre Funktionsweise zu kennen, um sie in sinnvollen Fällen anwenden zu können, aber lassen Sie Vorsicht walten: Bei übermäßiger Verwendung sind diese Typen und Techniken nur noch schwer zu durchschauen. Viel Spaß!

Abgebildete Typen

TypeScript bietet eine Syntax, um auf der Grundlage der Eigenschaften eines vorhandenen Typs einen neuen Typ zu erstellen – oder mit anderen Worten: einen Typ auf einen anderen *abzubilden* (to map). Ein *abgebildeter Typ* (mapped type) ist ein Typ, der einen anderen Typ empfängt und auf allen Eigenschaften dieses Typs eine bestimmte Operation durchführt.

Abgebildete Typen erzeugen einen neuen Typ, indem für jeden vorgefundenen Schlüssel des vorhandenen Typs eine neue Eigenschaft erstellt wird. Dabei wird eine Syntax ähnlich der bei Indexsignaturen verwendet, aber anstelle eines statischen Typs eines Schlüssels – mit `:` wie bei `[i: string]` – kommt ein auf Basis eines Ausgangstyps berechneter Typ zum Tragen – mit `in` wie bei `[K in OriginalType]`:

```
type NewType = {
    [K in OriginalType]: NewProperty;
};
```

Abgebildete Typen werden häufig eingesetzt, um Objekte zu erzeugen, deren Schlüssel auf den konstituierenden String-Literalen eines bestehenden Vereinigungstyps beruhen. Der folgende Typ `AnimalCounts` erstellt einen neuen Objekttyp, dessen Schlüssel die einzelnen Werte des Vereinigungstyps `Animals` sind und den Typ `number` haben:

```
type Animals = "alligator" | "baboon" | "cat";

type AnimalCounts = {
    [K in Animals]: number;
};
// Äquivalent zu:
// {
//   alligator: number;
//   baboon: number;
//   cat: number;
// }
```

Mit abgebildeten Typen, die auf den Literalen von Vereinigungstypen basieren, lässt sich bei der Deklaration umfangreicher Interfaces auf bequeme Weise Platz sparen. Sie glänzen aber ganz besonders, wenn sie auf anderen Typen operieren und deren Membern sogar Modifier hinzufügen oder diese entfernen können.

Abgebildete Typen auf Basis von Objekttypen

Abgebildete Typen erfassen meist mithilfe des Operators `keyof` die Schlüssel eines vorhandenen Typs. Auf diese Weise können wir, indem wir einen neuen Typ instruieren, über die Schlüssel eines vorhandenen Typs zu loopen, den vorhandenen auf den neuen Typ *abbilden*.

Der folgende Typ `AnimalCounts` entspricht letztlich dem gleichnamigen Typ aus dem vorherigen Beispiel, wird hier aber durch das Abbilden bzw. das »Mapping« des Typs `AnimalVariants` erzeugt:

```
interface AnimalVariants {
    alligator: boolean;
    baboon: number;
    cat: string;
}

type AnimalCounts = {
    [K in keyof AnimalVariants]: number;
};
// Äquivalent zu:
// {
//   alligator: number;
//   baboon: number;
//   cat: number;
// }
```

Die Schlüssel des neuen Typs, die über ein `keyof` abgebildet werden – in den vorherigen Codebeispielen mit `K` bezeichnet –, entsprechen den Schlüsseln des ursprünglichen Typs. Das bedeutet, dass für den Wert eines Members des neuen, abgebildeten Typs auf den Wert des gleichnamigen Members des Ausgangstyps verwiesen werden kann.

Heißt das ursprüngliche Objekt `SomeName` und lautet die Abbildungsanweisung `[K in keyof SomeName]`, dann kann jedes Member des neuen, abgebildeten Typs auf den Wert des entsprechenden Members von `SomeName` mit `SomeName[K]` verweisen.

Der folgende Typ `NullableBirdVariants` nimmt einen ursprünglichen Typ `BirdVariants` und fügt jedem Member `| null` hinzu:

```
interface BirdVariants {
    dove: string;
    eagle: boolean;
}

type NullableBirdVariants = {
    [K in keyof BirdVariants]: BirdVariants[K] | null,
};
// Äquivalent zu:
// {
//   dove: string | null;
//   eagle: boolean | null;
// }
```

Anstatt die Felder eines Originaltyps mühselig einzeln in einen oder mehrere neue Typen zu kopieren, können Sie mithilfe abgebildeter Typen eine Reihe von Membern einmalig im Originaltyp definieren und davon so viele neue Versionen erstellen wie benötigt.

Abgebildete Typen und Signaturen

In Kapitel 7, »Interfaces«, hatte ich die zwei in TypeScript vorhandenen Möglichkeiten vorgestellt, Interface-Member als Funktionen zu deklarieren:

- *Methodensyntax*, z.B. `member(): void`: Deklaration, dass ein Member des Interface eine Funktion ist, die als Member des Objekts aufgerufen werden soll
- *Eigenschaftssyntax*, z.B. `member: () => void`: Deklaration, dass ein Member des Interface einer eigenständigen Funktion entspricht

Bei abgebildeten Typen wird nicht zwischen Methoden- und Eigenschaftssyntax unterschieden: Methoden des Ausgangstyps werden als Eigenschaften behandelt.

Der folgende Typ `ResearcherProperties` enthält sowohl die als Eigenschaften als auch die als Methoden definierten Member von `Researcher`:

```
interface Researcher {
    researchMethod(): void;
    researchProperty: () => string;
}

type JustProperties<T> = {
    [K in keyof T]: T[K];
```

```
};

type ResearcherProperties = JustProperties<Researcher>;
// Äquivalent zu:
// {
//   researchMethod: () => void;
//   researchProperty: () => string;
// }
```

Die Unterscheidung zwischen Methoden und Eigenschaften spielt in TypeScript-Code normalerweise keine große Rolle. Es ist selten, dass man in der Praxis auf einen abgebildeten Typ stößt, der einen Klassentyp entgegennimmt.

Änderung von Modifiern

Abgebildete Typen können auch die Zugriffskontrollmodifikatoren (oder kurz Zugriffs-Modifier) – `readonly` und `?` zur Kennzeichnung als optional – von Membern des Ausgangstyps ändern. Member eines abgebildeten Typs können mit `readonly` oder `?` auf die gleiche Weise wie bei Interfaces versehen werden.

Der folgende Typ `ReadonlyEnvironmentalist` stellt eine Version des Interface `Environmentalist` dar, bei der alle Member mit `readonly` vor Veränderungen geschützt werden, während im Typ `OptionalReadonlyEnvironmentalist` noch einen Schritt weiter gegangen wird und dieser eine Version darstellt, bei der alle Member von `ReadonlyEnvironmentalist` mit `?` als optional gekennzeichnet werden:

```
interface Environmentalist {
    area: string;
    name: string;
}

type ReadonlyEnvironmentalist = {
    readonly [K in keyof Environmentalist]: Environmentalist[K];
};
// Äquivalent zu:
// {
//   readonly area: string;
//   readonly name: string;
// }

type OptionalReadonlyEnvironmentalist = {
    [K in keyof ReadonlyEnvironmentalist]?: ReadonlyEnvironmentalist[K];
};
// Äquivalent zu:
// {
//   readonly area?: string;
//   readonly name?: string;
// }
```

Der Typ `OptionalReadonlyEnvironmentalist` könnte alternativ als `readonly [K in keyof Environmentalist]?: Environmentalist[K]` geschrieben werden.

Modifier lassen sich entfernen, indem diesem Modifier beim neuen Typ ein Minuszeichen - vorangestellt wird. Statt `readonly` oder `?:` zu schreiben, um einen Modifier zu ergänzen, können Sie also `-readonly` oder `-?:` schreiben, um ihn zu entfernen.

Der folgende Typ `Conservationist` enthält mit `?` gekennzeichnete optionale und/oder `readonly`-Member, die in `WritableConservationist` beschreibbar gemacht werden und danach in `RequiredWritableConservationist` zudem als erforderlich (grundsätzlich nicht optional) gekennzeichnet werden:

```
interface Conservationist {
    name: string;
    catchphrase?: string;
    readonly born: number;
    readonly died?: number;
}

type WritableConservationist = {
    -readonly [K in keyof Conservationist]: Conservationist[K];
};
// Äquivalent zu:
// {
//   name: string;
//   catchphrase?: string;
//   born: number;
//   died?: number;
// }

type RequiredWritableConservationist = {
    [K in keyof WritableConservationist]-?: WritableConservationist[K];
};
// Äquivalent zu:
// {
//   name: string;
//   catchphrase: string;
//   born: number;
//   died: number;
// }
```

Der Typ `RequiredWritableConservationist` könnte alternativ geschrieben werden als `-readonly [K in keyof Conservationist]-?: Conservationist[K]`.

Generische abgebildete Typen

Die volle Leistungsfähigkeit von abgebildeten Typen ergibt sich in Kombination mit Generics, was die Wiederverwendung einer Mapping-Vorschrift für verschiedene Typen ermöglicht. Abgebildete Typen können mit `keyof` auf die Schlüssel beliebiger Typen innerhalb ihres Geltungsbereichs zugreifen, einschließlich Typparametern des abgebildeten Typs selbst.

Generische abgebildete Typen werden häufig eingesetzt, um die Änderung von Daten im Verlauf einer Anwendung darzustellen. So kann es z. B. wünschenswert sein, dass ein Bereich der Anwendung zwar auf Werte vorhandener Typen zugreifen, die Daten aber nicht ändern darf.

Der folgende generische Typ `MakeReadonly` nimmt einen beliebigen Typ entgegen und erzeugt eine neue Version, bei der allen Membern des Ausgangstyps der Modifier `readonly` hinzugefügt wird:

```
type MakeReadonly<T> = {
    readonly [K in keyof T]: T[K];
}

interface Species {
    genus: string;
    name: string;
}

type ReadonlySpecies = MakeReadonly<Species>;
// Äquivalent zu:
// {
//   readonly genus: string;
//   readonly name: string;
// }
```

Oft brauchen Entwickler eine Funktion, die ein nur teilweise ausgefülltes Interface empfängt und eine vollständig ausgefüllte Instanz zurückgibt.

Der folgende Typ `MakeOptional` und die Funktion `createGenusData` ermöglichen es, beliebige Member aus dem Interface `GenusData` zu übernehmen und ein Objekt mit überschreibenden und/oder zusätzlichen Vorgabewerten zu erzeugen:

```
interface GenusData {
    family: string;
    name: string;
}

type MakeOptional<T> = {
    [K in keyof T]?: T[K];
}
// Äquivalent zu:
// {
//   family?: string;
//   name?: string;
// }

/**
 * Verteilt alle {overrides} zusätzlich zu den Standardwerten für GenusData.
 */
function createGenusData(overrides?: MakeOptional<GenusData>): GenusData {
    return {
        family: 'unknown',
        name: 'unknown',
        ...overrides,
    }
}
```

Einige Operationen, die man mit generischen abgebildeten Typen ausführen kann, sind so praktisch, dass es dafür in TypeScript besondere, direkt einsetzbare Hilfstypen gibt. Mit dem eingebauten Typ `Partial<T>` kann man beispielsweise alle Eigenschaften als optional kennzeichnen. Eine Liste dieser eingebauten Typen finden Sie unter *https://www.typescriptlang.org/docs/handbook/utility-types.html*.

Bedingte Typen

Bereits die Möglichkeit, bestehende Typen auf andere Typen abbilden zu können, ist ziemlich raffiniert. Im Typsystem können aber auch logische Bedingungen genutzt werden. Probieren wir es aus.

Das Typsystem von TypeScript ist ein Beispiel für eine *logische Programmiersprache*. Es ermöglicht die Erstellung neuer Konstrukte (Typen) auf der Grundlage der logischen Prüfung vorhandener Typen. Dazu gibt es das Konstrukt eines *bedingten Typs*: Das ist ein Typ, der auf der Basis eines vorhandenen Typs in einen von zwei möglichen Typen aufgelöst wird.

Die Syntax für bedingte Typen ähnelt derjenigen ternärer Ausdrücke:

```
LeftType extends RightType ? IfTrue : IfFalse
```

Die logische Prüfung eines bedingten Typs bezieht sich immer darauf, ob der linke Typ den rechten Typ *erweitert* bzw. diesem zuweisbar ist.

Der folgende bedingte Typ `CheckStringAgainstNumber` prüft mit `string extends number`, ob der Typ `string` den Typ `number` erweitert bzw. diesem zugewiesen werden kann. Das ist natürlich nicht der Fall, also wird der resultierende Typ durch den Falsch-Fall festgelegt:

```
// Typ: false
type CheckStringAgainstNumber = string extends number ? true : false;
```

In einem Großteil des restlichen Kapitels wird es um die Kombination anderer Merkmale des Typsystems und bedingter Typen gehen. Denken Sie bei den zunehmend komplexer werdenden Beispielen daran, dass jeder bedingte Typ nichts als eine Anwendung grundlegender booleschen Logik ist. Es wird immer für einen bestimmten Typ eine Bedingung überprüft und daraufhin einer von zwei möglichen Ergebnistypen zurückgegeben.

Generische bedingte Typen

Bedingte Typen können alle Typen in ihrem Geltungsbereich prüfen, einschließlich eines Typparameters des bedingten Typs selbst. Das bedeutet, dass Sie wiederverwendbare generische Typen beschreiben können, um auf der Grundlage beliebiger vorhandener Typen neue Typen zu erstellen.

Wird der eben gezeigte Typ `CheckStringAgainstNumber` in einen generischen Typ `CheckAgainstNumber` umgewandelt, wird als Typ entweder `true` oder `false` resultieren, je nachdem, ob der Ausgangstyp dem Typ `number` zugewiesen werden kann. `string` ist weiterhin falsch, während `number` und `0 | 1` beide wahr sind:

```
type CheckAgainstNumber<T> = T extends number ? true : false;

// Typ: false
type CheckString = CheckAgainstNumber<'parakeet'>;

// Typ: true
type CheckString = CheckAgainstNumber<1891>;

// Typ: true
type CheckString = CheckAgainstNumber<number>;
```

Der folgende Typ `CallableSetting` ist etwas nützlicher. Er nimmt ein generisches `T` auf und prüft, ob `T` eine Funktion ist. Trifft das für `T` zu, dann ist der resultierende Typ ebenfalls `T` – wie bei `GetNumbersSetting`, wo `T` den Typ `() => number[]` hat. Andernfalls ist der resultierende Typ eine Funktion, die `T` zurückgibt, wie bei `StringSetting`, wo `T` den Typ `string` hat und der resultierende Typ somit `() => string` lautet:

```
type CallableSetting<T> =
    T extends () => any
        ? T
        : () => T

// Typ: () => number[]
type GetNumbersSetting = CallableSetting<() => number[]>;

// Typ: () => string
type StringSetting = CallableSetting<string>;
```

Bedingte Typen können mit der Lookup-Syntax für Objektmember auch auf Member von bereitgestellten Typen zugreifen und diese Informationen sowohl in ihrer `extends`-Klausel als auch in den resultierenden Typen verwenden.

Ein in JavaScript-Bibliotheken verwendetes Muster, das sich gut für bedingte generische Typen eignet, ist die Änderung des Rückgabetyps einer Funktion auf der Grundlage eines bereitgestellten Optionsobjekts.

Beispielsweise könnten viele Datenbank- oder vergleichbare Funktionen eine Eigenschaft wie `throwIfNotFound` verwenden, um die Funktion so abzuändern, dass sie, wenn kein Wert gefunden wird, anstelle von `undefined` einen Fehler zurückgibt. Der folgende Typ `QueryResult` modelliert dieses Verhalten, indem der enger gefasste Typ `string` anstelle von `string | undefined` festgelegt wird, wenn `throwIfNotFound` den Wert `true` hat:

```
interface QueryOptions {
  throwIfNotFound: boolean;
}

type QueryResult<Options extends QueryOptions> =
  Options["throwIfNotFound"] extends true ? string : string | undefined;

declare function retrieve<Options extends QueryOptions>(
```

```
    key: string,
    options?: Options,
): Promise<QueryResult<Options>>;

// Rückgabetyp: string | undefined
await retrieve("Biruté Galdikas");

// Rückgabetyp: string | undefined
await retrieve("Jane Goodall", { throwIfNotFound: Math.random() > 0.5 });

// Rückgabetyp: string
await retrieve("Dian Fossey", { throwIfNotFound: true });
```

Durch die Kombination eines bedingten Typs mit einem generischen Typparameter kann die Funktion `retrieve` dem Typsystem genauer mitteilen, wie sie den Kontrollfluss des Programms ändern wird.

Distributive Typen

Bedingte Typen wenden die Bedingung bei einem Vereinigungstyp auf dessen Bestandteile an. Ihr resultierender Typ ist deshalb eine Vereinigung der Anwendung des bedingten Typs auf jede einzelne Konstituente (jeden einzelnen Typ des Vereinigungstyps). Man spricht auch von *distributiven* bedingten Typen (distributive conditional types). Mit anderen Worten: `ConditionalType<T | U>` ist dasselbe wie `ConditionalType <T> | ConditionalType<U>`.

Die Distributivität von Typen ist schwer zu erklären, sie ist aber wichtig für das Verhalten von bedingten Typen, die auf Vereinigungstypen operieren.

Betrachten Sie den folgenden Typ `ArrayifyUnlessString`, der seinen Typ Parameter `T` in ein Array umwandelt, sofern für `T` gilt: `T extends string`. `HalfArrayified` ist äquivalent zu `string | number[]`, weil `ArrayifyUnlessString<string | number>` dasselbe ist wie `ArrayifyUnlessString<string> | ArrayifyUnlessString<number>`:

```
type ArrayifyUnlessString<T> = T extends string ? T : T[];

// Typ: string | number[]
type HalfArrayified = ArrayifyUnlessString<string | number>;
```

Würden bedingte Typen nicht alle Konstituenten einzeln behandeln, wäre `HalfArrayified` vom Typ `(string | number)[]`, weil `string | number` nicht `string` zuweisbar ist. Mit anderen Worten, bedingte Typen wenden ihre Logik auf jeden einzelnen Bestandteil eines Vereinigungstyps an, nicht auf den gesamten Vereinigungstyp.

Abgeleitete Typen

Während auf Informationen, die als Member bereitgestellter Typen vorliegen, zugegriffen werden kann, gilt das nicht für Funktionsparameter oder Rückgabetypen. Bedingte Typen können aber auf beliebige Teile ihrer Bedingung zugreifen, indem in ihrer `extends`-Klausel das Schlüsselwort `infer` verwendet wird. Wird `infer` zusammen mit einem neuen Namen für einen Typ innerhalb einer `extends`-Klausel benutzt, wird dieser neue Typ innerhalb des Wahr-Falls des bedingten Typs verfügbar sein.

Der folgende Typ `ArrayItems` nimmt einen Typparameter `T` entgegen und überprüft, ob `T` ein Array eines neuen Typs `Item` ist. Falls ja, ist der resultierende Typ `Item`; andernfalls ist es `T`:

```
type ArrayItems<T> =
    T extends (infer Item)[]
        ? Item
        : T;

// Typ: string
type StringItem = ArrayItems<string>;

// Typ: string
type StringArrayItem = ArrayItems<string[]>;

// Typ: string[]
type String2DItem = ArrayItems<string[][]>;
```

Abgeleitete Typen können auch zur Erstellung rekursiver bedingter Typen verwendet werden. Der Typ `ArrayItems`, den wir bereits kennen, kann erweitert werden, um rekursiv den Elementtyp eines Arrays beliebiger Dimensionalität festzustellen:

```
type ArrayItemsRecursive<T> =
    T extends (infer Item)[]
        ? ArrayItemsRecursive<Item>
        : T;

// Typ: string
type StringItem = ArrayItemsRecursive<string>;

// Typ: string
type StringArrayItem = ArrayItemsRecursive<string[]>;

// Typ: string
type String2DItem = ArrayItemsRecursive<string[][]>;
```

Beachten Sie, dass `ArrayItems<string[][]>` das Ergebnis `string[]` hatte, während `ArrayItemsRecursive<string[][]>` zum Resultat `string` führte. Aufgrund der Eigenschaft generischer Typen, auch rekursiv zu funktionieren, können fortdauernd Änderungen vorgemommen werden – wie etwa den Elementtyp eines Arrays abzurufen.

Abgebildete bedingte Typen

Abgebildete Typen wenden Änderungen auf jedes Member eines bestehenden Typs an. Bedingte Typen wenden Änderungen auf einen einzelnen bestehenden Typ an. Zusammengenommen ermöglichen sie die Anwendung bedingter Logik auf jedes Element eines generischen Vorlagentyps.

Der folgende Typ `MakeAllMembersFunctions` verwandelt jedes Member, das keine Funktion ist, in eine solche:

```
type MakeAllMembersFunctions<T> = {
    [K in keyof T]: T[K] extends (...args: any[]) => any
        ? T[K]
        : () => T[K]
};

type MemberFunctions = MakeAllMembersFunctions<{
    alreadyFunction: () => string,
    notYetFunction: number,
}>;
// Typ:
// {
//   alreadyFunction: () => string,
//   notYetFunction: () => number,
// }
```

Mit abgebildeten bedingten Typen lassen sich mithilfe einer logischen Prüfung auf bequeme Weise alle Eigenschaften eines vorhandenen Typs verändern.

never

In Kapitel 4, »Objekte«, habe ich den Typ `never` eingeführt – einen Bottom Type, der einen Wert repräsentiert, der tatsächlich niemals vorkommt. Indem man an der richtigen Stelle eine `never`-Typannotation hinzufügt, kann man TypeScript dazu veranlassen, bei der Erkennung von nie genutzten Codepfaden im Typsystem und in den vorhergehenden Beispielen mit Laufzeitcode aggressiver vorzugehen.

never und Schnittmengen- und Vereinigungstypen

Man kann den Bottom Type `never` auch als einen Typ beschreiben, der nicht existieren kann. Das gibt `never` einige interessante Verhaltensweisen im Zusammenspiel mit Schnittmengen- (`&`) und Vereinigungstypen (`|`):

- Als Bestandteil eines Schnittmengentyps reduziert `never` diesen auf `never`.
- Als Bestandteil eines Vereinigungstyps wird `never` einfach ignoriert.

Die beiden folgenden Typen `NeverIntersection` und `NeverUnion` veranschaulichen diese Verhaltensweisen:

```
type NeverIntersection = never & string; // Typ: never
type NeverUnion = never | string; // Typ: string
```

Insbesondere durch das Verhalten in Vereinigungstypen kann man mit `never` Werte aus bedingten und abgebildeten Typen herausfiltern.

never und bedingte Typen

Generische bedingte Typen verwenden üblicherweise `never`, um Typen aus Vereinigungstypen herauszufiltern. Da `never` in Vereinigungstypen ignoriert wird, werden im Ergebnis einer generischen Bedingung für einen Vereinigungstyp nur diejenigen enthalten sein, die nicht `never` sind.

Der folgende generische bedingte Typ OnlyStrings filtert Typen heraus, die keine Strings sind, was sich wiederum der Typ RedOrBlue zunutze macht, um 0 und false aus dem Vereinigungstyp zu filtern:

```
type OnlyStrings<T> = T extends string ? T : never;

type RedOrBlue = OnlyStrings<"red" | "blue" | 0 | false>;
// Äquivalent zu: "red" | "blue"
```

never wird auch häufig mit abgeleiteten bedingten Typen kombiniert, wenn es darum geht, Hilfstypen für generische Typen zu erstellen. Typinferenzen mit infer müssen im Wahr-Fall eines bedingten Typs stehen. Wenn der Falsch-Fall also nie verwendet werden soll, ist never ein geeigneter Typ, um ihn dort einzusetzen.

Der folgende Typ FirstParameter nimmt einen Funktionstyp T entgegen, prüft danach, ob es sich um eine Funktion mit einem arg: infer Arg handelt, und gibt in diesem Fall Arg zurück:

```
type FirstParameter<T extends (...args: any[]) => any> =
    T extends (arg: infer Arg) => any
        ? Arg
        : never;

type GetsString = FirstParameter<
    (arg0: string) => void
>; // Typ: string
```

Die Verwendung von never im Falsch-Fall des bedingten Typs ermöglicht es FirstParameter, den Typ des ersten Parameters der Funktion zu extrahieren.

never und abgebildete Typen

Das Verhalten von never in Vereinigungstypen erlaubt es auch, Member in abgebildeten Typen herauszufiltern. Es ist möglich, Schlüssel eines Objekts mithilfe der folgenden drei Merkmale des Typsystems herauszufiltern:

- In Vereinigungstypen wird never ignoriert.
- Abgebildete Typen können Member von Typen abbilden.
- Mit bedingten Typen kann man Typen in never verwandeln, wenn eine Bedingung erfüllt ist.

Indem man diese drei Merkmale kombiniert, kann man einen abgebildeten Typ erstellen, der jedes Member des Ausgangstyps entweder unverändert übernimmt oder aber auf never ändert. Fragt man dann alle Member dieses Typs mit [keyof T] ab, erhält man einen Vereinigungstyp aller Ergebnisse des abgebildeten Typs, wobei never herausgefiltert wird.

Der folgende Typ OnlyStringProperties verwandelt jedes Member T[K] entweder in den Schlüssel K, falls dieses Member eine Zeichenkette ist, oder in never, falls nicht:

```
type OnlyStringProperties<T> = {
  [K in keyof T]: T[K] extends string ? K : never;
}[keyof T];
```

```
interface AllEventData {
    participants: string[];
    location: string;
    name: string;
    year: number;
}

type OnlyStringEventData = OnlyStringProperties<AllEventData>;
// Äquivalent zu: "location" | "name"
```

Eine andere Beschreibung des Typs `OnlyStringProperties<T>` wäre, dass er alle Eigenschaften herausfiltert, die nicht vom Typ `string` sind (indem er sie zu `never` ändert), und dann alle verbleibenden Schlüssel zurückgibt (`[keyof T]`).

Template-Literaltypen

Wir haben jetzt viel über bedingte und/oder abgebildete Typen gesprochen. Gehen wir zu weniger logikintensiven Typen über und konzentrieren wir uns stattdessen eine Weile auf Strings. Bisher habe ich zwei Strategien für die Typisierung von String-Werten vorgestellt:

- den primitiven Datentyp `string`, wenn der Wert eine beliebige Zeichenkette sein kann
- Literaltypen wie `""` und `"abc"` für den Fall, dass der Wert nur diesen einen Typ haben kann (oder eine Vereinigung mehrerer Literaltypen)

Manchmal möchte man jedoch vorgeben, dass eine Zeichenkette mit einem bestimmten Muster übereinstimmen soll, beispielsweise wenn ein Teil der Zeichenkette von Vorneherein bekannt ist, ein anderer Teil jedoch nicht. Womit wir bei *Template-Literaltypen* wären, bei denen mit einer speziellen Syntax angegeben wird, dass ein String-Typ einem bestimmten Muster entspricht. Sie sehen aus wie literale Zeichenkettenvorlagen – daher ihr Name –, aber mit interpolierten primitiven Datentypen oder Vereinigungen aus diesen.

Der folgende Template-Literaltype gibt an, dass die Zeichenkette mit `"Hello"` beginnen muss, aber mit einer beliebigen Zeichenkette (`string`) enden kann. Strings, die mit `"Hello"` beginnen, wie z.B. `"Hello, world!"`, stimmen damit überein, `"World! Hello!"` oder `"hi"` dagegen nicht:

```
type Greeting = `Hello${string}`;

let matches: Greeting = "Hello, world!"; // Ok

let outOfOrder: Greeting = "World! Hello!";
//  ~~~~~~~~~~
// Error: Type '"World! Hello!"' is not assignable to type '`Hello ${string}`'.

let missingAltogether: Greeting = "hi";
//  ~~~~~~~~~~~~~~~~~
// Error: Type '"hi"' is not assignable to type '`Hello ${string}`'.
```

String-Literaltypen – und aus solchen bestehende Vereiningungstypen – können in der Typ-Interpolation anstelle des Catchall-Primitivs `string` verwendet werden, um Template-Literaltypen auf enger erfasste Muster zu beschränken. Template-Literaltypen sind besonders praktisch, wenn man Zeichenketten beschreiben will, die mit einer begrenzten Menge zulässiger Zeichenketten übereinstimmen müssen.

Im folgenden Beispiel stimmen nur Zeichenketten, die mit `Brightness` beginnen, mit `Color` enden und dazwischen einen Bindestrich aufweisen, mit der Typdefinition von `BrightnessAndColor` überein:

```
type Brightness = "dark" | "light";
type Color = "blue" | "red";

type BrightnessAndColor = `${Brightness}-${Color}`;
// Äquivalent zu: "dark-red" | "light-red" | "dark-blue" | "light-blue"

let colorOk: BrightnessAndColor = "dark-blue"; // Ok

let colorWrongStart: BrightnessAndColor = "medium-blue";
//  ~~~~~~~~~~~~~~~
// Error: Type '"medium-blue"' is not assignable to type
// '"dark-blue" | "dark-red" | "light-blue" | "light-red"'.

let colorWrongEnd: BrightnessAndColor = "light-green";
//  ~~~~~~~~~~~~~
// Error: Type '"light-green"' is not assignable to type
// '"dark-blue" | "dark-red" | "light-blue" | "light-red"'.
```

Ohne Template-Literaltypen hätten wir mühsam alle vier möglichen Kombinationen von `Brightness` und `Color` aufführen müssen. Kämen dann bei einer der beiden Komponenten weitere String-Literale hinzu, würde es noch umständlicher werden!

In Template-Literaltypen können beliebige primitive Datentypen (außer `Symbol`) oder Vereinigungen dieser Typen verwendet werden: `string`, `number`, `bigint`, `boolean`, `null` oder `undefined`.

Der folgende Typ `ExtolNumber` erlaubt alle Zeichenketten, die mit `"much"` beginnen, eine Zeichenkette enthalten, die wie eine Zahl aussieht, und mit `"wow"` endet:

```
type ExtolNumber = `much ${number} wow`;

function extol(extolee: ExtolNumber) { /* ... */ }

extol('much 0 wow'); // Ok
extol('much -7 wow'); // Ok
extol('much 9.001 wow'); // Ok

extol('much false wow');
//    ~~~~~~~~~~~~~~~~
// Error: Argument of type '"much false wow"' is not
// assignable to parameter of type '`much ${number} wow`'.
```

Intrinsische String-Manipulationstypen

Um die Arbeit mit String-Typen zu erleichtern, bietet TypeScript einen kleinen Satz von intrinsischen (d. h. in TypeScript eingebauten) generischen Hilfstypen, die eine

Zeichenkette entgegennehmen und darauf eine Operation anwenden. Mit Stand TypeScript 4.7.2 gibt es deren vier:

- `Uppercase`: Konvertiert ein String-Literal in Großbuchstaben.
- `Lowercase`: Konvertiert ein String-Literal in Kleinbuchstaben.
- `Capitalize`: Konvertiert das erste Zeichen eines String-Literaltyps in Großbuchstaben.
- `Uncapitalize`: Konvertiert das erste Zeichen eines String-Literaltyps in Kleinbuchstaben.

Jeder dieser Typen kann als generischer Typ verwendet werden, der eine Zeichenkette entgegennimmt. Zum Beispiel `Capitalize`, um den ersten Buchstaben in einer Zeichenkette groß zu schreiben:

```
type FormalGreeting = Capitalize<"hello.">; // Typ: "Hello."
```

Diese intrinsischen String-Typen lassen sich gut zur Manipulation von Eigenschaftsschlüsseln von Objekttypen einsetzen.

Template-Literalschlüssel

Template-Literaltypen sind eine Zwischenstufe zwischen dem primitiven Datentyp `string` und String-Literalen. Das heißt, sie sind immer noch Strings. Sie können an jeder beliebigen Stelle eingesetzt werden, an der String-Literale verwendet werden können.

Sie können sie beispielsweise als Indexsignatur in einem abgebildeten Typ verwenden. Der folgende Typ `ExistenceChecks` hat einen Schlüssel für jeden String in `DataKey`, abgebildet mit `check${Capitalize<DataKey>}`:

```
type DataKey = "location" | "name" | "year";

type ExistenceChecks = {
    [K in `check${Capitalize<DataKey>}`]: () => boolean;
};
// Äquivalent zu:
// {
//   checkLocation: () => boolean;
//   checkName: () => boolean;
//   checkYear: () => boolean;
// }

function checkExistence(checks: ExistenceChecks) {
    checks.checkLocation(); // Typ: boolean
    checks.checkName(); // Typ: boolean

    checks.checkWrong();
    //     ~~~~~~~~~~
    // Error: Property 'checkWrong' does not exist on type 'ExistenceChecks'.
}
```

Remapping von Schlüsseln

Mit Template-Literaltypen kann man auf der Basis der Member von Ausgangstypen in den resultierenden, abgebildeten Typen Member mit abgewandelten Schlüsseln erzeugen. Dieser Vorgang wird in TypeScript als *Remapping* bezeichnet. Gibt man in der Indexsignatur eines abgebildeten Typs das Schlüsselwort as, gefolgt von einem Template-Literaltyp an, werden die Schlüssel des resultierenden Typs nach dessen Vorgabe abgeändert. Auf diese Weise kann jede Eigenschaft des abgebildeten Typs einen veränderten Schlüssel haben, während sie sich weiterhin auf den ursprünglichen Wert bezieht.

Im folgenden Beispiel ist DataEntryGetters ein abgebildeter Typ mit den Schlüsseln getLocation, getName und getYear. Jeder Schlüssel wird mithilfe eines Template-Literaltyps auf einen neuen Schlüssel abgebildet. Jeder abgebildete Wert ist eine Funktion, deren Rückgabetyp ein DataEntry ist, wobei der ursprüngliche Schlüssel K als Typargument verwendet wird:

```
interface DataEntry<T> {
    key: T;
    value: string;
}

type DataKey = "location" | "name" | "year";

type DataEntryGetters = {
    [K in DataKey as `get${Capitalize<K>}`]: () => DataEntry<K>;
};
// Äquivalent zu:
// {
//   getLocation: () => DataEntry<"location">;
//   getName: () => DataEntry<"name">;
//   getYear: () => DataEntry<"year">;
// }
```

Solche Key-Remappings können mit anderen Typoperationen kombiniert werden, um abgebildete Typen zu erstellen, die auf vorhandenen Typformen basieren. Eine lustige Kombination ist die Anwendung von keyof typeof auf ein vorhandenes Objekt, um auf diese Weise einen abgebildeten Typ zu erstellen.

Der folgende Typ LazyValues basiert auf dem Typ von config, aber die einzelnen Felder werden über eine Funktion definiert, die den jeweils ursprünglichen Wert von config zurückgibt – und den originalen Schlüsseln wird ein Suffix angehängt:

```
const config = {
    location: "unknown",
    name: "anonymous",
    year: 0,
};

type LazyValues = {
    [K in keyof typeof config as `${K}Lazy`]: () => Promise<typeof config[K]>;
};
// Äquivalent zu:
// {
```

```
//   locationLazy: Promise<string>;
//   nameLazy: Promise<string>;
//   yearLazy: Promise<number>;
// }

async function withLazyValues(configGetter: LazyValues) {
    await configGetter.locationLazy; // Resultierender Typ: string

    await configGetter.missingLazy();
    //                 ~~~~~~~~~~~
    // Error: Property 'missingLazy' does not exist on type 'LazyValues'.
};
```

Beachten Sie, dass in JavaScript Objektschlüssel vom Typ string oder Symbol sein können – Symbol-Schlüssel aber nicht als Template-Literaltypen verwendet werden können, da Symbol kein primitiver Datentyp ist. Wenn Sie versuchen, in einem generischen Typ einen abgebildeten Template-Literaltyp-Schlüssel zu verwenden, wird sich TypeScript beschweren, dass symbol dort nicht erlaubt ist:

```
type TurnIntoGettersDirect<T> = {
    [K in keyof T as `get${K}`]: () => T[K]
    //                    ~
    // Error: Type 'keyof T' is not assignable to type
    // 'string | number | bigint | boolean | null | undefined'.
    //     Type 'string | number | symbol' is not assignable to type
    //   'string | number | bigint | boolean | null | undefined'.
    //     Type 'symbol' is not assignable to type
    //     'string | number | bigint | boolean | null | undefined'.
};
```

Um diese Einschränkung zu umgehen, können Sie einen string &-Schnittmengentyp verwenden, um zu erzwingen, dass nur Typen verwendet werden, die Strings sein können. Da string & symbol zu never führt, wird der gesamte Template-String auf never reduziert und von TypeScript ignoriert:

```
const someSymbol = Symbol("");

interface HasStringAndSymbol {
    StringKey: string;
    [someSymbol]: number;
}

type TurnIntoGetters<T> = {
    [K in keyof T as `get${string & K}`]: () => T[K]
};

type GettersJustString = TurnIntoGetters<HasStringAndSymbol>;
// Äquivalent zu:
// {
//     getStringKey: () => string;
// }
```

Und wieder einmal erweist sich TypeScripts Verhalten, never-Typen aus Vereinigungstypen herauszufiltern, als nützlich!

Typoperationen und Komplexität

> Das Debuggen von Code ist doppelt so schwierig wie das Schreiben selbst. Wenn Sie also bereits Ihren Code so clever wie möglich schreiben, sind Sie per Definition nicht intelligent genug, um ihn noch debuggen zu können.
>
> – *Brian Kernighan*

Die in diesem Kapitel beschriebenen Typoperationen gehören zu den leistungsfähigsten und modernsten Typsystem-Funktionalitäten aller heutigen Programmiersprachen. Die meisten Entwickler sind noch nicht ausreichend mit ihnen vertraut, um bei deren ausreichend komplexer Anwendung Fehler zu entdecken und zu beheben. Für Entwicklungstools auf heutigem Standard wie die IDE-Funktionen, die ich in Kapitel 12, »IDE-Funktionen verwenden«, behandelt habe, ist die Visualisierung von kombinierten Typoperationen oft eine Herausforderung.

Wenn Sie Typoperationen verwenden müssen, versuchen Sie – im Interesse aller Entwickler, die Ihren Code lesen werden, einschließlich Ihres eigenen Zukunfts-Ichs – am besten, diese auf ein Minimum zu beschränken. Verwenden Sie lesbare Namen, die den Lesern helfen, den Code zu verstehen. Hinterlassen Sie beschreibende Kommentare an allen Stellen, mit denen künftige Betrachter Probleme haben könnten.

Zusammenfassung

In diesem Kapitel haben Sie gelernt, wie Sie die wahre Stärke von TypeScript ausschöpfen können, indem Sie Operationen auf vorhandenen Typen ausführen. Dabei ging es um folgende Themen:

- Verwendung abgebildeter Typen, um bestehende Typen in neue Typen zu überführen
- Einführung von Logik in Typoperationen durch bedingte Typen
- Interaktion von `never` mit Schnittmengentypen, Vereinigungstypen, bedingten und abgebildeten Typen
- Musterdarstellung von String-Typen mithilfe von Template-Literaltypen
- Kombination von Template-Literaltypen und abgebildeten Typen zur Modifikation von Typschlüsseln

Nachdem Sie dieses Kapitel gelesen haben, können Sie das Gelernte auf *https://learningtypescript.com/type-operations* anwenden und einüben.

Was brauchen Sie, wenn Sie sich im Typsystem verirrt haben?

Einen »mapped type«!

Glossar

abgebildeter Typ (mapped type)
: Ein Typ, der einen anderen Typ empfängt und auf jedem Member dieses Typs eine Operation durchführt. Mit anderen Worten, er bildet Member eines Typs auf einen neuen, eigenen Satz von Membern ab.

abgeleitetes Interface (derived interface)
: Ein Interface, das mindestens ein weiteres Interface erweitert, das als Basis-Interface bezeichnet wird. Auf diese Weise werden alle Member des Basis-Interface in das abgeleitete Interface kopiert.

ambienter Kontext
: Ein Codebereich, in dem Sie Typen, aber keine Implementierungen deklarieren können. Wird im Allgemeinen in Bezug auf *.d.ts*-Deklarationsdateien verwendet.

  Siehe auch *Deklarationsdatei*.

any
: Ein Typ, der überall eingesetzt werden darf und dem man alles zuweisen kann. `any` kann als Top Type fungieren, d.h., an einer Stelle des Typs `any` kann jeder beliebige Typ bereitgestellt werden. Normalerweise sollten Sie, um die Typsicherheit zu erhöhen, besser `unknown` verwenden.

  Siehe auch `unknown`, *Top Type*.

Argument
: Etwas, das als Input bereitgestellt wird und üblicherweise einen Wert bezeichnet, der an eine Funktion übergeben wird. Bei Funktionen ist ein *Argument* der Wert, der an einen Aufruf übergeben wird, während ein *Parameter* der Wert innerhalb der Funktion ist.

  Siehe auch *Parameter*.

Aufrufsignatur (call signature)
: Beschreibt im Rahmen des Typsystems, wie eine Funktion aufgerufen werden kann. Enthält eine Liste von Parametern und einen Rückgabetyp.

bedingter Typ (conditional type)
: Ein Typ, der auf der Basis eines vorhandenen Typs in einen von zwei möglichen Typen aufgelöst wird.

Bottom Type
: Ein Typ, der keine möglichen Werte hat – die leere Menge der Typen. Einem Bottom Type kann kein Typ zugewiesen werden. In TypeScript dient `never` als Bottom Type.

  Siehe auch `never`.

camelCase
: Eine Namenskonvention, bei der bei einer Verkettung mehrerer Wörter in einem Bezeichner ab dem zweiten Wort der erste Buchstabe jedes weiteren Worts großgeschrieben wird, wie beispielsweise camelCase. Diese Konvention wird für die Membernamen vieler Konstrukte des TypeScript-Typsystems verwendet, einschließlich Klassenmember und Interfaces.

class
: Syntaktischer JavaScript-Zucker für Funktionen, die einen Prototyp zuweisen. TypeScript erlaubt die Arbeit mit JavaScript-Klassen.

const-Zusicherung (const assertion)
: `as const` ist die Kurzform einer Typzusicherung, die TypeScript anweist, die am stärksten literale, schreibgeschützte Form des Typs eines Werts zu verwenden.

DefinitelyTyped
: Das riesige Repository der von der Community erstellten Typdefinitionen für Pakete (meist kurz als DT abgekürzt). Es enthält Tausende von *.d.ts*-Definitionen sowie Automatismen für die Prüfung von Änderungsvorschlägen und die Veröffentlichung von Aktualisierungen. Diese Definitionen werden als Pakete unter der Organisation `@types/` auf npm veröffentlicht, wie zum Beispiel `@types/react`.

Deklarationsdatei
: Eine Datei mit der Erweiterung *.d.ts*. Deklarationsdateien schaffen einen ambienten Kontext, d.h., in ihnen können nur Typen und keine Implementierungen deklariert werden.

  Siehe auch *ambienter Kontext*.

Dekorator
: Ein Sprachmerkmal, um eine Klasse oder ein Klassenmember mit einer speziellen Funktion zu versehen, die durch ein `@` gekennzeichnet ist und bei der Erstellung der Klasse oder des Klassenmembers ausgeführt wird.

Diskriminante
: Ein Member eines diskriminierten Vereinigungstyps, das in jeder Konstituente zwar denselben Namen, aber einen anderen Typ hat.

diskriminierter Vereinigungstyp (discriminated union)

Eine Vereinigung von Typen, bei der in jeder Konstituente ein Member mit demselben Namen, aber unterschiedlichem (= diskriminierendem) Wert existiert. Indem der Wert der Diskriminante geprüft wird, kann eine Form der Typeinschränkung durchgeführt werden.

Distributivität

Eine Eigenschaft von TypeScripts bedingten Typen, wenn sie auf Vereinigungstypen operieren: Ihr resultierender Typ ist ein Vereinigungstyp, dessen Konstituenten sich durch die Anwendung des bedingten Typs auf jede Konstituente des Ausgangstyps ergeben. `ConditionalType<T | U>` ist dasselbe wie `ConditionalType<T> | ConditionalType<U>`.

Duck-Typing

Ein gebräuchlicher Ausdruck für die Art und Weise, in der sich das Typsystem von JavaScript verhält und der sich auf den Ausspruch »Wenn es wie eine Ente aussieht und wie eine Ente quakt, ist es wahrscheinlich eine Ente.« bezieht. Damit ist gemeint, dass JavaScript an jeder beliebigen Stelle die Übergabe eines beliebigen Werts erlaubt. Wenn ein Objekt nach einem Member gefragt wird, das nicht existiert, lautet das Ergebnis `undefined`.

Siehe auch *strukturelle Typisierung*.

dynamische Typisierung

Klassifizierung von Programmiersprachen, die von Haus aus keinen Typechecker enthalten. Beispiele für solche dynamisch typisierten Programmiersprachen sind JavaScript und Ruby.

emittierter Code

Die Ausgabe eines Compilers, z.B. *.js*-Dateien, die mit `tsc` erzeugt werden. Die vom TypeScript-Compiler ausgegebenen JavaScript- und/oder Deklarationsdateien können über Compileroptionen gesteuert werden.

Enum

Eine Reihe von literalen Werten, die unter einem benutzerfreundlichen Namen in einem Objekt gespeichert werden. Enums sind eines der seltenen Beispiele für eine TypeScript-spezifische Syntaxerweiterung von JavaScript.

Erweitern (extending) eines Interface

Wenn ein Interface deklariert, dass es ein anderes Interface mit dem Schlüsselwort `extends` erweitert. Auf diese Weise werden alle Member des ursprünglichen Interface in das neue kopiert.

Siehe auch *Interface*.

evolving any

Ein Sonderfall des impliziten `any` für Variablen, die keine Typanmerkung oder keinen Anfangswert haben. Ihr Typ entwickelt sich je nach ihrer jeweiligen Verwendung.

Siehe auch *implizites* `any`.

Funktionsüberladung (function overload)
: Eine Möglichkeit, eine Funktion so zu beschreiben, dass sie mit deutlich unterschiedlichen Parametersätzen aufgerufen werden kann.

Generic
: Erlaubt bei jeder neuen Verwendung eines Konstrukts dessen Ersetzung durch einen anderen Typ. Klassen, Interfaces Typaliase können als generisch definiert werden.

generischer Typparameter, Typparameter
: Ein Ersatztyp für ein Generic. Generische Typparameter können für jede Instanz des Konstrukts mit unterschiedlichen Typargumenten versehen werden, bleiben aber innerhalb dieser Instanz konsistent.

generisches Typargument, Typargument
: Ein Typ, der als Typparameter für ein generisches Konstrukt bereitgestellt wird.

globale Variable
: Eine Variable, die im globalen Geltungsbereich existiert, wie zum Beispiel `setTimeout` in Umgebungen wie Browsern, Deno oder Node.

IDE, Integrierte Entwicklungsumgebung (Integrated Development Environment)
: Ein Programm, das neben einem Texteditor für den Quellcode weitere Entwicklerwerkzeuge bereitstellt. IDEs verfügen in der Regel über Debugger, Syntaxhervorhebung und Plug-ins, die Beanstandungen von Programmiersprachen, wie z.B. Typfehler, anzeigen. In diesem Buch wird als IDE-Beispiel VS Code benutzt. Weitere gebräuchliche IDEs sind u. a. Atom, Emacs, Vim, Visual Studio oder WebStorm.

Implementierungssignatur
: Die endgültige Signatur, die für eine überladene Funktion deklariert und für die Parameter ihrer Implementierung verwendet wird.

  Siehe auch *Funktionsüberladung*.

implizites any
: Wenn TypeScript den Typ einer Klasseneigenschaft, eines Funktionsparameters oder einer Variablen nicht sofort ableiten kann, nimmt es implizit an, dass der Typ `any` ist. Wird die Compileroption `noImplicitAny` aktiviert, lösen implizite `any`-Typen für Klasseneigenschaften und Funktionsparameter Typfehler aus.

Interface
: Ein benannter Satz von Eigenschaften. TypeScript erkennt, dass ein Wert, der als Typ eines bestimmten Interface deklariert ist, die deklarierten Eigenschaften dieses Interface besitzt.

Interface-Verschmelzung (interface merging)
: Wenn im selben Geltungsbereich mehrere Interfaces mit demselben Namen deklariert werden, werden diese zu einem einzigen Interface zusammengefasst, anstatt wegen ihrer in Konflikt stehenden Namen einen Typfehler zu verursachen. Autoren von Typdefinitionen gehen sehr häufig so vor, um globale Interfaces wie `Window` zu erweitern.

JSDoc
: Ein Standard für `/** ... */`-Blockkommentare, die Elemente des Codes wie Klassen, Funktionen und Variablen beschreiben. Wird oft in JavaScript-Projekten verwendet, um Typen grob zu charakterisieren.

Kompilieren
: Umwandlung von Quellcode in ein anderes Format. TypeScript enthält einen Compiler, der zusätzlich zur Typprüfung TypeScript-Quellcode in JavaScript- und/oder Deklarationsdateien umwandelt.

  Siehe auch *Transpilieren*.

Konstituente
: Ein einzelner Typ eines Schnittmengen- oder Vereinigungstyps.

Literal
: Ein Wert, von dem bekannt ist, dass er eine eindeutige Instanz eines primitiven Datentyps ist.

Milliarden-Dollar-Fehler
: Ein griffiger Branchenbegriff, der sich auf Typsysteme bezieht, in denen Werte wie `null` an Stellen verwendet werden dürfen, die eigentlich einen anderen Typ erfordern. Diese Bezeichnung wurde von Tony Hoare geprägt und bezieht sich auf das Ausmaß der Schäden, die dieses Vorgehen verursacht zu haben scheint.

  Siehe auch *strikte Nullprüfung*.

Modul
: Eine Datei, die ganz oben eine `export`- oder `import`-Anweisung enthält. Das sind normalerweise Dateien Ihres Quellcodes oder solche in `node_modules/`-Paketen.

  Siehe auch *Skript*.

Modulauflösung (module resolution)
: Der Vorgang, durch den bestimmt wird, auf welche Datei sich ein Modulimport bezieht. Durch die Compileroption `moduleResolution` kann das Vorgehen genauer spezifiziert werden.

Namensraum (namespace)
: Ein altes Konstrukt in TypeScript, das ein global verfügbares Objekt mit »exportierten« Inhalten erzeugt, die als Member dieses Objekts aufgerufen werden können. Namensräume sind eines der seltenen Beispiele für eine TypeScript-spezifische Syntaxerweiterung von JavaScript. Heutzutage kommen sie meistens nur noch in *.d.ts*-Deklarationsdateien vor.

`never`
: Der TypeScript-Typ, der den *Bottom Type* repräsentiert: einen Typ, der keine möglichen Werte haben kann.

  Siehe auch *Bottom Type*.

Nicht-null-Zusicherung (non-null assertion)
: Die Kurzsyntax `!`, die zusichert, dass ein Typ nicht `null` oder `undefined` ist.

`null`
: Einer der beiden primitiven Datentypen in JavaScript, die einen fehlenden Wert repräsentieren. `null` steht für das beabsichtigte Fehlen eines Werts, während `undefined` für ein allgemeines Fehlen eines Werts steht.

  Siehe auch `undefined`.

optional
: Bezeichnet einen Funktionsparameter, eine Klasseneigenschaft oder ein Member eines Interface oder eines Objekttyps, der nicht zwingend angegeben werden muss. Wird durch ein `?` nach dem Namen gekennzeichnet oder bei Funktionsparametern und Klasseneigenschaften alternativ auch dadurch, dass nach einem `=` ein Standardwert angegeben wird.

override
: Ein Schlüsselwort, um auf einem von einer Subklasse abgeleiteten Interface-Objekt eine Eigenschaft zu redeklarieren.

Parameter
: Eine empfangene Eingabe. Bezieht sich üblicherweise auf eine Funktionsdeklaration. Bei Funktionen ist ein *Argument* der Wert, der an einen Aufruf übergeben wird, während ein *Parameter* der Wert innerhalb der Funktion ist.

  Siehe auch *Argument*.

Parametereigenschaft (parameter property)
: Eine TypeScript-Syntaxerweiterung, um am Anfang eines Klassenkonstruktors eine Eigenschaft zu deklarieren, die einer Member-Eigenschaft desselben Typs zugewiesen wird.

PascalCase
: Eine Namenskonvention, bei der in einer Verkettung mehrerer Wörter in einem Bezeichner ab dem ersten Wort der erste Buchstabe jedes Worts großgeschrieben wird, wie beispielsweise PascalCase. Diese Konvention gilt für die Namen vieler Konstrukte des TypeScript-Typsystems, einschließlich Generics, Interfaces und Typaliase.

primitiver Datentyp
: Ein in JavaScript integrierter, unveränderlicher Datentyp, der kein Objekt ist. Es gibt die primitiven Datentypen `null`, `undefined`, `boolean`, `string`, `number`, `bigint` und `symbol`.

Projektreferenzen
: Ein Feature von TypeScript-Konfigurationsdateien, um Projekte, die in anderen Konfigurationsdateien definiert sind, als Abhängigkeiten referenzieren zu können. Auf diese Weise können Sie TypeScript als Build-Werkzeug für einen Baum von Projektabhängigkeiten nutzen.

readonly
: Ein Feature des TypeScript-Typsystems, bei dem das Hinzufügen des Schlüsselworts `readonly` vor einer Klasse oder einem Objektmitglied anzeigt, dass es nicht neu zugewiesen werden kann.

refaktorieren
: Eine Änderung des Programmcodes, durch die dessen resultierendes Verhalten in der Regel nicht verändert wird. Der TypeScript-Sprachdienst ist in der Lage, auf Anfrage einige Refaktorierungen am Quellcode durchzuführen, z.B. das Verschieben komplexer Codezeilen in eine `const`-Variable.

Rick Roll
: Ein Internet-Meme, bei dem Nutzer dazu verleitet werden, sich ein Musikvideo von Rick Astleys bahnbrechendem Klassiker »Never Gonna Give You Up« anzuhören und/oder anzusehen. Ich habe in diesem Buch mehrere dieser Memes versteckt.

  Siehe auch *https://oreil.ly/rickroll*.

Rückgabetyp (return type)
: Der Typ, der von einer Funktion zurückgegeben werden muss. Wenn in der Funktion mehrere `return`-Anweisungen mit unterschiedlichen Typen vorhanden sind, ist der Rückgabetyp eine Vereinigung (union) all dieser möglichen Typen. Wenn die Funktion unmöglich zurückkehren kann, wird der Rückgabetyp `never` sein.

Schnittmengentyp (intersection type)
: Ein Typ, der den Operator `&` verwendet, um anzuzeigen, dass er alle Eigenschaften seiner beiden Konstituenten besitzt.

Sichtbarkeit (visibility)
: Gibt an, ob ein Klassenmember für Code außerhalb der Klasse sichtbar ist. Wird vor der Deklaration des Members mit den Schlüsselwörtern `public`, `protected` und `private` angegeben. Sichtbarkeit und die entsprechenden Schlüsselwörter sind älter als JavaScripts originärer #-Member-Zugriffsschutz und existieren nur im Typsystem von TypeScript.

  Siehe auch *Zugriffsschutz*.

Skript
: Jede Datei mit Quellcode, die kein Modul ist.

  Siehe auch *Modul*.

strict-Mode
: Eine Sammlung von Compileroptionen, die den Grad der Striktheit und die Anzahl der Prüfungen erhöhen, die der TypeScript-Typechecker durchführt. Dazu kann beim Aufruf von `tsc` der `--strict`-Flag bzw. in TSConfig-Dateien die Compileroption `"strict": true` aktiviert werden.

strikte Nullprüfung (strict null checking)
: Eine strict-Option für TypeScript, bei der `null` und `undefined` nicht mehr an Typen übergeben werden dürfen, die sie nicht explizit enthalten.

  Siehe auch *Milliarden-Dollar-Fehler*.

strukturelle Typisierung
: Ein Typsystem, bei dem jeder Wert, der einem Typ entspricht, als Instanz dieses Typs verwendet werden darf.

  Siehe auch *Duck-Typing*.

Subklasse
: Eine Klasse, die eine andere Klasse, die als Basisklasse bezeichnet wird, erweitert. Auf diese Weise werden Member des Prototyps der Basisklasse in den Prototyp der abgeleiteten Klasse kopiert.

target
: Eine Compileroption für TypeScript, die angibt, welches Kompatibilitätsniveau bei der Transpilierung in JavaScript-Code erreicht werden soll, z. B. `"es5"` oder `"es2017"`. Obwohl `target` aus Gründen der Abwärtskompatibilität auf `"es3"` voreingestellt ist, ist es ratsam, eine möglichst aktuelle Version von JavaScript als Zielplattform zu verwenden, da die Unterstützung neuerer JavaScript-Funktionen in älteren Umgebungen die Erstellung von umfangreicherem JavaScript-Code erforderlich macht.

Thenable
: Ein JavaScript-Objekt mit einer `.then`-Methode, die bis zu zwei Callback-Funktionen empfängt und ein weiteres Thenable zurückgibt. Am häufigsten durch die eingebaute Klasse `Promise` implementiert. Aber auch benutzerdefinierte Klassen und Objekte können wie ein Thenable funktionieren.

Top Type
: Ein Typ, der jeden möglichen Typ eines Typsystems darstellen kann.

  Siehe auch `any`, `unknown`.

Transpilieren
: Ein Begriff für eine Kompilierung, die den Quellcode aus einer für Menschen lesbaren Programmiersprache in eine andere umwandelt. TypeScript enthält dazu einen Compiler, der in *.ts*/*.tsx*-Dateien enthaltenen TypeScript-Quellcode in *.js*-Dateien mit JavaScript-Quellcode umwandelt.

  Siehe auch *Kompilieren*.

TSConfig
: Eine JSON-Konfigurationsdatei für TypeScript. Meist als *tsconfig.json* oder nach dem Muster *tsconfig.*.json* benannt. Wenn Editoren wie VS Code in einem Verzeichnis eine *tsconfig.json*-Datei finden, verwenden sie die dort gefundenen Optionen zur Konfiguration des TypeScript-Sprachdiensts.

Tupel
: Ein Array mit einer festen Größe, bei dem jedem Element ein expliziter Typ zugewiesen wird.

  Beispielsweise ist `[number, string | undefined]` ein Tupel der Größe zwei, wobei das erste Element vom Typ `number` und das zweite Element vom Typ `string | undefined` ist.

Type Guard (Typschutz)
: Eine logische Bedingung im Laufzeitcode, anhand der das Typsystem erkennen bzw. ableiten kann, dass bestimmte Codebereiche nur erreicht werden, wenn ein Wert einen bestimmten Typ hat.

Type Narrowing (Typeinengung)
: Wenn TypeScript für einen Wert innerhalb eines Codeblocks, der durch einen Type Guard gesichert ist, einen spezifischeren Typ ableiten kann.

Typ, Datentyp
: Eine Übereinkunft darüber, welche Member und Fähigkeiten ein Wert besitzt. Dabei kann es sich um primitive Datentypen wie `string`, Literale wie `123` oder komplexere Formen wie Funktionen und Objekte handeln.

Typanmerkung, Typannotation
: Ein Anmerkung hinter einem Namen, die dessen Typ angibt. Besteht aus `:` und der Bezeichnung eines Typs.

Typprädikat
: Eine Funktion mit einem Rückgabetyp, der als Typschutz fungiert. Typprädikatsfunktionen geben einen `boolean`-Wert zurück, der angibt, ob ein Wert ein Typ ist.

Typsystem
: Der Regelsatz, durch den eine Programmiersprache versteht, welche Typen die Konstrukte in einem Programm haben können.

Überladungssignatur (overload signature)
: Eine der Signaturen, die für eine überladene Funktion deklariert werden, um zu beschreiben, wie sie aufgerufen werden kann.

  Siehe auch *Funktionsüberladung*.

`undefined`
: Einer der beiden primitiven Datentypen in JavaScript, die einen fehlenden Wert repräsentieren. `null` steht für das beabsichtigte Fehlen eines Werts, während `undefined` für ein allgemeines Fehlen eines Werts steht.

  Siehe auch `null`.

`unknown`
: Das TypeScript-Konzept, das den Top Type repräsentiert. `unknown` erlaubt keinen willkürlichen Zugriff auf Member ohne Typeinengung.

  Siehe auch `any`, *Top Type*.

Vereinigungstyp (union)
: Ein Typ, der einen Wert beschreibt, der zwei oder mehr mögliche Typen haben kann. Die einzelnen möglichen Typen werden durch den Pipe-Operator `|` voneinander getrennt.

void
: Ein Typ, der das Fehlen eines Rückgabewerts einer Funktion anzeigt und der in TypeScript durch das Schlüsselwort `void` dargestellt wird. Wenn Funktionen keine `return`-Anweisungen enthalten, die einen Wert zurückgeben, spricht man davon, dass sie `void` zurückgeben, also »nichts«.

Zugriffsschutz
: Ein Feature von JavaScript, bei dem auf Klassenmember, deren Namen mit # beginnen (private fields), nur innerhalb derselben Klasse zugegriffen werden kann.

Zusicherung (assertion), Typzusicherung (type assertion)
: Eine Zusicherung gegenüber TypeScript, dass ein Wert einen anderen Typ hat, als TypeScript ansonsten erwarten würde.

zuweisbar (assignable), Zuweisbarkeit (assignability)
: Ob ein Typ anstelle eines anderen verwendet werden darf.

Index

B

C

D

E

F

G

K

P

R

S

U

V

W

Z

Über den Autor

Josh Goldberg ist ein Frontend-Entwickler aus New York mit einer Leidenschaft für Open Source, statische Analyse und das Web. Er arbeitet in Vollzeit als Open-Source-Maintainer und trägt regelmäßig zu TypeScript und Open-Source-Projekten – wie typescript-eslint und TypeStat – im TypeScript-Ökosystem bei. Zuvor war er unter anderem federführend beim Einsatz von TypeScript in der Codecademy – einer Onlineplattform, die kostenlose Programmierkurse anbietet – und dort zudem an der Erstellung des TypeScript-Kurses beteiligt. Außerdem entwickelte er bei Microsoft Rich-Client-Anwendungen. Seine Projekte reichen von statischer Analyse über Metasprachen bis hin zum Nachbau von Retro-Spielen im Browser. Und außerdem sind da die Katzen.

Kolophon

Auf dem Cover von *TypeScript – Ein praktischer Einstieg* ist ein Sonnensittich *(Aratinga solstitialis)* zu sehen, ein farbenfroher Papagei, der im nordöstlichen Südamerika beheimatet ist.

Sonnensittiche sind meist gelb mit grünen Flügelspitzen, während Gesicht und Brust orange gefärbt sind. Bei der Geburt sind sie olivgrün, aber im Laufe der Zeit bilden sich sowohl bei den Männchen als auch bei den Weibchen die helleren Farben heraus. Sie sind monogam, und die Weibchen legen drei bis vier Eier in einem Gelege, das 23 bis 27 Tage bebrütet wird. Ihre typische Nahrung besteht aus Früchten, Blumen, Samen, Nüssen und Insekten.

Sonnensittiche sind wegen ihres schönen Gefieders und ihrer liebenswerten Persönlichkeit beliebte Haustiere. Sie sind neugierig und können zudem ausnehmend laut sein.

Viele der Tiere, die die Titel der O'Reilly-Bücher schmücken, sind vom Aussterben bedroht. Sie alle sind Schätze der Evolution.

Die Umschlagillustration stammt von Karen Montgomery und basiert auf einem antiken Stich aus George Shaws *Zoology*. Auf dem Cover kamen als Schriftarten Gilroy Halbfett und Guardian Sans zum Einsatz.